융복합 수업의 설계와 실행

융복합 수업을 시작하는 교육자를 위한 지침서

김선희 · 김영란 · 김희경 · 윤희숙 공저

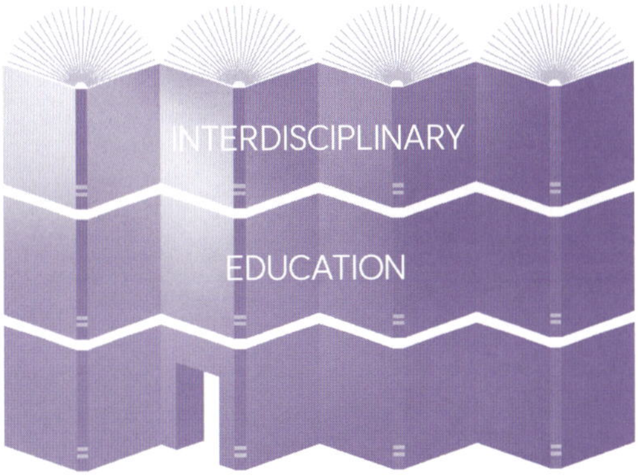

학지사

머리말

교사들에게 많은 전문성을 요구하는 시대에 융복합 수업이라는 또 다른 과제가 주어지고 있다. 교사들은 교과 전공자로서 교과 수업을 충실히 하는 본연의 업무에 더해 교과 간의 융복합 수업이라는 듣도 보도 못한 수업을 설계하고 실행하게 되었다. 이 과제는 교사뿐 아니라 예비 교사, 교사 교육자 모두에게 색다르면서도 엄청난 도전이다. 학교에서 융복합 수업을 할 수 있도록 국가 교육과정 여건이 마련되는 등 멍석은 깔려 있는데, 교사 입장에서는 당장 어떻게 수업을 준비해야 할지 막막할 것이다.

이 책은 융복합 수업에 대한 경험이 없지만 지금 당장 융복합 수업을 해야 하는 교사들에게 실질적인 도움을 주고자 기획되었다. 저자들은 융복합 수업이 교육계의 시대적 흐름이자 과업이라는 것을 일찌감치 인식하고, 2017년부터 사범대학의 예비 교사를 대상으로 융복합 수업 설계와 실행을 지도해 왔다. 사범대학 졸업 후 곧바로 현장 교사가 되는 예비 교사도 융복합 수업을 설계하고 실행할 수 있는 역량을 갖추어야 한다고 보고 저자들은 여러 전공의 예비 교사들을 대상으로 코티칭을 시도하였다. 초·중등학교의 교육 시스템처럼 대학의 시스템도 강좌 단위로 설계되어 있기 때문에 교과 간 융복합 수업을 시도하기 위해서는 강좌를 담당한 교수들 간의 협력, 예비 교사들 간의 협업이 필요했고, 이를 위하여 행정적 지원을 구하는 등 여러 노력이 필요했다. 이런 노력을 이 책을 통해 접함으로써 독자들은 저자들이 겪은 시행착오를 피해 가기를 바란다.

이 책은 학교 현장에서 융복합 수업을 실시하려는 현장 교사들에게 도움이 될 수 있다. 제1부와 제2부의 내용을 통해 융복합 수업의 이론과 실행에 대해 이해하고, 필요한 정보를 얻을 수 있을 것이다. 현장 교사들은 학생들을 직접 가르치기 때문에 제2부의 제5~6장 내용은 동료 교사들의 피드백을 받아 실제로 적용해 볼 수 있을 것이고, 제3부에서는 제7장보다 제8장이 더 활용도가 높을 것이다. 또한 이 책은 사범대학 예비 교사 교육의 교재로 활용될 수 있다. 제1부에서는 융복합 수업의 이론을 학습하고, 제2부에서는 그 이론을 바탕으로 융복합 수업을 설계하고 실행해 나갈 수 있다. 특히 예비 교사를 지도하는 교사 교육자들은 제3부의 제7장에서 예비 교사 교육에 필요한 여러 정보를 얻을 수 있을 것이며, 제4부에서는 융복합 수업과 관련한 연구 성과를 찾아볼 수 있을 것이다. 더불어 독자들이 유용하게 활용할 수 있는 각종 자료(활동 양식, 융복합 수업 예시, 점검표 등)는 QR코드를 제공하여 블로그(https://blog.naver.com/preteachers)를 통해 책과 연관된 자료를 공유하고, 독자들과 상호작용을 하고자 한다.

저자 4명으로부터 시작된 강원대학교 사범대학의 융복합 수업은 2023년에는 7개 전공이 함께하는 프로그램으로 확대되었고, 저자 이외의 교과교육 전공 교수도 프로그램에 함께 참여하고 있다. 이 자리를 빌려 예비 교사들의 융복합 수업 설계와 실행과 관련하여 좋은 아이디어를 보태 주시고 함께 프로그램을 운영해 주신 박보람 교수님, 한주 교수님, 박진동 교수님, 이유진 교수님께 감사의 말씀을 드린다. 더불어 융복합 수업 프로그램에 참여하면서 나름 혹독한 학습 과정을 통해 이 책의 여러 예시를 제공해 준 강원대학교 사범대학 학생들과 졸업생들에게도 감사의 마음을 전한다. 또한 책의 출판을 기꺼이 허락해 주신 학지사 김진환 사장님과 원고를 꼼꼼히 검토해 준 이희주 편집자님께도 감사드린다.

이 책을 통해 학교 현장의 융복합 수업이 활발히 운영되고, 이 혜택을 입은 학생들이 교과 간 내용을 넘나들며 의미 있는 학습 경험을 함으로써 창의적인 역량을 갖춘 인재로 성장하게 되기를 간절히 바라는 바이다.

2024년 9월

저자 일동

차례

제1부 융복합 수업 이해하기

제2부 융복합 수업의 설계와 실행하기

제1부

융복합 수업 이해하기

제1장_ 왜 융복합 수업을 해야 할까

제2장_ 융복합 수업에는 어떤 유형이 있을까

융복합 수업을 시작하는 교육자를 위한 지침서

융복합 수업의 설계와 실행

제1장

왜 융복합 수업을 해야 할까

좋은 수업이란 무엇일까? 교사로서 우리는 누구나 좋은 수업을 하고자 하지만 좋은 수업의 의미는 시대와 환경에 따라 달라진다. 분명한 것은 교사로서 우리 자신이 배워 온 교과 분절적 수업은 우리 학습자가 살아갈 미래에는 그 의미를 찾기 어렵다는 것이다. 지금 이 책을 펼친 독자는 그 대안으로 학습자에게 의미 있는 수업을 하기 위해 융복합 수업을 시도하고자 할 것이다. 이 장에서는 막연히 융복합 수업을 시작했거나 갑작스러운 계기로 융복합 수업을 하게 된 교사를 위해 융복합 교육의 필요성, 목적, 의미 등에 대해 차근차근 논의한다.

학습 목표

- 융복합 교육의 필요성과 목적에 대해 설명할 수 있다.
- 융복합 교육에 대한 최근 연구동향을 파악하여 융복합 교육을 체계적으로 이해한다.

1. 융복합 수업의 필요성

2018년부터 학생들의 창의 · 융합 역량 신장을 주요 목표로 하는 2015 개정 교육과정이 중등학교 현장에 적용되기 시작하였다(교육부, 2015). 이와 함께 중등학교 현장에서는 교과 간 경계를 허문 융복합 수업의 시행에 대한 요구와 노력이 증가하고 있으며 다양한 연구자료 개발과 함께 관련 교사 모임 등이 활발히 운영되고 있다(박영석 외, 2013). 특히 2022 개정 교육과정에서 '융합 선택' 과목들이 신설되고, 융복합 수업이 실현될 수 있는 '학교 자율시간' 등의 운영 체제가 만들어지면서(교육부, 2022) 이제 교육 현장에서 융복합 수업은 소수 교사들의 시도를 넘어서 교육 전반에 확산될 수 있는 조건을 갖추어 가고 있다.

하지만 중등교육 현장에서 융복합 교육을 실천하기 위한 정교한 이론이나 구체적 프로그램 등은 아직 부족하다(함승환 외, 2013). 융복합 교육이 학교 교육에서 어떤 목표를 지향해야 하며, 어떻게 초중등 현장의 문제점을 극복하고 새로운 대안으로 자리 잡을 수 있을지에 대한 사회 전반의 공감대와 지원도 부족하다(이선경, 황세영, 2012). 또한, 교사들도 어떤 교수 · 학습 전략을 통해 융복합 교육이 효과적으로 실행될 수 있는지, 교육과정의 성취기준과 연계된 구체적 융복합의 사례는 무엇이 가능한지에 대한 자료가 부족하여 어려움을 겪고 있다(신재한, 2013).

교대와 사범대의 교사 교육과정에서도 융복합 수업 실행 역량의 신장을 위한 체계적 안내와 훈련이 아직 이루어지지 못하고 있는 실정이다(심수진 외, 2016). 예비 교사의 융복합 수업 전문성 발달에 대한 안내나 실행에 대한 자료도 찾기 어렵다. 따라서 신규 교사들은 자신의 초 · 중등 학생 시절에 융복합 수업을 경험하지 못하고, 교사 교육과정에서도 접하지 못한 채 현장에 나가게 된다. 결국 신규 교사들은 최근 급변하는 학교 현장 상황과 요구에 준비되지 못한 채로 융복합 교육에 대한 요구에 부딪히게 되며, 이는 현장에서 융복합 교육이 안착하기 어려운 장애물로 작용한다.

융복합 교육은 학습자가 다양한 사회적 맥락에서 스스로 탐구하고 지식을 구성하여 학습자가 삶의 주체로서 성장하도록 촉진하는 것을 추구한다(이선경, 황세영, 2012). 이는 연관된 교과들의 학습 요소를 학습자의 실생활과 연결 지어 스스로 다양한 사회적 맥락에서 탐구할 수 있도록 한다. 융복합 교육은 개별성과 다양성, 그리고 그들 사이의 대화적 통합의 과정과 결과를 모두 포괄하는 교육적 실천의 형태로 개념화할 수 있다(함승환 외, 2013).

융복합 교육은 대부분 기존의 학교 교육에 대한 문제의식에서 출발하여 학생들의 참여나 동기 제고, 학습 기능 향상 등을 목표로 제안되었다(박주호, 이종호, 2013). 융복합 교육이 출현하게 된 구체적 동인은 학문 자체의 융복합적 발전, 통합에 기반한 인식론적 성향의 촉발, 현실사회의 실제적 문제를 해결하기 위한 욕구, 다문화 현상에 따른 통합적 조정 교육의 필요성에서 찾을 수 있다(Petrie, 1992). 유럽, 미국, 캐나다 등 여러 나라의 융복합 교육 대두의 배경을 비교한 연구(Lenoir & Hasni, 2016)에 의하면, 각 나라의 독특한 문화적, 역사적 맥락에 의해 융복합 교육의 필요성 및 초점이 다르게 발전해 오면서 각 나라만의 특성이 반영된 융복합 교육으로 구체화 되고 있다. 하지만, 공통적인 것은 교육의 초점이 단일학문 중심에서 융복합 교육으로 옮겨 오고 있다는 것이다. 즉, 융복합 교육은 단지 학문의 지식이나 내용의 융합을 의미하는 것이 아니라 인식론적, 사회적, 학문적 동인에 의해 촉발된 현대 사회의 중요한 방향으로 볼 수 있다.

융복합 교육의 필요성에 대한 논의는 교육계 외부의 급변하는 사회의 목소리에 기인한 요구와 교육계 자체적인 변화의 노력에 기인한 논의로 구분할 수 있는데, 구체적으로 살펴보면 다음과 같다.

1) 21세기 학문의 방향으로서 융복합

급격히 변화하는 현대 사회에 대한 성찰에서 공통으로 귀결되는 지점은 바로 융복합적 학문의 중요성이 증가하고 있다는 것이다. 세계화, 다원화 되어 가는 현대 사회의 특징과 더불어 4차 산업혁명이라는 변화의 흐름은 학문 전반에 개별 학문을 넘어선 융합적 사고와 창의적 탐구의 중요성을 부각하였다. 개별 학문이 해결하지 못한 우리 사회의 난제들은 여러 학문 분야의 벽을 허문 통찰력과 접근 방식을 시도하는 융복합적 접근을 통해 해결의 실마리를 찾고 있으며 혁신을 이끌고 있다. 예를 들면, 기후 위기 속에서 안전한 식량 공급 문제의 해결, 신재생 에너지 개발과 저장 시스템 혁신, 난치병에 대한 새로운 치료법과 진단 방법 개발 등이 생명과학, 물리학, 수학, 기술 공학 등 여러 학문의 융합적 탐구를 통해 진전을 이루고 있다(NRC, 2014).

따라서 미래 사회를 주도할 인재들에게 필요한 것은 개별 지식이나 기술을 넘어선 융복합적 역량이며 미래 교육은 이러한 역량 계발을 목표로 해야 한다는 것이 세계 각국의 공통된 시각이다(OECD, 2005). 'OECD 교육 2030' 등 세계 각국의 교육 문서들은 미래세대를 위한 교육의 기조를 융합적이고 창의적 역량의 함양에 두고 있다. 우리나라에서도 2015 개정 교육과정부터 창의적 융합 인재를 총론의 인재상으로 설정하여 학습자의 융복합 역량의 중요성을 강조하고 있다.

2) 새로운 교육의 방향으로서 융복합

앞서 살펴본 내용이 사회로부터의 요구에 기반한다면, 거꾸로 교육계 자체의 반성과 혁신의 노력에 기반한 통합 교육의 일환으로 융복합 교육의 필요성이 제기되었다. 즉, 기존 학교 교육의 문제점에 대한 반성 및 미래 사회의 요구에 대한 성찰을 기반으로 하면서 다음 세대 교육의 혁신적 시도의 하나로 융복합 교육이 강조되고 있는 것이다.

기존의 분과적 지식의 전달 모델에 근거한 학교 교육에서는 지식의 전달자인 교사와 지식의 수용자로서의 학생의 역할이 분리된 채 교육이 이루어졌다. 그러나 현대 사회의 학습자들이 부딪히는 복잡하고 변화하는 문제 상황에서는 융통성과 협력적 의사소통을 기반으로 다양한 영역을 넘나드는 창의적 문제해결 역량이 중요하다(유병규 외, 2014). 또한, 학습자의 유의미한 이해를 돕기 위해서는 정제된 추상적 지식의 전달이 아니라 학습자의 삶에서 연결을 찾을 수 있는 자율적인 구성 활동이 중요하며, 교사도 지식의 전문가로서의 지위를 내려놓고 학습의 조력자와 안내자로서의 역할이 요구된다. 따라서 학교 교육 변화의 필요성에 대한 대응의 한 형태로 볼 수

〈표 1-1〉 융복합 교육과 기존 학교 교육의 차이점

	기존 학교 교육	융복합 교육
학생	• 학습 동기 부족 • 학습과 삶이 유리됨 • 동료와 경쟁 구도 • 학습량 과다	• 학습 흥미 높음 • 학습 상황이 일상과 공유됨 • 동료와 협업 중시 • 학습량 감소
교사	• 전문 지식을 가진 통제자	• 교육과정 설계 및 학습 조력자로서의 전문가
사회	• 학력에서 나타나는 성취도와 실제 직업 현장에서의 실행력이 비례하지 않음	• 직업 현장에 필요한 맥락적 실행력 향상 • 4차 산업혁명 시대는 지식이 아니라 역량의 시대(문제해결력, 협업능력 등)

있는 융복합 교육은 세계 각국에서 점차 중요성이 부각되어 왔다.

이렇게 교육계 안팎으로 불어온 융복합 교육에 대한 요구는 초·중등 현장의 변화를 촉진하고 있다. 학교 현장의 혁신이 성공하려면 교사의 전문성이 가장 중요한 요인임을 고려할 때, 융복합 교육의 확산을 위한 전제 조건은 교사의 융복합 교수역량의 계발일 것이다. 현재 우리나라에서는 창의·융합 인재 양성을 위한 융복합 수업이 이미 학교 현장에서 실시되고 있다. 2018년부터 창의·융합 역량 신장을 주요 목표로 하는 2015 개정 교육과정이 중등학교 현장에 적용되기 시작하여(교육부, 2015), 자유학기제 등에서 교과 융복합 수업이 이미 실시되고 있으며, 지난 10년간 과학·수학과를 중심으로 실시되어 온 STEAM 교육[1]도 융복합 교육의 일환으로 볼 수 있다. 이미 학교에서 실시되는 교육의 모습이 분절적 교과 수업만으로는 실행될 수 없기 때문에 교과 융복합 수업을 할 수 있는 역량 계발이 필요하다. 이 교재는 융복합 교수역량 계발에 필요한 이론적 접근과 실행을 위한 안내 사항을 상세히 설명하고자 계획되었다. 먼저 이어지는 절에서 융복합 교육이 무엇인지 살펴보기로 하자.

1) 과학, 기술, 공학, 예술, 수학의 앞 철자를 딴 것으로, 이들 교과 간의 융복합 교육을 의미한다. 우리나라에서는 2009 개정 교육과정이 도입되면서 융합인재교육이라는 이름으로 학교 현장에 보급되었다.

학습 과제

- 융복합 교육이 우리 학교에서 시도된다면 어떤 도움이 될지 말해 봅시다.
- 기존의 학교 수업과 융복합 수업의 차이점을 수업의 목표, 방법, 교사와 학생의 역할 측면에서 설명해 봅시다.

2. 융복합 교육의 의미

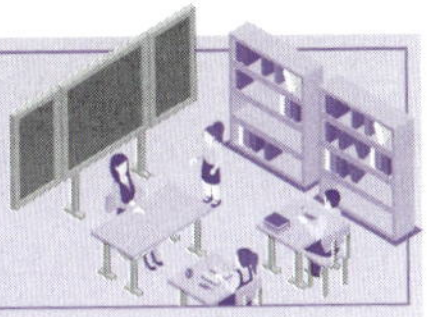

1) 융복합 교육이란

무엇을 융복합하는가?

- 문제: 학문적 경계를 넘어서는 융합적 문제
- 해결 방식: 지식, 사고방식, 도구 등
- 삶과 배움: 학생의 삶의 맥락과 학문 분야
- 인적 자원: 개인이 해결하기 어려운 문제에 대해 공동체의 협력과 상호작용을 통해 창발적이고 효과적인 문제 해결을 추구함.

융합은 학문적 경계를 넘어서는 문제 해결에 대한 접근 방식이다. 이는 다양한 학문 분야에서 비롯된 지식, 도구 및 사고방식을 통합하여 여러 분야에 존재하는 문제에 대한 포괄적인 종합 틀을 형성한다(NRC, 2014). 따라서 융합의 대상은 단순히 교과의 내용이라는 생각을 넘어서서 문제, 해결 방식, 맥락, 인적 자원 등이 효과적으로 융합되도록 교육과정을 설계하고 운영하는 것이 융복합 교육의 취지를 살리는 방법이라고 볼 수 있다.

융복합은 통합(integration), 컨버전스(convergence), 융합(fusion), 통섭(consilience) 등의 용어와 혼용되어 사용되어 왔다(김선희, 2022). 유사한 용어들의 개념을 구분한 목광수 외(2014)의 연구에 따르면, "통합은 이질적인 물리적 단위를 합쳐서 하나로 묶는 것, 컨버전스는 여러 갈래의 경로가 한 점으로 모이는 듯한 현상으로 예를 들어 정보 통신 기술 분야에서 여러 기능을 한 제품에 모아 놓은 스마트폰과 같은 것, 융합은 하나 이상의 것을 녹여서 하나로 합치는 화학적 결합, 통섭은 녹아 합쳐진 곳에서 뭔가 새로운 것이 만들어져야 하는 것"으로 보았다. 융복합 교육이라는 명칭은 이러한 유사 용어들을 포괄하면서도 최근의 교육 혁신의 관점을 드러내고자 하는 의도가 들어 있다(함승환 외, 2013; 차윤경 외, 2016b).

우리나라에서 융복합 교육과 관련된 논의는 2015 개정 교육과정이 '창의 · 융합형 인재 양성'이라는 기치를 내세우면서 본격화되었다. 이 융복합 교육과 관련된 논의는 정부가 '국가융합기술발전기본계획'(2008. 11. 18.)을 발표하면서 범부처 차원에서 융합 인재 양성을 요청한 때로 거슬러 올라간다. 당시 국가과학기술위원회에서 차세대 기술혁명은 어느 한 분야에 국한되지 않고 신기술 간 또는 이들과 타 분야와의 상승적 결합을 통한 융합기술이 주도할 것으로 내다보면서 이에 대비해 융합 인력 양성과 교육 연구 프로그램을 시행할 것을 관련 부처에 주문하였다. 당시에는 2009 개정 교육과정이 고시된 직후였기 때문에 교육과학기술부는 '융합인재교육(STEAM)'이라는 교수 · 학습 접근을 통해 부분적으로 대응하였다(김경자 외, 2015). 이후 STEAM과 관련된 논의가 뜨거웠고 애초에는 주로 과학, 수학, 예술과 관련된 논의에서 출발하여 여러 분야의 교육 내용을 서로 연계하려는 논의로 번져 나갔다. 이러한 가운데 초 · 중등 교육계에서는 학생들이 한 교과의 내용에만 매몰되는 것이 아니라 교과를 넘나드는 학습을 할 수 있도록 하는 교육에 대한 논의가 이어졌다. 이러한 논의들은 융합 교육(정미경, 2015), 연계 · 융합 교육(권점례 외, 2017), 융복합 교육(함승환 외, 2013; 차윤경 외, 2016b)의 이름으로 전개되었다.

그러나 실상 이들이 교과목의 교육 내용을 서로 연결하여 교육하려는 방법(론)을 들여다보면, 기존에 교육과정 통합 혹은 통합 교육과정(integrated curriculum)이라는 이름으로 교과목의 내용을 보다 의미 있게 (재)구성하려는 방식에 기대고 있다. 즉, 학교 교육에서 융복합 교육을 실천하는 방법은 기존의 교육과정 통합 방식이 여전히 유효한 상황이다. 그러나 우리가 이런 방법을 '교육과정 통합'으로 부르지 않고 '융복합 교육'이라고 일컫는 데에는 이유가 있다. 교육과정 통합의 논의는 교과 교육과정 개발 및 수업 설계 시 학습자의 의미 있는 교육 경험을 위해 학습자의 경험, 생활과 교과 교육 내용을 연결하거나 교과 교육 내용들을 서로 연계하려는 시도에서 나온 것이다. 반면 융복합 교육과 관련된 논의는 미래 지식기반 사회의 변화에 대비한 새로운 융합 역량을 갖춘 인재 양성이라는 지향점에 따라 교육 전반의 혁신과 관련된 새로운 접근이라고 할 수 있다. 이러한 점에서 초 · 중등 교육 내 융복합 교육은 비록 방법 면에서는 유사함이 있지만 기존의 교육과정 통합이라는 명칭으로 포괄되지 못하는 새로운 관점을 반영하는 것이다. 이 교재에서는 융복합 관련 여러 가지 용어 중에 이러한 새로운 접근을 드러내면서도 교육 내용의 다양한 물리적, 화학적 결합을 함께 함의하는 융복합 교육이라는 명칭을 사용하고자 한다. 이러한 용어 사용은 주미경 외(2012), 차윤경 외(2014)에서도 볼 수 있다.

최근 초 · 중등 교육에서 융복합 교육과 관련된 논의는 교과별 교육 내용을 학생들이 의미 있게 연결하여 배울 수 있도록 설계하는 데까지 이르렀다(권점례 외, 2017). 이들의 논의에 기대면서도 다소 보완하여 융복합 교육의 의미를 정의하자면 다음과 같다. 융복합 교육은 '교과별 교육 내용(지식, 기능, 태도)을 교과 간에 서로 연계 또는 연결하여 문제를 해결하거나 새로운 것을 창조하는 능력이나 행위를 기르는 교육'이다.

융복합 교육에서 교과 간 연계의 수준에 따라 연구자들은 다양한 하위 유형으로 모형을 제안하기도 하는데, 주로 다학문적, 간학문적, 탈학문적(Drake, 2012; 김성원 외, 2012; 김진수, 2011) 통합으로 구분한다. 다학문적 유형은 하나의 주제나 쟁점을 중심으로 여러 교과를 연결하지만, 각 교과 수업에서는 개별 학문의 방식으로 도입되기 때문에 병렬 교육과정으로도 불린다. 따라서 가장 큰 변화 없이도 시도할 수 있는 융복합 교육으로 볼 수 있다. 간학문적 유형은 간학문적 개념과 기능이 보다 명시적으로 교과를 가로질러 강조되기 때문에 교과 간 경계가 흐릿해지고 분명한 연결이 강조되지만, 여전히 공통되는 주제나 기능, 개념 중심으로 조직된다. 마지막으로 탈학문적 유형은 교과나 중심 개념으로 시작하지 않고 실생활의 맥락과 학생들의 흥미에서 출발한 문제에서 시작한다. 따라서 탈학문적 융복합 교육에서는 평가 또한 실생활 맥락의 참평가가 이루어져야 한다.

2) 효과적인 융복합 수업의 요소

효과적인 융복합 수업을 설계하기 위해서는 현장의 실행에 영향을 주는 요소를 고려할 필요가 있다. 함승환 외(2013)의 연구에서는 융복합 수업에 종사한 경험이 있는 현장 교사들을 대상으로 하는 초점 집단 면담 결과를 종합하여 '능동성' '다양성' '협력성' '통합성' '맥락성' '합목적성'을 융복합 수업의 핵심적인 원리로 제시하였다.

유사한 맥락으로, 융복합 교육을 위한 조건으로써 '자율성' '가교성' '맥락성' '다양성'(즉 ABCD)이라는 4가지 요소는 융복합 교사 교육 모형의 교육적 원리로 채택되기도 하였다(주미경 외, 2016; 차윤경 외, 2016a). 이 모형에 따르면, 첫째, '자율성'의 원리는 교사가 정해진 틀을 벗어나 학습자들과 다양한 아이디어를 공유하고 협업해야 하는 것을 지칭한다. 둘째, '가교성'은 동료 교사 간의 협력과 학생과의 소통을 강조하고 있다. 셋째, '맥락성'의 원리는 융복합 교육은 학생들에게 실제적인 맥락의 경험을 제공하기 위하여 교사는 개인적, 지역적, 세계사회적 맥락을 인식하고 있어야 한다고 주장한다. 넷째, '다양성'의 원리는 학습자 개인의 배경, 흥미 등에 대한 이해를 바탕으로 융복합 교육이 이루어져야 함을 강조한다(차윤경 외, 2016a).

한편, 융복합 수업을 실행한 예비 교사들에게 면담을 실시한 연구에 따르면, 융복합 수업의 차별적 요소로는 '과목 간 연계성' '수업의 맥락화' '학습자 중심'을 인식하고 있었다. 여기서 '과목 간 연계성'은 '가교성'과 일맥상통하는 것으로 다양한 과목들을 융복합적으로 연계하여 수업을 구성하는 것을 의미한다. 이에 대해 예비 교사들은 현실 속의 지식과 달리 우리 스스로의 편의대로 학문의 울타리를 치고 갇혀 있는 것은 아닌지 돌아보았다. '수업의 맥락화'는 과목 간의 연계를 넘어서 삶과의 연계를 의미하는 것으로 학습자들이 삶에서 의미를 찾을 수 있는 수업으로 맥락화하는 것이 융복합 수업의 특징이라고 보았다. 즉, 학습자들이 배움의 이유를 그들의 삶 속에서 찾을 수 있게 하는 교육이라는 것이다. 또한, 융복합 수업은 기존 수업과 달리 학습자들이 직접 경험이나 동적인 활동을 포함함으로써 '다채롭고 흥미로운 수업'의 모습을 보여 주는 '학습자 중심'의 수업이라고 하였다(심수진 외, 2016).

과학 중심의 융복합 시도의 하나로 볼 수 있는 STEAM 기반 융복합 교육의 요소로는 '창의적 설계'와 '감성적 체험'이 핵심 요소로 제안되기도 하였다(박현주 외, 2012). 학생들은 창의적 설계를 통해 필요한 내용들을 자연스럽게 융합하게 되며, 이 과정에서 창의적으로 사고하고, 동료와 소통하고 협력하며, 배려하는 것을 학습하게 된다고 하였다. 또한, 학습자는 STEAM 교육을 통해 흥미, 자신감, 지적 만족감, 성취감, 성공의 경험 등의 긍정적인 정서를 경험하여 자기효능감 및 자아존중감 향상으로 연결되고, 이것이 공동체에 대한 배려로 도달되는 과정을 추구해야 한다고 주장하였다.

라포스 외(Laforce et al., 2016)의 연구에서도 STEM 교육[2]의 요소를 '학습의 개인화' '문제기반학습' '엄격한 학습' '직업, 기술 및 생활 기술' 등으로 제시하였다. 이들은 STEM 교육을 실시한 20개의 학교 관계자들을 대상으로 설문과 면담을 실시하여 핵심 구성 요소를 도출하였다. 첫째, '학습의 개인화'는 학습이 개별 학생의 고유한 능력과 관심에 맞춤형으로 제공되어야 한다는 것으로 학습 요구에 따른 교사의 개인화 지도, 유연한 일정, 학생의 자율성 등의 요소를 포함한다. 둘째, '문제기반학습'은 학생들이 학습 목표를 달성하기 위해 문제를 해결하는 방식으로 접근을 해야 함을 의미한다. 이를 위해 학제 간 연결하기, 외부 지원 교육 등이 필요하다고 하였다. 셋째, '엄격한 학습'은 학생들에게 도전적이고 높은 인지적 요구를 요구하는 내용과 과정에 초점을 맞춘 교육을 의미한다. 넷째, '직업, 기술 및 생활 기능'은 대학이나 미래 직업, 삶에서 사용할 능력에 초점을 맞춘 교육이어야 한다는 것을 의미한다. 이를 위해 학생 주도 실습이나 진로 준비 활동 등이 필요하다고 하였다.

종합하면, 융복합 수업의 요소들로는 '학습자의 능동성, 과제/문제의 맥락성과 융합성, 다양성, 해결 과정의 협력성, 교사의 가교성' 등을 들 수 있다. 따라서 성공적인 융복합 수업을 위해서는 원활한 융복합 교수·학습이 이루어지는 데 필요한 이러한 핵심 요소들을 고려한 설계와 운영이 필요하다.

학습 과제

- 융복합 수업을 시작하기 전에 학생들에게 융복합 수업에 대해 소개하는 글을 2~3 문장으로 작성해 봅시다.
- 융복합 수업이 이루어지기 위해 우리 학교에서는 어떤 요소가 중요하다고 생각하는가요? 우선적으로 고려되어야 할 요소를 찾아 그 이유를 설명해 봅시다.

---

2) 미국에서는 우리나라의 STEAM 교육에서 예술의 'A'가 빠진 STEM 교육으로 지칭하며 과학기술 중심의 융복합 교육이 실시되어 왔다.

3. 융복합 교육의 최근 동향

융복합 교육은 다양한 학문 분야, 기술, 전략 등을 융합하여 학습 경험을 풍부하게 만드는 접근 방식이다. 관련 연구 동향을 살펴보면, 융복합 교육은 학습자들이 보다 현실적이고 적용가능한 지식과 기술을 습득하도록 돕는 데 중요한 역할을 하고 있다. 우리나라에서도 융합인재교육을 시작으로 2015 개정 교육과정 이후 창의 · 융합형 인재 육성이라는 비전을 통해 명시적으로 융복합 교육을 추구하고 있으며, 교육과정 총론의 교수 · 학습 부분에서도 '융합적 사고를 기를 수 있도록 교과 내, 교과 간 연계성을 고려하여 지도'하도록 권고하고 있다. 이에 따라 자유학기제나 동아리 활동 등을 통해 융복합 수업이 현장에서 적용되었다.

2022 개정 교육과정에서는 보다 구제적으로 현장에서 융복합 수업이 가능하도록 '융합 선택 과목'을 신설하였다. 융합 선택 과목이란 '교과 내 · 교과 간 주제 융합 과목이나 실생활 체험 및 응용을 위한 과목'이다(교육부, 2021). 예를 들면, '매체 의사소통' '기후 변화와 지속 가능한 세계' '융합과학 탐구' '창의 공학 설계' 등 전 교과에서 융합 선택 과목이 신설되어 학교에서 운영할 수 있게 되었다. 또한, 지역과 연계하거나 다양하고 특색 있는 교육과정 운영을 위해 편성 · 운영할 수 있는 시간으로 '학교자율시간'을 도입하여, 기존 교육과정에서 다루기 어려웠던 융복합 수업을 교육과정에 도입할 수 있도록 제반 체제가 마련되었다(교육부, 2022).

이에 융복합 교육을 위한 다양한 프로그램이나 플랫폼 등이 개발되었으며, 융복합 교육의 방향성을 탐색하거나 실태를 분석하기 위한 선행 연구들도 수행되어 왔다. 우리나라에서 융복합 교육 관련 큰 비중을 차지하는 것은 STEM 또는 STEAM 관련 자료와 연구들이다. STEAM 융합 교육이란 STEAM의 구성요소인 과학, 기술, 음악/미술, 수학 교과 간 또는 이들 교과와 연계 교과 간 융복합 교육을 의미하는데, 우리나라에서 융합 교육의 큰 축을 담당하여 왔다. 우리나라의 STEAM 교육을 지원하는 중심 기관인 한국과학창의재단에서 운영하는 STEAM 융합 교육 홈페이지(https://

steam.kofac.re.kr)에서는 융합 교육에 대한 교원연수, 교사연구회 지원, 융합 교육 프로그램 지원 등 다양한 사업에 대한 안내와 함께 융합 교육 관련 자료들을 교사들이 손쉽게 다운받아 활용할 수 있도록 자료실을 운영하고 있다. 또한 융합 교육에 대한 이론적 접근도 수행되었는데, 융합 교육의 체계적 접근을 위한 연구로서 STEAM 교육 모형이 제안되었다. 예를 들면, 김진수(2011)와 김성원 외(2012)의 연구에서는 STEAM 교육을 위한 다차원적 모형을 제안하여 학교급과 융합의 수준 이외에도 융합의 단위나 통합의 요소 등의 세부 요소를 명시적으로 드러내었다. 고호경 외(2013)는 통합의 정도, 방식, 과목 수에 따라 2고리 모형, 3고리 모형, 거미줄 형, 연계형, 완전 통합 모형의 융합 프로그램 개발을 위한 기본 모형을 개발하였다. 이 연구들은 융합 교육이 다양한 스펙트럼을 포괄하는 만큼 현장에서 도입할 때 겪는 모호함과 어려움을 덜어 주기 위한 체계적 접근으로써 의미가 있다.

한편 융복합 교육을 위한 기초 자료를 위해 교과 간 연계 교육과정 분석이나 프로그램 개발에 대한 연구들(예를 들어, 심수진 외, 2016; 이선경 외, 2013; 정영근 외, 2016)도 수행되었다(곽혜정, 류희수, 2016). 이는 융복합 교육을 실행한 교사들의 요구 조사에서 교수·학습자료를 가장 시급한 과제로 인식한다는 결과(신재한, 2013)에 대응하는 것으로 볼 수 있다.

정영근 외(2016)는 2015 개정 교육과정에서 강조하는 교과 간 연계·융합을 교과의 조직 유형 중 '상관형 교육과정'이라고 보았다. 교육과정 분야에서 다루는 교과의 설계 및 조직의 유형을 크게 분과형 교육과정, 상관형 교육과정, 융합 교육과정, 광역 교육과정으로 나누어 볼 수 있는데, 이는 교과 간 상관 정도에 따라 분류된 것이다. 분과형 교육과정은 각 교과가 횡적인 연관이 없이 분리된 조직체계를 가진 교육과정을 말하며(김재복, 2000), 기존의 학교 교육에서 교과들의 조직체계라 볼 수 있다. 상관형 교육과정은 교과 내용은 무너뜨리지 않으면서도 두 개 이상의 교과를 관련시켜 가르치는 교육과정이며, 반대로 교과 간 구분을 해소하고 광역의 개념이나 원리로 조직하는 교육과정이 광역형 교육과정이다. 융합 교육과정은 상관형에서 광역 교육과정으로 넘어가는 과도기적 형태로 두 가지 교육과정의 측면을 동시에 가진다. 즉, 각 교과목의 성질은 유지하면서도 공통적인 내용이나 요소를 추출하여 교과

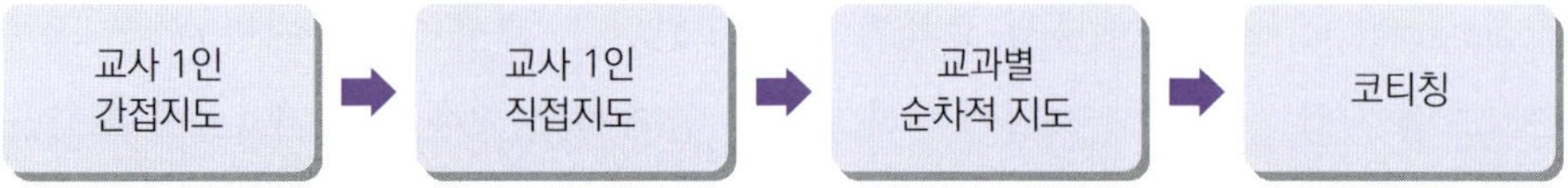

[그림 1-1] 교과 간 융복합의 지도 방식(정영근 외, 2016)

를 재조직하는 것이다(정영근 외, 2016). 따라서 2015 개정 교육과정에서의 연계 · 융합의 수준은 기존 교과목의 위계를 유지하면서 두 개 이상의 교과목을 상호 관련시키는 방법인 상관형 교육과정의 수준을 기대하였다고 볼 수 있다. 또한 이 보고서에서는 관련 사례 중 자유학기제 융합 사례, STEAM 융합 교육의 사례 검토를 통하여 교과 간 연계 · 융합을 위한 키워드를 도출하고 이에 따른 예시 자료를 개발하여 제안하였다. 교육과정이 개정되어도 중요 내용 요소는 크게 변하지 않는 만큼 교과 간 융합을 위한 키워드 목록과 예시 자료는 참고가 될 수 있을 것이다.

융복합 수업은 다양한 지도 방식으로 도입될 수 있다([그림 1-1] 참조). 교과 간 융복합 수업의 지도 방식은 교사 1인 간접지도, 교사 1인 직접지도, 순차적 지도, 코티칭 등의 방식으로 운영될 수 있다. 융복합 수업의 취지를 가장 잘 살릴 수 있는 방식이 코티칭이라면, 1인 간접지도는 현장에서 큰 변화 없이 지도할 수 있는 방식이라고 할 수 있다. 구체적으로 살펴 보면, '교사 1인 간접지도' 방식은 연계된 관련 교과 내용을 자료를 통해 간접지도하는 방식으로 주 교과 중심의 수업이라 융복합의 수준이 약할 수 있다. '교사 1인 직접지도'는 교사 한 사람이 전체 수업을 운영하는 것으로 관련 교과 내용을 모두 한 사람이 지도하는 것을 지칭한다. 따라서 교과 담임제인 중등학교보다는 초등학교에서 상대적으로 적절하다. '교사별 순차적 지도'는 각자 다른 시간대에 자신의 교과 시간에 융복합 수업을 운영하는 것이다. 여기서 순차적의 의미는 융합된 내용의 횡적, 종적 계열성에 따라 고려되어야 하기 때문에 교과 수업의 순서가 의미 있게 사전에 조정될 필요가 있다(정영근 외, 2016). 마지막으로 '코티칭' 방식은 연계 대상 교과 교사들이 모두 수업에 들어가 동시에 지도하는 방식이다. 융복합 교육의 취지에 가장 부합하지만, 교사와 학생들의 시간표 조정 등 행정적 문제가 크고 효율적으로 수업 운영이 가능한 방식에 대한 고민이 필요하다.

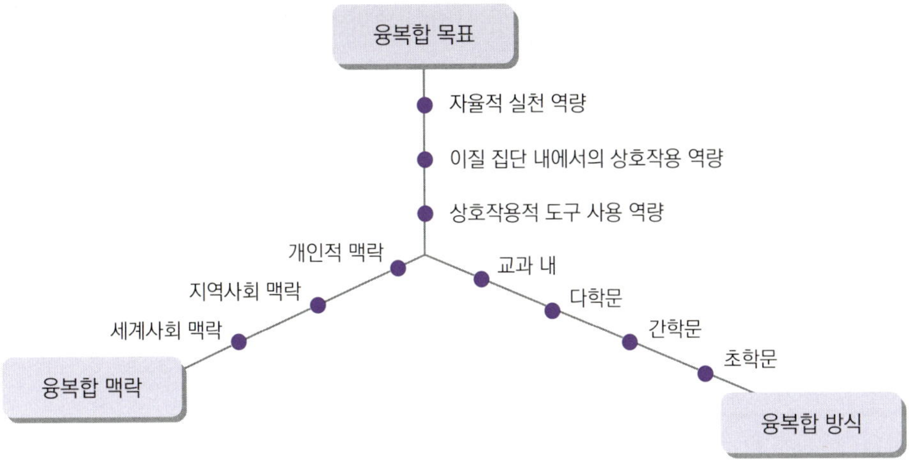

[그림 1-2] 융복합 교육 프로그램의 구성틀(이선경 외, 2013)

이선경 외(2013)의 연구에서도 일본의 마쓰자카 목면, 우리나라 중앙고등학교, 장곡중학교의 세 가지 사례를 분석하여 융복합 교육 프로그램의 구성 틀에 대해 논의하였다. 융복합 교육 프로그램은 융복합의 목표, 방식, 맥락이라는 3차원 틀로 구성되는 것으로 설명하였으며, 실제 융복합의 사례들을 분석하여 프로그램의 강점과 단점을 진단하고 취약점에 대한 개선 방향을 탐색하는데 유용함을 보였다. 특히 이 모형에서는 기존의 STEAM 융합 교육의 모형에서 이미 제안된 바 있는 융복합의 맥락이나 방식에 더하여 융복합의 목표 차원의 세부 요인이 제안되었다는 특징이 있다.

여기서 제안된 융복합 교육 프로그램의 목표로는 '자율적 실천 역량' '이질 집단 내에서의 상호작용 역량' '상호작용적 도구 사용 역량'이며 각 역량은 다시 세 가지 하위 역량으로 구성된다. 자율적 실천 역량은 '정체성 자존감 및 자율적 인생 계획' '개인의 행동 변화' '지역/세계사회의 바람직한 변화 야기'의 하위 역량으로 이루어져 있으며, 이질적 집단에서의 상호작용 역량에는 '타인과 관계 형성 및 유지' '협동적 작업' '갈등 관리 및 해결'로, 상호작용적인 도구 활용 역량에는 '언어/상징/텍스트 활용' '핵심 개념/원리/소양 습득 활용' '테크놀로지 활용' 역량이 포함되어 있다. 즉, 융복합 교육은 기존의 분절적인 교과교육에서 성취하기 어려웠던 융합적 핵심역량을 목표로 한다는 것을 알 수 있다.

최근 융복합 교육은 급변하는 학교와 사회적 변화에 대응하기 위한 디지털 기술을 적극 활용하여 학습 환경을 혁신하고 개인 맞춤형 교육을 제공하는 연구들이 진행되고 있다. 이는 2022 개정 교육과정에서 디지털 · AI 교육을 강조하고, 2025년부터 AI 디지털 교과서 보급을 실시하는 것과 맥을 같이 하는 것이다. 따라서 최근의 융복합 교육의 추세 중 하나는 가상 현실(VR), 증강 현실(AR), 인공 지능(AI)(안지훈, 박형빈, 2023; 양다예, 한선관, 2021; 최효승, 손영미, 2017), 빅데이터 등의 기술이 융복합 교육에 적용되어 학습자의 참여와 흥미를 높이며 학습자들의 다양한 학습 스타일과 수준에 맞춰 개인화된 학습 경험을 제공하는 데 주안점을 둔다. 이러한 디지털 기반 융복합 교육에서는 디지털 기술을 활용하여 학습 분석, 학습 경로 개발, 맞춤형 콘텐츠 제공 등의 방법이 적용된다. 다만, 인공지능 융합 교육의 경우, 융복합 교육을 위해 인공지능의 기술이 활용되는 것이 아니라 인공지능에 대한 프로그램 교육을 위해 융합적 접근을 하는 경우도 포함하는데, 이는 잘 구분되어서 목적에 따라 다르게 활용될 필요가 있다. 또한 인공지능과 같은 디지털 기술이 도입된 수업이 시도될 경우 학습자가 추가적으로 겪는 어려움 등을 파악하여 대비할 필요가 있다. 예를 들면 디지털 기반 맞춤형 교육의 경우 학습자의 적극성이 부족할 경우 진행이 쉽지 않으며, 디지털 리터러시의 부족이 학습의 장애물로 나타날 수 있다(김유진, 신영준, 2023).

하지만 인공지능을 활용한 융복합 교육이 이제 시작 단계임에도 불구하고, 학생들의 창의성 향상이나 자아개념, 융합적 문제해결력 등에 긍정적인 영향을 준다(공민수, 2022; 양다예, 한선관, 2021)는 연구 결과들이 제시되고 있다. 관련 연구 동향들은 융복합 교육이 미래세대를 위한 교육의 핵심적인 부분으로 자리 잡고 있음을 보여준다. 즉, 학습자들이 미래 사회에서 필요로 하는 다양한 기술과 역량을 개발하는 데 융복합 교육이 도움이 될 것으로 기대된다.

학습 과제

- 인공지능 융합 수업을 키워드로 검색해 보고 인공지능을 활용한 융복합 수업 사례에 대해 발표해 봅시다.

4. 융복합 교육의 효과

융복합 수업의 효과는 학습자 측면과 교사 측면에서 논의할 수 있다. 융복합 수업이 운영되는 교실은 강의 일변도의 교실에 비해 〈표 1-2〉와 같이 학생의 참여와 협력이 활발해지고, 교사와 학생 간 대화가 있고, 여러 교과의 교육 내용이 통합되는 효과가 있으며 고차원적인 사고력 신장이 기대되어, 학생들이 책임감을 느끼고 스스로 학습하면서 자신감이 고취되는 효과를 얻는 것으로 밝혀졌다(성열관 외, 2017).

〈표 1-2〉 강의 일변도 교실과 통합 교육과정 운영 교실 비교

강의 일변도 교실	통합 교육과정 운영 교실
• 교사는 말하고, 학생은 듣기만 한다.	• 학생들이 참여하고 협력한다.
• 한 명의 교사가 30, 40명의 학생에게 강의한다.	• 교사-학생 사이의 대화, 학생-학생 사이의 협력이 있다.
• 자신만의 교과만 강의한다.	• 교과와 교과, 주제와 주제, 학교 안과 밖이 통합된다.
• 사고는 단편적이고, 피상적으로 이루어진다.	• 문제 해결에 필수적인 교과목이 통합되어, 고단계 사고력이 신장된다.
• 학생들은 교사가 예상하는 행동에 순응하도록 기대된다.	• 학생들은 책임감 있고, 스스로 학습할 수 있기 때문에 자신감이 고취된다.

출처: SCANS, 1991; 성열관 외, 2017: 24에서 재인용

융복합 수업은 단순한 지식이나 기능 측면의 학습이 주로 강조되었던 기존 학교교육에 대한 대안으로 시도되었다. 따라서 우리나라 융복합 교육의 효과는 외국의 융복합 교육에 비해 인지적 측면보다는 학습자의 문제해결력이나 융합적 사고력 등의 융합적 역량 측면이나 가치 및 태도 등의 정의적 측면의 변화에 초점을 두었다(박주호, 2013; 곽혜정, 류희수, 2016). 이는 융복합 교육의 일환인 STEAM 교육의 효과에 대한 메타분석 연구에서도 학습자의 정의적 영역, 사고력, 인성 및 진로 의향이 더

큰 효과 크기를 보인 것과 같은 맥락이다(강남화 외, 2018).

융복합 교육에 대한 실증적 연구를 통해 밝혀진 융복합 교육의 효과로는, 첫째, 학습자의 흥미, 학습 동기, 관련 교과에 대한 태도 등의 정의적 영역에 긍정적인 영향을 주었으며 이는 학업성취도에도 긍정적인 효과를 주었다(박성진, 유병길, 2013; 배진호, 윤봉희, 김진수, 2013; 이시예, 이형철, 2013; 김덕호, 홍승호, 2015; 노민정, 유진은, 2016).

둘째, 융복합 수업의 문제기반 활동 등에 참여하면서 학생들은 창의성, 문제해결력(김덕호, 홍승호, 2015; 이수기, 윤은경, 2016; 이석진, 김남숙, 이윤진, 이승진, 2017)이나 융합인재소양 등(배덕현, 김방희, 김진수, 2014; 이재호, 이승훈, 이동형, 2021)이 향상되었다. 융합인재소양은 융합성, 창의성, 배려심, 소통성의 4가지 영역으로 구성되며(최유현 외, 2013), 학습자의 융합적 역량에 대한 하나의 지표로 볼 수 있다. 예를 들어, 융복합 수업에서 나타나는 학생들의 참여구조를 분석한 연구(박모라, 문종은, 주미경, 2015)에 따르면, 학생들은 융복합 수업을 통해 의사소통 과정에서 근거를 바탕으로 타인의 의견에 대한 타당성을 확인하는 협력적 소통으로의 변화를 보여 주었다. 이러한 변화는 융복합 수업이 학생 사이의 문제해결 능력과 협력적 소통 역량을 개발하는 데 긍정적으로 기여하였음을 보여주었다.

교과 간 융복합 수업을 실행하는 경험은 교사의 전문성 발달의 장이 되기도 한다(유병규 외, 2014). 교과 간 통합 교육과정을 운영한 학교에서 교사들의 변화를 연구한 결과, 교사들은 협동적인 문화를 구축하고 학교에서 리더 역할을 하는 모습과 변화를 통해 학습해 나가는 학습자의 모습을 보였다. 또한 융복합 교육의 경험은 반성적 성찰가로서의 교사 전문성을 높이고, 교사 공동체의 중요성을 깨닫게 하였으며, 타 교과에 대한 이해와 안목의 확장 등 교사의 전문성 계발이 이루어지는 변화가 있다(맹희주, 손연아, 2011, 2019; 유병규 외, 2014; Drake, 2012). 융복합 교육의 경험이 있는 교사들과 경험이 없는 교사들을 비교한 연구에 의하면(맹희주, 손연아, 2011, 2019), 융합 수업의 경험이 있는 교사들이 학생들의 학습 과정을 이해하는 능력이나 수업 목표와 수업 주제 선정 능력, 학습자의 흥미와 동기 유발 능력, 학생의 의견을 수용하는 교수 · 학습 환경 제공 능력, 전문성 계발 노력 등에서 통계적으로 유의미하게 높은 것으로 나타났다.

어떤 형태의 교육이 좋은 교육인가는 교육계에서 끊임없이 제기되는 질문이며, 이는 사회환경과 교육의 지향점에 따라 다양하게 응답되어 왔다. 분명한 것은 교육은 앞으로 10년에서 20년 뒤에 성인이 될 미래세대를 위한 의도적 행위이기 때문에, 미래 시대를 예측하고 이에 기반한 역량 계발에 기여해야 한다는 사실이다. 융복합 교육은 간학문 교육, 융합 교육, STEAM 등 다양한 사조로 진행되어 왔으며, 이상적 융복합 교육에 대한 찬반 논의도 있으나 미래 시대에 필요한 융합적 문제해결력과 창의성의 증진, 협동과 의사소통 능력 등에 기여하고 있다는 일관된 주장은 융복합 교육의 필요성을 지지하고 있다.

학습 과제

- 융복합 수업을 통해 효과적으로 달성할 수 있는 나의 전공 교과의 역량에는 어떤 것이 있을지 교육과정에서 찾아 이야기해 봅시다.

융복합 수업을 시작하는 교육자를 위한 지침서

융복합 수업의 설계와 실행

제2장

융복합 수업에는 어떤 유형이 있을까

융복합 수업을 시작할 때 가장 어려운 것은 어떻게 융합을 시도할 것인가에 대한 문제이다. 여러 교과와 학문을 어떤 방식으로 융합할 것인가에 따라 유사한 주제도 다양한 수준과 형태의 수업으로 전개될 수 있기 때문에 대상 학생과 협력 교사의 융복합 수업에 대한 이해 수준, 가용 가능한 시공간 환경 등을 고려하여 융복합 수업의 유형을 선택할 필요가 있다. 이 장에서는 융복합 수업의 다양한 유형들에 대해 소개하고 그 특징에 대해 살펴볼 것이다.

학습 목표

- 융복합 수업의 다양한 유형에 대해 설명할 수 있다.
- 융복합 수업의 여러 유형들의 특징을 비교하고 구분하고, 동일 주제에 대해서도 목적과 환경에 따라 여러 유형의 융복합 수업이 가능함을 이해한다.

1. 포가티의 융합을 위한 10가지 모형

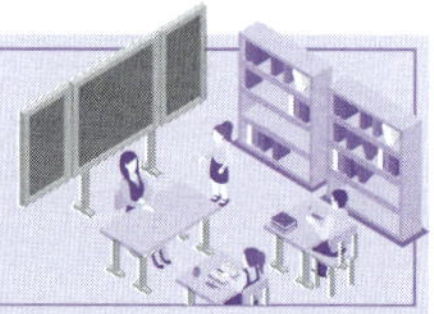

[그림 2-1] 융복합[1]의 수준에 대한 위계 모형(Drake, 2012)

융복합 수업의 유형에 대해 여러 연구자들은 [그림 2-1]처럼 점점 더 융복합의 수준이 증가하는 연속체 모형을 설명한다(Drake, 2012). 초학문 모형으로 갈수록 교과의 구분은 사라지고 융복합의 수준은 증가한다. 그러나 융복합의 수준이 높아진다고 절대적으로 더 나은 교육과정이라는 것은 아님에 주의가 필요하다. 오히려 융복합의 수준에 대한 여러 다른 접근이 있을 수 있음을 교육과정 설계자가 알고 적절한 맥락에 따라 효과적인 유형을 선택하는 것이 중요하다.

융복합 수업을 시도할 수 있는 다양한 융복합의 유형이 제시되었는데 가장 대표적인 것이 포가티(Fogarty, 1991)의 '융복합을 위한 10가지 모형'이다. 포가티는 다양한 상황에서 융복합을 시도하려는 교육자들에게 단순하고 다양한 모형들의 선택지를 제시함으로써 융복합 수업의 시작을 안내한다.

포가티는 기존의 분절적인 교과 수업을 잠망경을 통해 한 번에 하나의 관찰을 하는 것에 비유하면서 각각의 교과에서 단일 분야의 초점을 제공하기 때문에 발생하는 문제점을 극복하기 위해 10가지의 융복합의 방법을 제시하고 있다. [그림 2-2]의 모

1) 융복합 교육과정에 대한 논의의 초기에는 통합 교육과정이라는 용어로 접근하여 원문에는 '통합'이라고 되어 있으나 이 교재에서는 통합, 융합, 융복합 등이 다양한 용어를 포괄하는 '융복합'이라는 용어로 통일하여 사용하기로 했다(1장 참고).

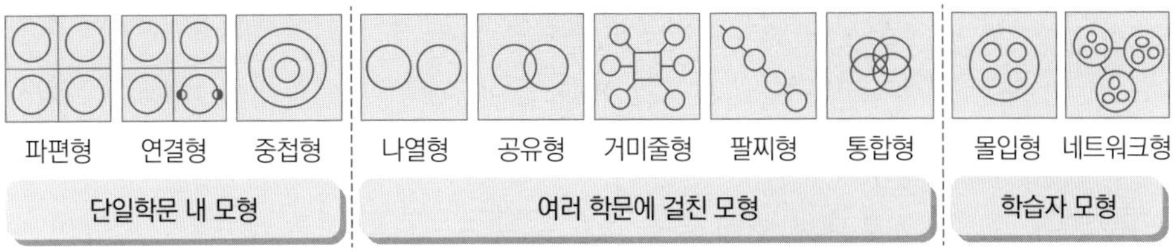

[그림 2-2] 포가티의 융복합 교육을 위한 10가지 모형(Fogarty, 1991)

형들은 왼쪽에서부터 단일 학문(파편화, 연결 및 중첩 모형) 내에서의 탐색으로 시작하여 여러 학문 분야(나열형, 공유형, 거미줄형, 팔찌형 및 통합 모형)에 걸쳐 통합되는 모형으로 이어지며, 마지막으로 학습자 스스로 작동하는 모형(몰입형 모형)과 학습자 네트워크 모형으로 제시되어 있다. 각 모형은 교과들의 공통적인 기능이나 주제 중심으로 다양한 다학문적 또는 간학문적 융합을 시도한다.

파편화 모형은 기존의 전통적인 수업과 유사하므로 융복합 수업을 시도하는 경우에 해당하는 두 번째 모형인 연결 모형부터 살펴볼 것이며, 학습자 모형을 제외하면 융복합 교수 · 학습 과정을 설계하는 과정에서 주목해야 할 모형은 연결형, 중첩형, 나열형, 공유형, 거미줄형, 팔찌형, 통합형의 7가지라고 할 수 있다.

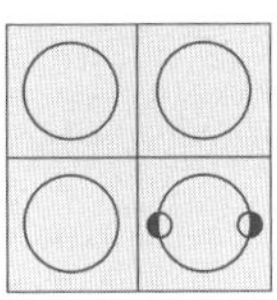

[연결형]

단일 학문 내 융복합 모형 중 첫 번째 모형인 연결형 모형은 오페라 글라스를 통해 보는 것에 비유될 수 있는데, 개별 교과를 상징하는 원들은 분리되어 있지만 파편화된 모형과 다르게 한 교과의 영역 내에서는 명시적인 연결을 만드는 데 중점을 둔다. 이 모형의 핵심은 학생들이 자동으로 연결을 이해할 것이라고 가정하는 기존 수업과 다르게 교과 내에서 아이디어를 연관시키려는 노력이 제시된다는 점이다. 즉, 교과의 주제, 개념, 관련 아이디어들이 연결되며 이는 학년을 넘어설 수도 있다. 예를 들면, 과학에서 운동의 종류를 속도와 연결시키고 이를 이후에 배울 뉴턴의 법칙과 관련지을 수 있다.

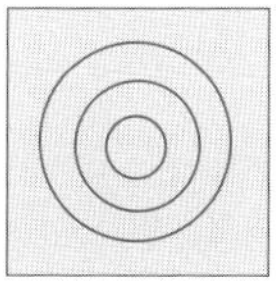

[중첩형]

중첩형 모형은 3차원 안경을 통해 교육과정을 보고 수업의 여러 차원을 조망하는 것이다. 예를 들어, 과학의 순환계에 대한 수업에서 교사는 순환계의 개념뿐만 아니라 사고 능력의 향상이나 시스템적 사고에 대한 이해 등을 목표로 할 수 있다. 다른 예시로는 컴퓨터 수업에서 프로그램의 이해뿐 아니라 창의력의 향상이라는 수업 목표를 설정할 수 있는데, 이는 한 학문 분야에서 여러 측면의 접근을 시도하는 중첩형 모형의 예시가 될 수 있다.

단일 학문 내에서 융복합을 시도하는 모형을 넘어서면 학문 간 연결을 시도하는 모형으로 나열형, 공유형, 거미줄형, 팔찌형, 통합형 모형이 있다.

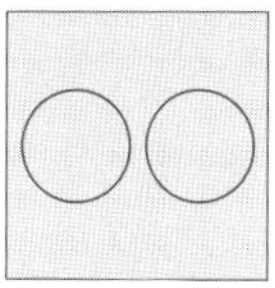

[나열형]

나열형 모형은 안경을 통해 교육과정을 바라보는 것에 비유된다. 학문을 상징하는 원들이 여전히 분리되어 있지만, 하나의 렌즈로 구성된 오페라 안경으로 보는 연결형 모형과는 다르게 두 개의 원이 공통의 안경틀로 연결되어 있다. 즉, 여러 교과의 주제 또는 단원은 여전히 별도로 다루어지지만 재배열된다는 것이 이 모형의 특징이다. 예를 들면, 중학교 수학 시간에 그래프를 배우면서 과학의 날씨에 대한 데이터 수집과 교육과정 순서를 일치시킬 수 있다. 이러한 모형은 학년 초에 교육과정을 설계할 때 서로 다른 교과 간의 협의를 통해 교육과정의 순서를 재구성하면서 시도할 수 있다.

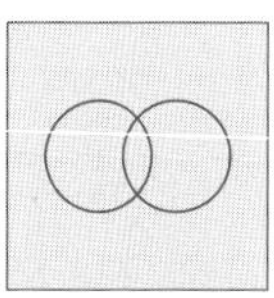

[공유형]

공유형 모형은 쌍안경을 통해 교육과정을 검토하여 두 개의 서로 다른 분야를 하나의 초점 이미지로 결합하는 것에 비유된다. 두 개의 교과에서 중첩되는 개념을 동일 구성 요소로 사용하는 이 모형에는 두 분야의 공유된 수업 계획과 활동이 포함되어야 한다. 예를 들어, 국어 교사는 국내 단편 소설을 다루면서 일제 강점기 문학의 특징을 선택하고, 역사 교사도 일제 강점기에 대해 수업을 운영하여 국어 교사와 역사 교사가 한 팀을 이루어 교육과정을 설계하고 재구성할 수 있다. 또한 물리 수업에서 열기관과 효율을 다루는 단원을 가르칠 때 세계사 수업에서 산업혁명에 대해 다루면서 열기관 관련 개념을 공유하고 초점을 맞출 수 있다.

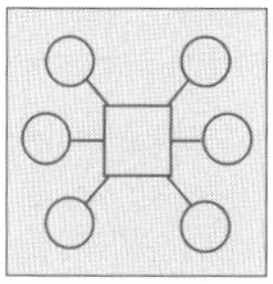

[거미줄형]

거미줄형 융합 모형은 망원경을 통해 교육과정을 조망하는 것에 비유된다. 한 번에 전체 교과를 살펴보고 연결하는 교육과정이라 할 수 있는데, 예를 들면, 발명품은 과학에서 간단한 기계에 대한 탐구로 다룰 수 있고, 국어에서 발명가에 대한 읽기와 쓰기로 이어지고, 기술 · 가정에서 설계와 건축으로 이어질 수 있다. 또한, 책이나 책의 장르를 주제로 사용하여 교육과정을 주제별로 구성할 수도 있는데, 동화나 소설이 교육과정 그물망의 촉매제가 될 수 있다.

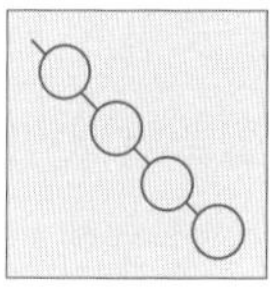

[팔찌형]

팔찌형 모형은 돋보기를 통해 교육과정을 조망하는 것처럼, 교육과정 전체를 관통하는 '빅 아이디어'를 교과내용 전반에 걸쳐 확대한다. 이 모형에서는 사고력, 사회적 기능, 학습 기능 등의 중요한 학습목표를 여러 교과에 실로 꿰듯 연결한다. 예를 들면, '예상' 기능은 수학에서는 수치를 어림하는 데, 사회 교과에서는 사건의 동향을 예측하는 데 사용되며, 과학에서는 변인 간의 관계를 통해 데이터를 추정하는 데 다루어지는 탐구 기능으로 여러 교과를 관통하는 기능이다. 즉, 융복합을 시도하는 교과 교사들은 기존 교과 내용에 일련의 사고 기능 학습이라는 관통되는 목표를 설정하여 교육과정을 재구성할 수 있다. 이렇게 재구성된 수업에서는 학습된 지식을 확인했던 수업과는 다르게 '그것에 대해 어떻게 생각하니?' '어떤 사고기술이 가장 도움이 되었니?' 등과 같은 과정 질문들을 활용하는 수업이 된다.

[통합형]

통합형 모형은 만화경을 통해 교육과정을 조망하는 것과 같다. 학제 간 주제는 중복되는 개념과 창발적인 패턴을 중심으로 재배열된다. 학제 간 접근 방식을 사용하는 이 모형은 여러 교과에서 중복되는 기능, 개념 및 태도를 찾아 교과들의 주요 분야를 통합한다. 예를 들면, 중등학교에서 학제 간 접근의 하나는 수학, 과학, 언어, 사회 교과에서 논증과 증거 개념을 적용하여 융합할 수 있다.

이러한 다양한 융복합 모형들은 학교 현장에서의 활용 가능한 장소, 시간 여건과 학생의 수준, 무엇보다 융합을 위한 협력을 할 수 있는 교사들의 상황에 따라 적절히 선택하여 시도해야 할 것이다. 처음에는 단순한 모형에서 시작하여 교사와 학생들이 익숙해지면서 통합형 융복합을 지향할 수 있을 것이다.

지금까지 살펴본 포가티의 모형은 융복합 수업을 처음 시작하는 단계에서 다양한 융복합의 종류를 파악하는 데 도움이 되는 이론적 제안 모형이다. 실제로 융복합 수업을 설계하고 운영할 때는 두 가지 이상의 유형이 조합되거나 복합적으로 적용될 수 있음을 인지하고 모형에 구속되기보다는 아이디어 산출의 시작점으로 활용하는 것이 적절할 것이다. 따라서 이후 논의되는 절에서는 포가티의 거미줄형 모형에 근거하여 실제로 융복합 수업을 설계하는 과정을 구체적으로 제안한 제이콥스의 논의를 살펴본 후, 실제 융복합 수업의 다양한 사례를 포괄하는 융복합의 다차원 모형들에 대해서도 살펴볼 것이다. 나아가, 이 교재의 4장에서는 융복합 수업의 사례를 분석하고 해석하기 위해 고안된 다차원 분석 틀을 제안할 것이다.

학습 과제

- 앞선 내용에서 융복합 모형은 다양한 물체(망원경, 팔찌 등)로 비유된다. 융복합 수업에 대한 나의 생각을 나타내는 단어를 찾아 비유를 만들어 봅시다.
  내가 생각하는 융복합 수업이란 ____________이다. 그 이유는 ____________________ ____________________이기 때문이다.

2. 제이콥스의 질문을 강조한 융복합 모형

융복합 교육에서 주제를 중심으로 융복합을 시도한다는 점에서는 유사하지만, 제이콥스(Jacobs, 1989)의 모형에서는 학생들이 내용을 연결할 수 있도록 하는 본질적인 질문을 강조한다. 이 '질문을 강조한 간학문적 개념 모형'은 4단계로 구성되는데, '조직의 중심(Organizing Center)' 선택하기, 연결 브레인스토밍하기, 안내 질문 제공하기, 활동 계획하기로 이루어진다(Drake, 2012).

융복합 수업 과정을 개발하기 위한 첫 번째 단계는 교육과정 개발의 초점이 될 조직의 중심을 선택하는 것이다. 여기서 초점은 테마, 문제, 현상, 이슈 등이 될 수 있는데, 예를 들면, 관찰, 패턴, 빛, 혁명, 유머, 비행, 개척자, 미래 및 세계 기아와 같은 개념이 조직의 중심으로서 효과적이다.

두 번째 단계에서는 '연결 브레인스토밍하기'로 교사(학생들이 직접 교과에 대한 융합 주제를 발굴할 경우 학생들도 가능)들은 [그림 2-3]에서 제시된 바퀴 모양의 도식을 활용하여 대상 교과 영역에서 선택한 조직 중심을 자유롭게 탐색한다. 예를 들면, [그림 2-3]은 수학, 국어, 사회, 미술, 윤리, 과학의 6개 교과의 융합 교육과정을 계발하기 위한 브레인스토밍 도식(Jacobs, 1989)이다. 가운데 원에는 조직의 중심(예를 들면 비행)을 놓고 융합하고자 하는 교과를 바퀴 선에 위치시킨다([그림 2-4] 참조).

먼저 브레인스토밍을 하기 전에 학생들은 각 학문 분야의 고유한 특성을 인식하고 각 분야를 통해 조직의 중심을 뚜렷한 관점에서 볼 수 있도록 하는 것이 중요하다. 효과적인 브레인스토밍 전략으로는 아이디어의 산출을 장려하기 위하여 비판은 가능한 한 배제하고 자유로운 아이디어를 권장하는 것이 좋다. 또한, 두 개 이상의 아이디어를 다른 아이디어로 결합하고 더 나은 아이디어를 제안해 보도록 시도한다.

가운데 위치한 조직의 중심이 각 교과와 어떻게 연결될 수 있는지 가능한 한 많은 아이디어를 산출하는 것이 이 단계의 목적이며 이 과정을 통해 그동안 주목하지 않았던 분야에 대한 관심이 유발되고 다양한 관점을 드러낼 수 있다. 예를 들면, 사회

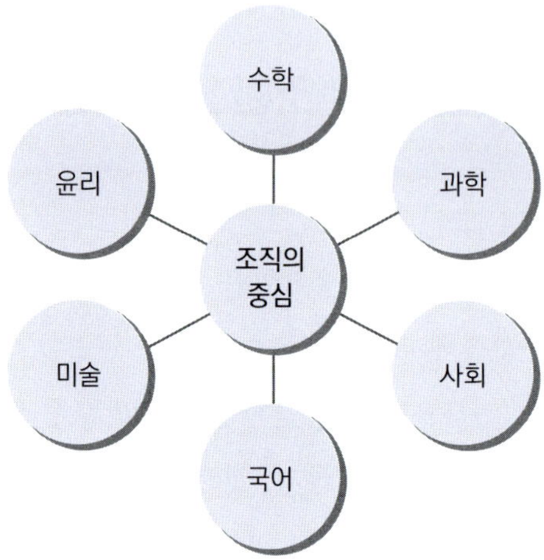

[그림 2-3] 융복합 교육과정 개발을 위한 수레바퀴

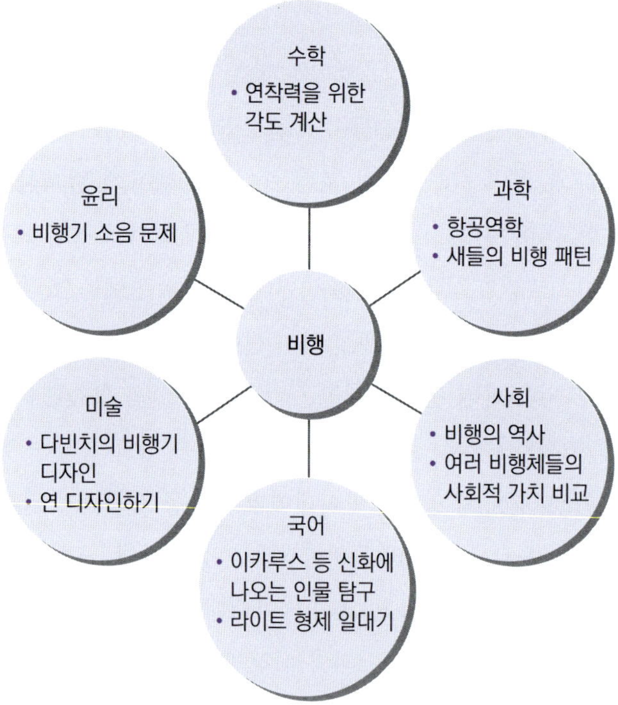

[그림 2-4] 비행 개념을 '조직의 중심'으로 한 융복합 수레바퀴(제이콥스(Jacobs, 1989)의 예시를 변형함)

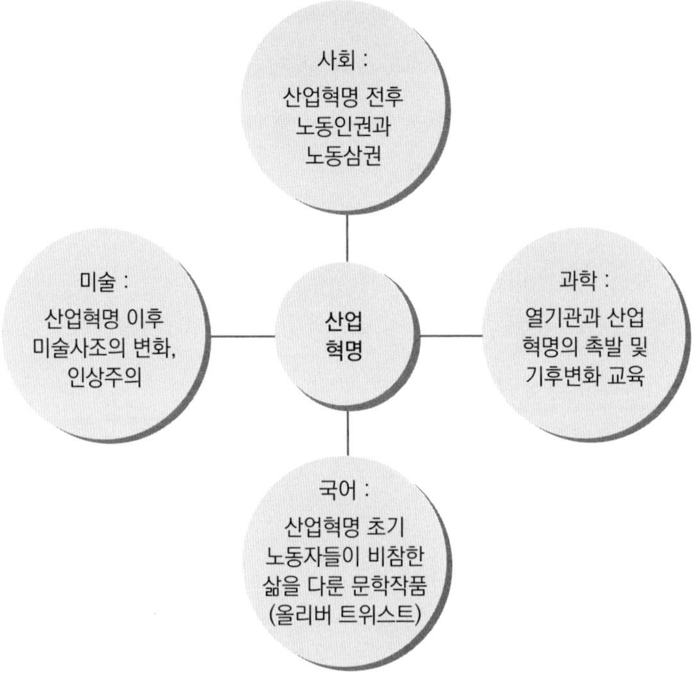

[그림 2-5] 산업혁명을 중심으로 조직된 융복합 수레바퀴 예시

적 혹은 정치적 현상은 주로 사회 교과에서 다루어지지만, 브레인스토밍 바퀴 도식을 통해 숨겨진 다른 교과와의 연결을 드러낼 수 있다. 한 예시로 산업혁명은 주로 사회 교과에서 다루어져 왔지만, 과학 교과에서 중요하게 다루어지는 열기관의 발명이 산업혁명을 어떻게 촉발했는지 과학기술과 현대 문명에 대해 탐구할 수 있다. 국어 교과에서는 산업혁명 초기 노동자들의 비참한 삶을 다룬 『올리버 트위스트』와 같은 문학 작품을 통해 그 시대 문학에 대해 학습할 수 있으며, 미술 교과에서도 인상주의의 출현을 산업혁명과 연결하여 이해할 수 있다.

세 번째 단계는 학습의 범위와 위계를 설정하기 위한 '안내 질문'을 만드는 것이다. 안내 질문은 조직의 중심처럼 여러 분야에 걸쳐 있어야 한다. 제이콥스(Jacobs, 1989)는 교과서의 장 제목으로 목차를 제공하는 것과 유사하다고 설명한다. 교과서에서 책의 범위와 순서를 개괄적으로 설명하는 장 제목의 목차를 통해 본문 내용의 범위와 위계를 파악할 수 있듯이 융복합 수업에서도 이러한 안내와 제한이 필요하다. 무작정 융합할 주제에 대해 아무렇게나 파고든다고 해서 학습이 되는 것은 아니며, 학습자들에게 학습의 순서와 이유를 제공해야 할 필요가 있기 때문이다.

예를 들면, '비행'에 대해 학습하는 융복합 수업의 예시 중 교사는 6주간의 수업에서 다음의 안내 질문을 활용할 수 있다.

> '난다'라는 것은 어떤 의미인가?
>
> 자연에서 날 수 있는 것은 어떻게, 왜, 나는가?
>
> 비행이 인간에게 미친 영향은 무엇인가?
>
> 비행의 미래는 무엇인가?

〈표 2-1〉 교수 · 학습 활동 계획 매트릭스 예시

범주 / 안내질문	지식 · 이해	과정 · 기능	가치 · 태도
예시: 열기관의 발명은 산업혁명에 어떠한 영향을 주었는가?	[12역학02-04]	• 다양한 매체를 활용하여 표현하고 의사소통하기	• 과학의 유용성 • 안전 · 지속가능 사회에 기여
안내질문:			
안내질문:			
안내질문:			

마지막 단계로 학습에 구현하기 위한 활동을 계획한다. 전 단계에서 설정한 안내 질문을 탐색하기 위한 교수 · 학습 활동을 구성한다. 매트릭스를 사용하여 활동의 개요를 구성하는 방법으로는 가로축에는 2022 개정 교육과정상의 지식 · 이해, 과정 · 기능, 가치 · 태도에 해당하는 교육목표를 배치하고 세로축에는 안내 질문을 배치하여 각 교육목표를 달성하기 위한 구체적인 교수 · 학습 활동을 계획하는 것이다(〈표 2-1〉 참조). 이 방법은 전체 내용의 초안을 설계하는 데 도움이 된다. 이때 매트릭스의 모든 셀에 대해 활동을 개발할 필요는 없으며 오히려 전체 설계의 특징을 찾는 데 활용한다. 예를 들어, 지식 · 이해에 해당하는 활동이 전체의 대부분이라면 이

활동은 인지적 학습에 주된 내용을 할애한다고 파악할 수 있다.

실제 수업 운영 측면에 대해서 살펴보면, 교사는 다양한 교수 · 학습 활동과 모둠 구성을 활용하여 수업을 구성해야 한다. 효과적인 융복합 수업을 위해서는 개별화 학습과 모둠 활동을 적절히 배치하고 교육적 효과를 높이기 위한 다양한 교수 · 학습 전략, 강의, 프로젝트 기반 활동, 토의 · 토론, 실험 등을 활용한다. 마지막으로, 융복합 수업에서도 평가를 고려해야 하는데, 평가의 요소에는 학습 주체, 학습의 결과인 행동 진술, 관찰 가능한 표현, 활동에 대한 구체적 조건이나 제한, 수행의 질을 평가하는 구체적인 기준 등을 명확히 하도록 하여 학습자에게 활동의 목표를 명확히 하는 것이 필요하다.

학습 과제

[그림 2-5]에서 제시한 '산업혁명'이라는 '조직의 중심' 수업에 대해 실습해 봅시다.

- 이 수업에 대한 '안내 질문'을 만들어 봅시다. 국어, 과학, 사회, 미술 교과에 걸친 산업혁명에 대한 학습의 범위와 위계를 제공할 수 있는 3~4개의 질문을 만들어 봅시다.
- 이 수업에 대한 교수 · 학습 활동의 개요를 본문에서 제시한 매트릭스 형태로 만들어 보고 어디에 집중되어 있는지 논의해 봅시다.
- 매트릭스 점검을 통해 2번에서 만들었던 '안내 질문'을 수정해 봅시다.

3. 융복합의 구성요소 기반 다차원 모형

지금까지 살펴본 포가티와 제이콥스의 모형은 교사가 융복합 수업을 설계하고자 할 때 고려 가능한 다양한 선택지로서의 융복합 수업을 단순화하여 제시하였다는 점에서 의미가 있지만, 교육현장에서 실제로 융복합을 시도할 때는 추가로 고려해야 할 다양한 요소들이 있다. 이러한 요소들을 고려한 융복합 수업 모형들로는 김진수(2011)의 큐빅 모형과 김성원 외(2012)의 3차원 모형 등이 제안되었다. 이들 모형의 공통점으로는 융복합 교육의 요소들이 가지는 다차원성을 고려하여 여러 축이 교차하는 모형이라는 점이다.

김진수(2011)의 큐빅 모형을 보면, 학문의 통합 방식으로 X축을, 학교급으로 Y축, 통합의 요소를 Z축으로 설정하여 3차원 육면체의 큐빅 모형을 제안하였다. 이 모형에서는 융복합 수업이 초등부터 대학교까지 가능하다고 보고 학교급을 4개의 구성요소로 설정하였으며, 학문의 통합 방식은 다학문, 간학문, 탈학문으로 나누었다([그림 2-6] 참조).

또한, 융복합의 요소로 원리, 개념, 기능, 경험, 흥미, 탐구, 문제, 주제, 활동 중심으로 구분하였다. 그림에서 큐빅을 싸고 있는 띠로 창의성이 제시되어 있는데, 이는 융복합 교육을 위한 조건으로 창의성을 기를 수 있는 여건 마련을 강조한 것이다. 따라서 융복합 수업의 설계자는 각 요소들이 교차하는 하나의 작은 큐빅 조각을 선택하게 된다. 예를 들면, 학교급 중에서는 중학교, 통합 방식으로는 다학문, 통합의 요소로는 활동 중심을 선택하여 수업을 설계할 수 있다고 보았다.

융복합의 요소에 주목한 모형이라는 공통점이 있지만, 융복합의 맥락을 추가한 모형이 김성원 외(2012)의 Ewha-STEAM 융합 모형이다([그림 2-7] 참조). 이 모형에서는 융복합 방식은 다학문, 간학문, 탈학문으로 동일하게 구분하였으나 김진수의 모형에서 융복합의 요소로 분류했던 것을 구체적으로 '융합 단위'로 설정하여 더 단순화하고, 융복합의 맥락을 추가하여 개인적, 지역·사회적, 세계적 맥락으로 구분하

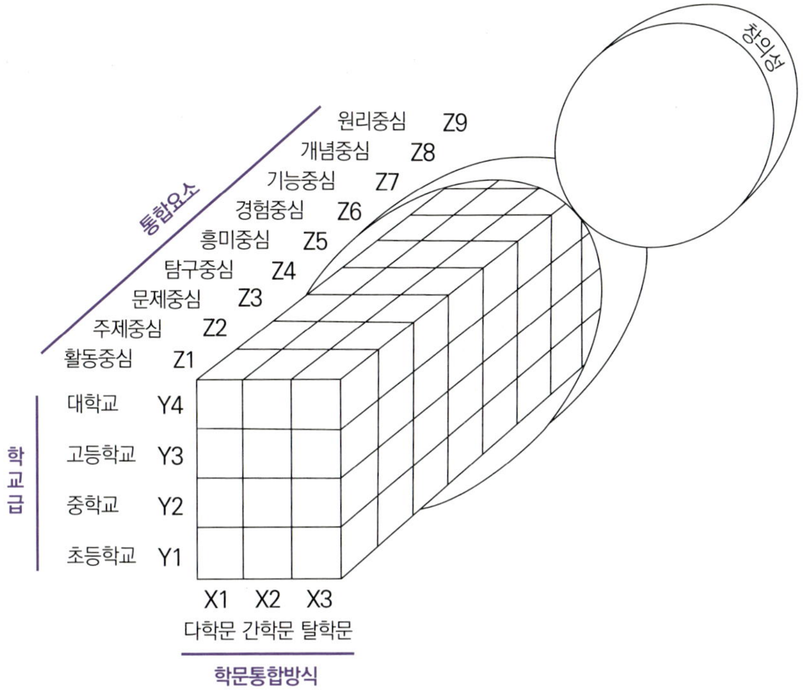

[그림 2-6] 김진수(2011)의 STEAM 교육을 위한 큐빅 모형

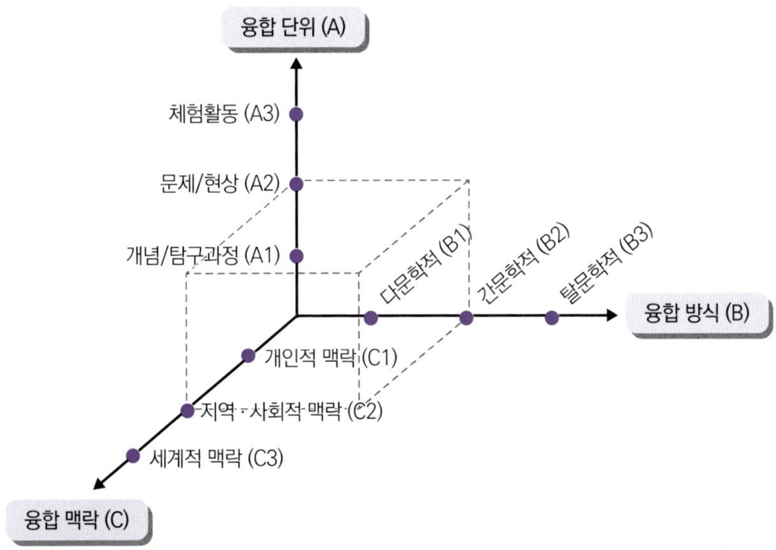

[그림 2-7] 융합의 3차원 요소(김성원 외, 2012)

였다는 특징이 있다.

이 모형에서 융합 단위를 '개념/탐구 과정'으로 설정한다는 것은 여러 교과에서 공통적으로 다루는 개념이나 탐구 과정을 중심으로 융합하는 것을 의미한다. 예를 들어, '비율' 개념은 수학, 과학, 기술, 미술 등에서 융합의 단위로 시도해 볼 수 있다. 이러한 융합의 유형은 앞서 설명한 포가티나 제이콥스의 융복합 모형과 유사하다.

또 다른 융합 단위는 '문제/현상'인데, 이는 생활 속 문제나 현상을 중심으로 여러 교과를 연계시키는 시도를 의미한다. 예를 들면, '신재생에너지를 이용한 마을 발전 계획 세우기'라는 문제를 중심으로 사회, 과학, 기술 등의 교과가 연계되어 융합을 시도할 수 있다(김성원 외, 2012). 이어서 가장 큰 융합 단위로 '체험활동'이 제시되어 있는데, 이는 교육의 장을 학교 밖으로 확대하여 지역사회 자원을 활용하는 융합 교육을 의미한다. 김성원 외(2012)는 '한옥 탐방'을 그 예시로 들고 있는데, 한옥에 대해 탐색함으로써 과학, 예술, 기술, 역사 등의 다양한 학문을 연계시킬 수 있을 것이다.

이 모형의 차별점은 융합의 맥락을 융합 모형에서 한 축으로 설정하여 부각시켰다는 것인데, 이는 맥락의 부여를 통해 학습의 전이를 높이기 위함이다. 연구자들은 융합을 통해 자신의 지식을 형성하는 개인적 맥락을 넘어서서 지역사회, 나아가 세계적 맥락으로 융합을 확대시키는 것이 중요하다고 강조하였다. 여기서 개인적 맥락이란 개인의 학습이나 생활의 맥락에서 융합을 시도하는 것을 말한다. 지역 · 사회적 맥락은 지역사회에서 요구되는 이슈나 역량 등을 중심으로 한 융합을, 세계적 맥락은 글로벌 시대의 리더로서 필요한 역량을 함양하는 것을 목표로 한 융합을 의미한다. 예를 들면, '신재생에너지'에 대한 융합에서도 그 개념이 무엇인지 개인적 수준에서 탐구하는 개인적 맥락의 융합도 가능하지만, 마을의 에너지 수급 계획을 세워 보는 융합을 시도할 경우 지역 · 사회적 맥락의 융합으로 볼 수 있다.

김성원 외(2012)의 STEAM 모형과 유사하지만 융복합의 단위 대신 융복합 교육의 목표를 추가한 이선경 외(2013)의 모형도 살펴볼 만하다([그림 1-2] 참조). 1장에서 살펴본 바와 같이 이 모형에서는 융복합 교육 프로그램의 목표로 '자율적 실천 역량' '이질 집단 내에서의 상호작용 역량' '도구의 상호작용적 사용 역량'으로 설정하여 융복합 교육이 개별 지식이나 기능보다는 융합적 핵심역량을 목표로 한다는 점을 주장하였다.

정리하면, 융복합 수업의 특성을 나타내는 여러 측면이 존재하며, 이는 대상 학교급부터, 융복합의 목표, 융복합의 방식, 융복합의 맥락, 융복합의 단위, 융복합의 요소 등으로 다양하게 기술될 수 있다. 따라서 융복합을 설계할 때 이미 정해진 측면(예를 들면 학교급)은 고정시켜 놓고 나머지 중 중요하게 생각하는 측면을 3차원 축으로 설정하여 어느 교차점에 나의 융복합 수업을 위치시킬지 고려해 보는 것은 구체적인 융복합 수업의 모습으로 좁히는 데 도움이 될 것이다. 또는 이미 개발 되어 있는 융복합 자료들의 특성이 어느 부분에 집중되어 있는지 볼 때도 이러한 다차원 모형들이 도움이 될 수 있다.

학습 과제

- '신재생 에너지를 이용한 마을 발전 계획 세우기'라는 중심 주제로 고등학교 수준의 융복합 수업에 대한 계획을 세운다고 가정하고 김성원 외(2012)의 모형을 적용하여 하나의 좌표점에 해당하는 융복합 수업을 설계할지 선택해 봅시다.
- 선택한 융복합의 3차원 요소와 연계할 수 있는 관련 교과의 성취기준을 적어 봅시다.

융복합 수업을 시작하는 교육자를 위한 지침서

융복합 수업의 설계와 실행

제2부

융복합 수업의 설계와 실행하기

융복합 수업을 시작하는 교육자를 위한 지침서

융복합 수업의 설계와 실행

제3장

융복합 수업을 위한 '조직의 중심'은 어떻게 선정할까

융복합 수업의 설계는 각 교과 간에 연결고리가 되는 지점이 무엇인지를 나타내는 '조직의 중심'(Organizing Center)의 선정에서 시작된다. 융복합을 시도하는 교과가 각각 무엇을 할 수 있을지, 융복합 수업이 학생들에게 어떤 의미 있는 활동과 경험이 될지 등을 가늠하여 '조직의 중심'을 선정하는 과정은 융복합 수업 설계에서 첫 단추를 끼우는 것이라는 점에서 매우 중요하다. 여러 교과를 아우를 수 있는 범교과 주제나 학생들이 관심 있는 이슈, 교과 내용의 학습 등에 의해 선정된 '조직의 중심'은 학생들이 융복합 수업에 참여하는 의의를 살리고 더 적극적으로 참여할 수 있는 학습 동기가 될 수 있다. 이 장에서는 융복합 수업을 위한 '조직의 중심' 선정을 위해 교과 교육과정을 분석하는 활동과 '조직의 중심'을 선정하는 방법을 알아본다.

학습 목표

- 교과별 교육과정 구성의 특징을 이해하고 융복합하고자 하는 타 교과 교육과정의 내용을 이해한다.
- 융복합 수업에 참여하는 교사가 함께 '조직의 중심'을 선정할 수 있다.

1. 교과 교육과정 분석

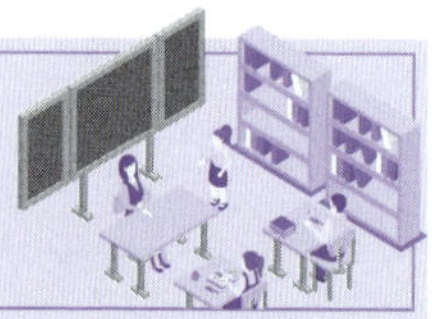

융복합 수업을 위한 첫 단추는 제이콥스(1989)가 말한 '조직의 중심'을 선정하는 것이다. 이를 위해서는 융복합할 교과들이 서로 어떤 내용을 다루고 있는지에 대해 교사들이 함께 알아보는 과정이 우선되어야 한다. 교사들은 자신이 전공한 교과의 교육과정은 잘 알고 있지만, 융복합 수업을 위해서는 융복합할 상대 교과의 교육과정에 대해서도 이해할 필요가 있다. 우리나라는 국가 교육과정이 있어서 이를 해석하고 재조직하여 시도교육청이나 학교 교육과정이 개발되기도 하고 교과 교육과정에 따라 교과서가 개발된다. 국가 수준의 교과 교육과정은 여러 교과가 동일한 형식으로 개발되었으나 각 형식 안에 담긴 내용은 교과 특성이 반영되고 강조하는 바가 서로 다르므로, 융복합 수업을 하려는 교사들 간에 서로의 교과를 이해하려는 노력이 필요하다.

2022 개정 교육과정의 경우, 교과 교육과정의 목차는 [그림 3-1]과 같다. '교육과정 설계의 개요'에서 교육과정 전체에 대한 개괄적인 소개를 하고, '성격 및 목표' '내용 체계 및 성취기준' '교수 · 학습 및 평가'의 세 파트로 구성되어 있다. 융복합 수업을 위한 교육과정 분석에서는 각 교과가 어떤 교육목표를 갖고 있으며 교과의 특성에 따라 어떤 교육을 추구하는지 살펴보면 좋을 것이며, 그 내용은 각 교과의 '교육과정 설계의 개요'에서 찾을 수 있다(〈표 3-1〉 참고).

교육과정 설계의 개요	■ 교과(목) 교육과정의 설계 방향에 대한 개괄적인 소개 ■ 교과(목)와 총론의 연계성, 교육과정 구성 요소(영역, 핵심 아이디어, 내용 요소 등)간의 관계, 교과 역량 등 설명
1. 성격 및 목표	**성 격** 교과(목) 교육의 필요성 및 역할 설명 **목 표** 교과(목) 학습을 통해 기르고자 하는 능력과 학습의 도달점을 총괄 목표와 세부 목표로 구분하여 제시
2. 내용체계 및 성취기준	**내용 체계** 학습 내용의 범위와 수준을 나타냄 ■ 영역: 교과(목)의 성격에 따라 기반 학문의 하위 영역이나 학습 내용을 구성하는 일차 조직자 ■ 핵심 아이디어: 영역을 아우르면서 해당 영역의 학습을 통해 일반화할 수 있는 내용을 핵심적으로 진술한 것. 이는 해당 영역 학습의 초점을 부여하여 깊이 있는 학습을 가능하게 하는 토대가 됨 ■ 내용 요소: 교과(목)에서 배워야 할 필수 학습 내용 • 지식 · 이해: 교과(목) 및 학년(군) 별로 해당 영역에서 알고 이해해야 할 내용 • 과정 · 기능: 교과 고유의 사고 및 탐구과정 또는 기능 • 가치 · 태도: 교과 활동을 통해 기를 수 있는 고유한 가치와 태도
	성취기준 영역별 내용 요소(지식 · 이해, 과정 · 기능, 가치 · 태도)를 학습한 결과 학생이 궁극적으로 할 수 있거나 할 수 있기를 기대하는 도달점 ■ 성취기준 해설: 해당 성취기준의 설정 취지 및 의미, 학습 의도 등 설명 ■ 성취기준 적용 시 고려 사항: 영역 고유의 성격을 고려하여 특별히 강조하거나 중요하게 다루어야 할 교수 · 학습 및 평가의 주안점, 총론의 주요 사항과 해당 영역의 학습과의 연계 등 설명
3. 교수·학습 및 평가	**교수·학습** ■ 교수·학습의 방향: 교과(목)의 목표를 달성하기 위한 교수 · 학습의 원칙과 중점 제시 ■ 교수·학습 방법: 교수 · 학습의 방향에 따라 교과(목) 수업에서 활용할 수 있는 교수 · 학습 방법이나 유의사항 제시
	평 가 ■ 평가의 방향: 교과(목)의 목표를 달성하고 학습을 지원하기 위한 평가의 원칙과 중점 제시 ■ 평가 방법: 평가의 방향에 따라 교과(목)의 평가에서 활용할 수 있는 평가 방법이나 유의 사항 제시

[그림 3-1] 교과 교육과정의 목차 일러두기(교육부, 2022d)

〈표 3-1〉 2022 개정 주요 교과별 교육과정 설계의 개요(일부)

<table>
<tr><th>교과</th><th>교육과정 설계의 개요</th></tr>
<tr><td>국어</td><td>
국어과 교육과정에서는 '비판적 · 창의적 사고 역량, 디지털 · 미디어 역량, 의사소통 역량, 공동체 · 대인 관계 역량, 문화 향유 역량, 자기 성찰 · 계발 역량'을 국어과 역량으로 설정하였다.
(…) 국어과의 여섯 역량은 비판적 · 창의적 이해와 표현, 협력적 의사소통과 공동체 문화, 언어생활에 대한 성찰과 개선, 문화 향유 등의 강조점을 중심으로 국어 과목의 성격과 목표에 반영하였다. (…)

국어과 목표
• 비판적으로 이해하고 창의적으로 표현하는 사람
• 타인을 존중하고 협력적으로 의사소통하는 사람
• 민주시민으로서 공동체 구성원과의 의사소통에 능동적으로 참여하는 사람
• 자신의 언어를 성찰하고 지속적으로 성장하는 사람
• 문화를 향유하고 창조하는 사람

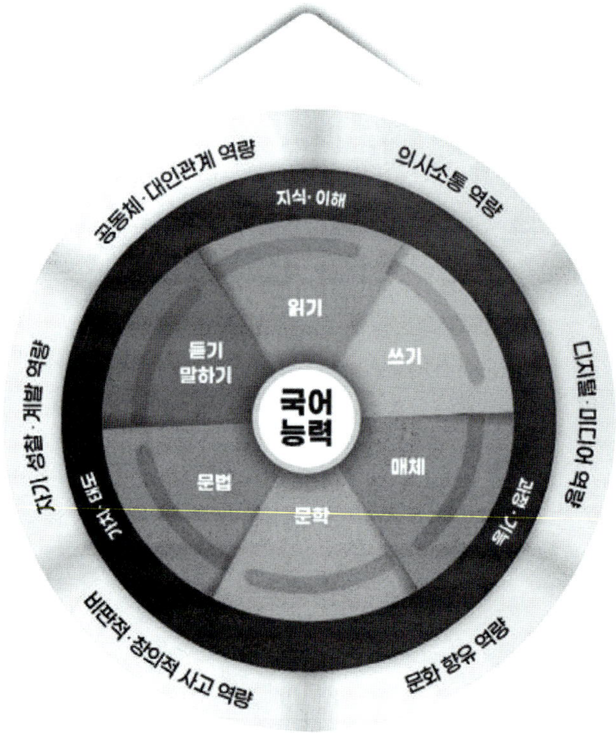

교육부(2022a)
</td></tr>
</table>

교과	교육과정 설계의 개요
수학	(…) 수학과 교육과정은 총론의 핵심역량과 연계하여 '문제 해결, 추론, 의사소통, 연결, 정보처리' 역량을 수학 교과 역량으로 설정하고, 핵심 아이디어와 지식 · 이해, 과정 · 기능, 가치 · 태도의 세 범주로 내용 체계를 구성하여 수학 교과 역량 함양을 지원하도록 설계하였다. 아울러 기초 소양의 함양과 생태 전환 교육, 민주 시민 교육, 학생 맞춤형 교육을 도모하는 교수 · 학습 및 평가 방법을 제시하였다. 또한 학생 주도성 개념을 바탕으로 학생의 삶과 성장을 지원하고 온라인 교육 환경에서 교수 · 학습 및 평가를 할 수 있도록 하였다. (…) 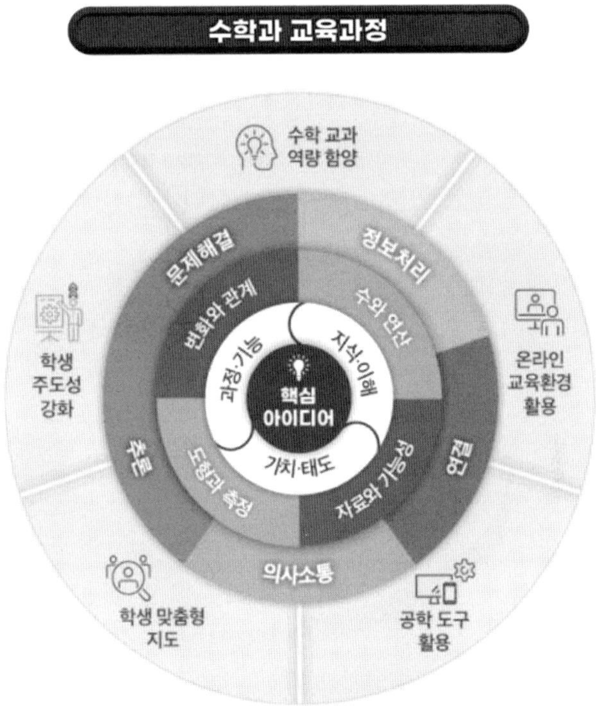 교육부(2022d)
과학	과학과 교육과정은 미래 사회를 살아갈 시민으로서 '과학적 소양을 갖추고 더불어 살아가는 창의적인 사람'을 육성하는 것을 목적으로 한다. 과학과 교육과정에서는 과학 지식 · 이해, 과정 · 기능, 가치 · 태도가 복합적으로 발현되어 나타나는 총체적인 능력인 역량을 함양하고자 한다. 과학과 교육과정에서는 자기관리, 지식정보처리, 창의적 사고, 심미적 감성, 협력적 소통, 공동체 역량 등과 같은 범교과적이고 일반적인 총론의 역량과 연계하여 과학적 탐구와 문제 해결 능력, 과학적 의사결정 능력 등을 기르는 데 초점을 둔다. 이를 위해 과학과 교육

<table>
<tr><th>교과</th><th>교육과정 설계의 개요</th></tr>
<tr><td>과학</td><td>과정은 생태 소양, 민주 시민의식, 디지털 소양을 갖추고, 첨단 과학기술을 기반으로 융복합 영역을 창출하는 미래 사회에 유연하게 대응할 수 있는 과학적 소양을 갖춘 사람을 양성하는 것을 목표로 한다. (…)
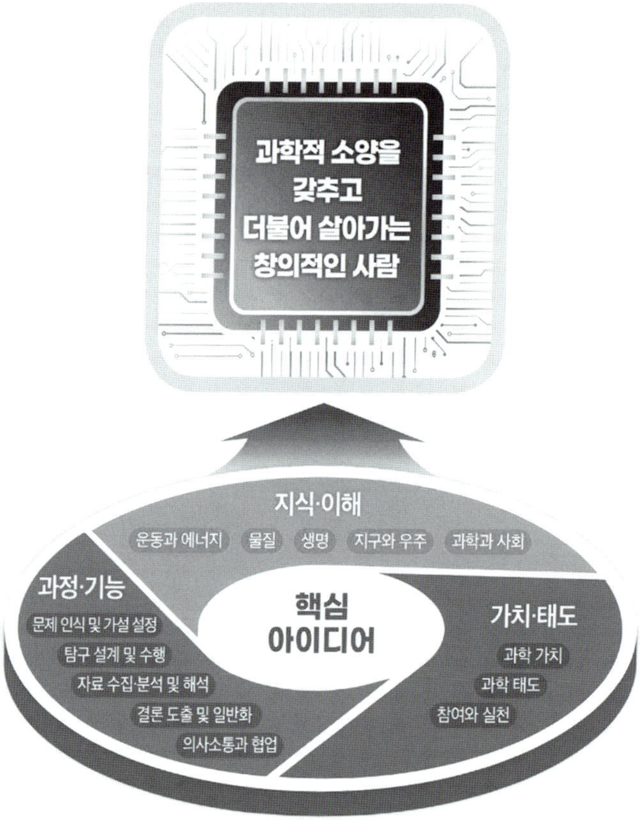

교육부(2022e)</td></tr>
<tr><td>기술 · 가정</td><td>실과(기술 · 가정) 교육과정 설계는 교과 교육과정의 개정 방향인 '삶과 연계한 학습' '학습과정에 대한 성찰'을 지향하고 있다. 또한 '생태 전환 교육' '민주시민교육' '디지털 · AI 소양 함양 교육'이라는 주제가 실과(기술 · 가정)의 목표, 내용 체계, 성취기준의 각 내용에서 다루어지도록 하였다. 초 · 중학교 공통 교육과정으로서 실과(기술 · 가정)의 내용 영역은 '인간 발달과 주도적 삶' '생활환경과 지속 가능한 선택' '기술적 문제 해결과 혁신' '지속 가능한 기술과 융합' '디지털 사회와 인공지능'으로 구성되어 있다.
실과(기술 · 가정) 교육과정의 내용 영역 중 '인간 발달과 주도적 삶' '생활환경과 지속 가능한 선택'은 '인간'과 '생활환경'이라는 교과 주제와 '자기 주도성'과 '지속가능성'이라는 총론의 방향성을 고려하여 구성하였다. (…)</td></tr>
</table>

<table>
<tr><th>교과</th><th>교육과정 설계의 개요</th></tr>
<tr><td>기술·가정</td><td>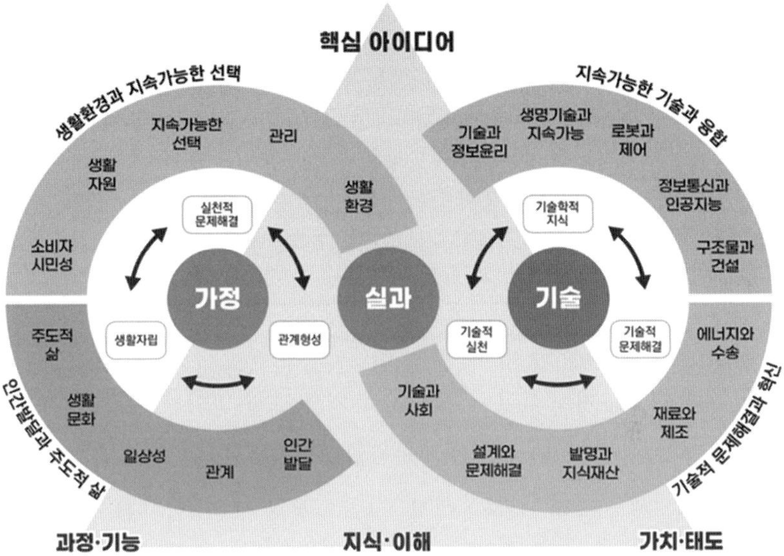

교육부(2022f)</td></tr>
<tr><td>역사</td><td>역사과 교육과정은 역사과의 성격에 기초하여 학생들이 미래 사회를 살아갈 시민으로서 필요한 자질을 갖추도록 설계하였으며, 총론에서 비전으로 제시한 '포용성과 창의성을 갖춘 주도적인 사람'과 연계하여 접근하였다. 자료의 분석 · 해석 과정을 통해 탐구 능력을 기르고 역사 지식을 형성하며, 역사 해석의 다양성과 역사의 논쟁성을 인식하고 타자를 이해하려는 태도를 함양하도록 설정하였다.
또한 총론에서 미래 변화에 대응하는 교육 방향으로 제시한 민주시민 및 생태 전환 교육과 연계하여 역사과의 핵심 아이디어와 내용 요소에 문화적 다양성, 민주주의와 인권의 확산, 전쟁 범죄에 맞선 평화 유지 노력 등의 민주시민 관련 내용과 산업화의 생태 환경적 접근, 지속 가능한 사회를 위한 과제 등의 생태 전환 교육 관련 내용을 반영하여 구성하였다.
(…)
교육부(2022c)</td></tr>
<tr><td>도덕 윤리</td><td>2022 개정 도덕과 교육과정은 총론에서 제시하고 있는 인간상인 '포용성과 창의성을 갖춘 주도적인 사람'을 가치와 도덕의 차원에서 뒷받침하는 것을 목적으로 삼는다. 포용성과 주도성은 도덕과 교육과정이 목표로 하는 '도덕적인 인간'이 지니고 있을 것으로 기대하는 도덕성의 핵심적인 요소들이다. 또한 창의성에는 도덕적 상상력의 함양을 통해 기여할 수 있을 뿐만 아니라, 도덕적 상상력은 창의성이 수반할 수 있는 고립성과 배타성 등의 어두운 측면을 완화시키는 도덕적 토대를 제공할 수 있다. 이와 더불어 도덕과는 미래 사회가 요구하는 역량의 함양에 기여할 수 있다.</td></tr>
</table>

교과	교육과정 설계의 개요
도덕 윤리	도덕과는 비판적이면서도 배려적인 사고력과 도덕 판단 능력, 정의로운 사회를 지향하는 도덕공동체 의식, 생태계 위기에 공감하는 도덕적 상상력, 새로운 정보기술 사회가 요구하는 인공지능 및 디지털 윤리 등의 교육을 통해 총론이 목표로 하는 시민역량과 생태 전환 역량, 디지털 역량의 함양에 기여하는 교과로서 역할을 해낼 수 있다. 동시에 도덕과는 도덕성을 바탕으로 자율성과 주도성을 발휘할 수 있는 도덕적인 인간을 길러냄으로써, 미래 사회의 불확실성에 능동적으로 대처하며 각자의 삶을 스스로 책임질 수 있도록 해야 한다는 총론의 지향에도 적극적으로 부합할 수 있을 것이다. (…) 교육부(2022b)

교과 교육과정의 목표와 설계의 취지를 대략 파악했다면, 각 교과 교육이 추구하는 것이 무엇인지에 대해 교과 교사끼리 논의해 보는 것이 융복합 수업 설계에 도움이 된다. 예를 들어, 과학과에서는 탐구, 문제 해결, 의사결정을 중요한 역량으로 삼는 것과 수학과에서는 문제 해결, 추론, 의사소통, 연결, 정보처리 역량을 목표로 삼는다는 것이 공유되었을 때, '문제 해결'의 의미를 교과 간에 어떻게 해석하고 있는지 논의해 볼 수 있다. 또한 역사과에서 자료의 분석·해석 과정을 통해 탐구 능력을 함양시키려 할 때, 과학과의 탐구와 어떤 과정·기능을 공통으로 다룰 수 있는지 논의해 볼 수 있다. 이때 교과 간의 서로 다른 관점이 융복합 수업에서 충돌할 수 있음도 논의할 수 있을 것이다. 논의한 내용을 다음의 양식에 따라 정리해 보면, 교과의 특성과 융복합에서의 교과의 역할을 고려하는 데 도움이 될 것이다.

[교과 이해하기 활동] 양식

1. 다른 교과와 구별되는 각 교과의 특징은 무엇인지 함께 논의해 봅시다.

	다른 교과와 구별되는 특징		
	교과에서 다루는 내용과 방법	교과에서 학생들에게 이해시키려는 핵심 아이디어	학생들에게 길러 주려는 역량
교과A			
교과B			
교과C			

2. 여러 교과가 융복합되는 수업 상황에서 각 교과가 어떤 역할을 담당할 것으로 생각되는지 논의해 봅시다.

	융복합 수업에서 각 교과의 역할
교과A	
교과B	
교과C	

3. 융복합 수업에서 교과별 특성으로 인해 어떤 어려움이 발생할 수 있다고 예상되는지 추측하여 논의해 봅시다.

교과 교육이 어떤 것인지에 대해 전반적으로 이해되었다면 융복합 수업을 실시할 학생들에게 어떤 성취기준을 적용할 수 있을지 탐색해 보자. 2022 개정 교육과정은 내용 체계가 지식 · 이해, 과정 · 기능, 가치 · 태도의 세 범주로 제시되고, 성취기준도 세 범주 중 두 가지 이상을 조합하여 설정되었으므로 교과 간의 연계 내용을 지식 · 이해, 과정 · 기능, 가치 · 태도 중에서 선정할 수 있다. 이때 중학교 교육과정은 학년군으로 제시되었으므로 융복합 수업을 실시할 학교에서 해당 학년에 학습하는 내용이 무엇인지 확인할 필요가 있다. 융복합 수업을 실시할 학년의 교과에서 다루는 지식 · 이해, 과정 · 기능, 가치 · 태도를 교육과정 내용 체계를 참고하여 다음 표에 적어 보고 공통되거나 연결할 것을 찾아볼 수 있을 것이다.

[교과 간 내용 탐색 활동하기] 양식

	지식 · 이해	과정 · 기능	가치 · 태도
교과A			
교과B			
교과C			

융복합 수업의 시기에 따라 연계 내용 선정이 달라질 수 있다. 학기 말에 이미 학습한 내용을 종합적으로 다루어 본다면 해당 학년에서 학습한 성취기준 어느 것이나 활용할 수 있다. 특정 내용을 학습함에 있어 융복합 수업이 효과적이라고 판단되는 경우에는 학기 초에 학습 시기를 조절하여 유사한 시기 또는 선행되어야 할 내용을 학습한 뒤 해당 내용을 다룰 수 있도록 하는 것이 필요하다.

교과 내용을 융복합함으로써 교과 성취기준의 학습에 도움이 되는 경우, 하단 성취기준의 내용을 학습함에 있어 상단 성취기준의 학습이 선행되는 것이 도움이 된다면 교육과정 재구성을 할 수 있다. 예를 들어, 예시 ①에서 기체의 온도와 부피 관계는 온도가 높을수록 부피가 커지는 관계가 있으며 이는 정비례로 파악할 수 있다. 예시 ②에서 가계도를 분석할 때 경우의 수에서 다루는 수형도를 활용하는 것이 도움이 된다.

예시 ①

[9수02-07] 정비례, 반비례 관계를 이해하고, 그 관계를 표, 식, 그래프로 나타낼 수 있다.

[9과06-03] 기체의 온도와 부피 관계를 실험 결과로부터 알아내고, 이를 입자 모형으로 해석할 수 있다.

예시 ②

[9수04-05] 경우의 수를 구할 수 있다.

[9과21-05] 사람의 유전 형질과 유전 연구 방법을 알고, 가계도를 분석하여 사람의 유전 현상을 설명할 수 있다.

융복합 수업에 참여하는 교과에 따라 융복합 수업의 방향이 달라질 수 있다. 국어과가 참여한다면 다양한 장르의 글을 구성하는 것이 포함될 수 있으며, 수학이나 과학이 참여할 때는 교과 내용이 탐구되도록 할 수 있다. 가정이나 도덕 교과는 '조직의 중심' 자체를 제안하는 교육 내용을 갖고 있기도 하다. 따라서 교과교육이 추구하고 다루는 내용에 대해 교과 교사들이 함께 파악하고 있어야 융복합 수업에서 무엇을 다룰지를 결정하는 데 도움이 된다. 이에 대해서는 8장 학교 현장의 융복합 수업 사례를 참고해 볼 수도 있다.

2. 융복합 수업을 위한 '조직의 중심' 선정

융복합 수업은 한 교과 내에서 실시되지 않기 때문에 여러 교과를 아우르는 '조직의 중심'을 선정할 필요가 있다. '조직의 중심'은 학생들에게 융복합 수업의 취지와 방향, 의미를 인식시키는 데 활용될 수 있다.

1) 범교과 주제

범교과 주제는 교과별 내용으로 다루어질 수도 있지만 여러 교과에서 공통된 맥락이나 상황으로 다루어질 수 있다. 2022 개정 교육과정에서는 10가지 범교과 주제를 제시하고 있는데, 안전 · 건강, 인성, 진로, 민주 시민, 인권, 다문화, 통일, 독도, 경제 · 금융, 환경 · 지속가능발전 등이다. 교육과정에서는 범교과 주제를 현상이나 소재로 활용하거나 교과 연계에서 활용할 것을 제안하고 있다.

범교과 주제는 주제 자체가 융복합 수업에서 달성하려는 목표로서 작동할 수 있다. 예를 들어, 기후 변화에 대해 과학과에서는 기후 변화가 일어나는 원인을 설명하고, 사회과에서는 이를 해결하기 위한 노력을 어떻게 기울일 수 있는지를 찾아볼 수 있다. 이런 취지로 범교과 주제를 조직의 중심으로 선정하고자 한다면 교육과정의 내용 체계를 탐색해 볼 수 있을 것이다. 또한 범교과 주제는 학습 내용의 배경이 되는 소재로 활용될 수도 있다. 예를 들어 생명, 환경, 과학, 생물다양성 등의 내용을 다룰 때 학습 배경 맥락으로 지속가능발전을 활용할 수 있다.

범교과 주제 학습 예시 ① 기후 변화

[9사(지리)08-02] 우리나라의 계절별, 지역별 기후 특성 및 변화 양상을 파악하고, 기후 변화에 대한 지역별 대응 노력을 조사한다.

[9과18-03] 대기 대순환과 해양 표층 순환과의 관계를 이해하고, 기후 변화에 영향을 미치는 해류의 역할을 설명할 수 있다.

범교과 주제 학습 예시 ② 지속가능발전

[9도04-01] 인간 이외의 생명체를 도덕적으로 고려해야 하는 이유를 정당화하고, 생명을 가진 존재들이 겪는 고통에 공감하며 생명을 소중히 여기는 태도를 기른다.

[9사(지리)12-02] 지역 개발과 환경 보존을 둘러싼 글로컬 환경 이슈에 관심을 가지고 자신의 웰빙 및 공동체의 지속 가능한 발전을 위해 참여하고 실천한다.

[9과01-03] 인류의 지속 가능한 삶을 위한 과학기술의 중요성과 역할에 대해 토의하고, 개인과 사회 차원의 활동 방안을 찾아 실천할 수 있다.

[9과02-05] 생물다양성 보전의 필요성을 이해하고, 생물다양성 유지를 위한 방안을 조사하고 실천할 수 있다.

2) 학생들이 관심 있는 현상

학생들의 현실 속에는 관심을 가질 만한 현상이 많이 있다. 경제 현상, 자연 현상, 인류가 만든 문화유산 등의 현상은 융복합 수업에서 '조직의 중심'으로서 역할을 할 수 있다. 자연 현상으로 산성비나 지구 온난화, 문화유산으로 석빙고나 앙부일구, 또는 인류가 만든 발명품으로 놀이기구, 핵폭탄 등을 탐색해 볼 수 있다.

현상 예시 ① 핵폭탄

[10통과2-02-04] 태양에서 수소 핵융합 반응을 통해 질량 일부가 에너지로 바뀌고, 그중 일부가 지구에서 에너지 흐름을 일으키며 다양한 에너지로 전환되는 과정을 추론할 수 있다.

[10공수1-02-06] 이차함수의 최대, 최소를 탐구하고, 이를 실생활과 연결하여 유용성을 인식할 수 있다.

현상 예시 ② 석빙고

[9수02-15] 일차함수의 개념을 이해하고, 그 그래프를 그릴 수 있다.

[9과04-04] 물질의 상태 변화와 열에너지 출입 관계를 이해하고, 이를 실생활에 적용하여 과학의 유용성을 인식할 수 있다.

3) 사회적 이슈

우리가 살아가는 세상에는 다양한 사건이 벌어지고, 이 사건들은 시민으로서의 학생 삶에도 영향을 준다. 이런 측면에서 사회적 이슈에 대해 조사하고 탐구하고 해결 방안을 모색하는 것 또한 융복합 수업이 다룰 수 있다.

최근 사회적 이슈가 되었던 사건들에는 코로나19, 라돈침대, 가습기 살균제와 같은 사건이 있다. 이러한 사회적 이슈는 무엇이 문제인지, 사건의 이유는 무엇인지, 어떻게 해결해야 하는지 등을 학생들이 찾아가는 방식의 융복합 수업으로 구현될 수 있다. 물론 사회적 이슈는 범교과 주제와 중복 가능하다. 한편 조직의 중심을 교육과정이나 사회적 이슈를 통해 찾을 수도 있지만 교과서를 통해서도 찾을 수 있다.

사회적 이슈 예시 ① 라돈 침대

[12화작03-06] 현안을 분석하여 쟁점을 파악하고 해결 방안을 담은 건의하는 글을 쓴다.

[12대수01-06] 지수함수와 로그함수의 뜻을 알고, 이를 설명할 수 있다.

사회적 이슈 예시 ② 소년법

[9수04-03] 상대도수를 구하고, 상대도수의 분포를 표나 그래프로 나타내고 해석할 수 있다.

[9도03-04] 정의로운 사회를 상상해 보고, 이를 실현할 수 있는 정의의 원칙과 제도에 대한 다양한 의견들을 민주적인 방식으로 종합할 수 있다.

4) 교과 내용

어떤 교과의 내용 학습을 수월하게 하도록 교과 간의 내용 연계를 하여 융복합 수업의 '조직의 중심'을 선정할 수도 있다. 다양한 정보를 요약할 수 있는 그래프를 학습할 때 다음과 같이 수학, 영어, 정보 교과가 '그래프'에 집중하여 자료를 분석하고 그래프로 표현하고 해석하며 설명하는 활동을 할 수 있다.

교과 내용 예시 ① 그래프

[9수02-06] 다양한 상황을 그래프로 나타내고, 주어진 그래프를 해석할 수 있다.

[9영01-02] 친숙한 주제에 관한 담화나 글에서 세부 정보를 파악한다.

[9정02-03] 실생활의 데이터를 표, 다이어그램 등 다양한 형태로 구조화한다.

또한 과학에서 파동을 학습할 때 음악의 '소리의 상호작용'에 대해 탐구할 수 있다. 이때의 주제는 '소리'가 된다.

교과 내용 예시 ② 소리

[9음01-03] 소리의 상호작용을 인식하고 매체를 활용하여 함께 표현한다.

[9과10-04] 파동의 발생과 전달 과정을 이해하고, 소리의 특성을 진폭, 진동수, 파형 등의 과학적 용어로 표현할 수 있다.

학습 과제

- 융복합 수업을 할 때 타 교과 교사들에게 자신의 교과의 특성을 어떻게 설명하면 될지 생각해 보고 자신의 전공 교과 교육과정을 설명해 봅시다.
- 융복합 수업을 위해 타 교과 교육과정을 알아보고, 어떤 특성이 있는지 이야기해 봅시다.
- 융복합 수업에서 연계할 수 있는 교육과정 내용을 선정해 봅시다.
- 융복합 수업을 위한 '조직의 중심'을 타 교과 교사와 함께 선정해 봅시다.

융복합 수업을 시작하는 교육자를 위한 지침서

융복합 수업의 설계와 실행

제4장

융복합 수업은 어떻게 설계할까

융복합 수업의 설계는 일반적인 교과 수업 설계와 그리 다르지 않다. 하지만 일반적인 수업 설계를 할 수 있는 교사들이 융복합 수업을 할 때 추가적으로 해야 할 일은 교재 개발이다. 융복합 수업은 이미 개발된 교육과정과 교과서가 없기 때문이다. 더불어 교과 교사 혼자 수업을 설계하던 것에서 벗어나 다른 교사들과의 협업이 요구된다. 이 장에서는 융복합 수업을 어떻게 설계할지에 대해 소개하고자 한다. 수업을 설계하는 과정을 절차화하고, 교과 수업과는 다른 융복합 수업 설계안을 작성하는 방식과 이에 대한 자기 점검을 안내하고자 한다.

학습 목표

- 교과 교사들이 함께 융복합 수업을 설계할 수 있다.
- 융복합 수업 설계에 대한 자기 점검을 할 수 있다.

1. 융복합 수업의 설계 절차

융복합 수업의 설계는 [그림 4-1]과 같은 7단계의 절차를 거친다. 융복합 수업 설계의 첫 단계는 교과 교육과정을 분석하여 융복합 수업을 위한 조직의 중심을 선정하는 것이다. 교사의 전공 교육과정뿐 아니라 다른 교과의 교육과정에 대한 분석이 선행되어야 한다.

두 번째 단계는 융복합 수업이 추구하는 목적, 맥락, 융복합의 정도를 고려하여 융복합 수업의 성격을 규정하는 것이다. 수업을 설계하면서 각 요소는 달라질 수도 있지만 융복합 수업이 어떤 형태로 구현될지를 예측하기 위해 수업 설계에서 미리 고려하는 것이 바람직하다. 이 절차는 융복합 수업이 갖고 있는 특성을 부각시키고 교과 수업이 아닌 융복합 수업으로서 의미를 갖도록 하기 위해 필요하다.

세 번째 단계는 수업명과 학습 목표를 설정하는 것이다. 교과의 영역, 단원과 상관없이 융복합 수업이 이루어질 수 있으므로 조직의 중심을 통해 무엇을 하고자 하는지 보여 주고 학생들의 동기 유발을 할 수 있도록 수업명을 정하고, 학생들이 도달할 목표를 설정한다.

네 번째 단계는 수업의 절차를 구상하는 것이다. 학생들이 학습 목표에 도달할 수 있도록 하기 위해서 어떤 교수·학습 활동을 거치면 좋을지를 구상한다.

다섯 번째 단계는 학생들이 융복합 수업에서 사용할 교재를 개발하는 것이다. 필요한 학생 활동지, 교수자가 활용할 교수 자료 등을 개발한다.

여섯 번째 단계는 융복합 수업에 참여하는 학생들을 어떻게 평가할지 평가 계획을 작성한다. 융복합 수업에서는 과정을 중시하는 평가가 되도록 한다.

일곱 번째 단계에서 교사들은 융복합 수업을 위해 무엇을 준비해야 되는지를 모두 총괄한 교수·학습과정안을 작성한다. 이를 통해 교사 간에 수업 내용과 절차를 명확하게 공유할 수 있고, 추후에 다른 학생들을 대상으로 다시 수업을 실시할 때 이 지도안을 확장하고 재구성할 수 있다.

교육과정 분석 및 융복합 '조직의 중심' 선정

↓

융복합 수업 성격 규정

↓

융복합 수업명과 학습 목표 설정

↓

융복합 수업 절차 구상

↓

융복합 교재 개발

↓

융복합 수업 평가 계획

↓

융복합 수업 교수·학습과정안 작성

[그림 4-1] 융복합 수업 설계 절차

각각의 단계별 내용을 자세히 살펴보자.

1) 교육과정 분석 및 융복합 수업을 위한 '조직의 중심' 선정

융복합 수업의 목적, 융복합 수업을 실행할 교과, 융복합 수업에 할애된 시간 등의 환경을 고려하여 교육과정을 분석하고 '조직의 중심'을 선정한다. 제3장의 내용을 참고하기 바란다.

2) 융복합 수업 성격 규정

융복합 수업이 어떤 형태로 구현될지를 규정하는 단계로, 설계하고자 하는 융복합 수업이 갖고 있어야 하는 요소를 정하는 과정이다. 융복합 수업의 성격을 규정할 수

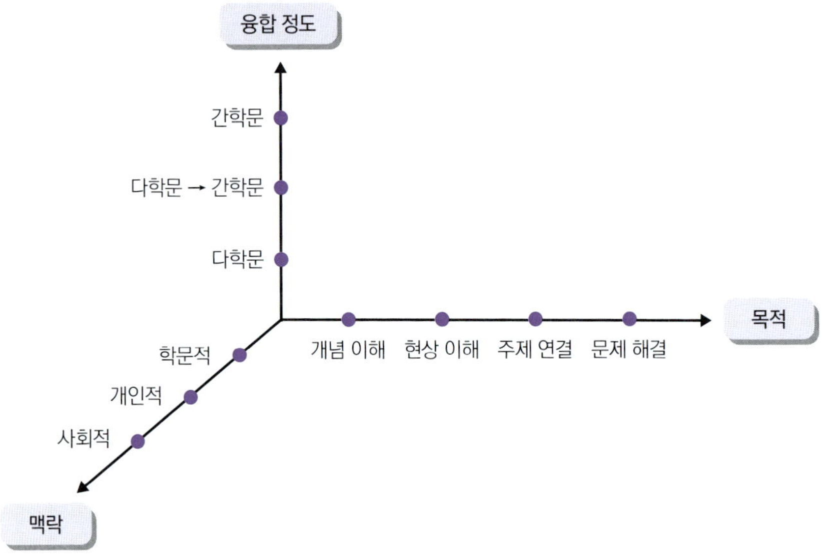

[그림 4-2] 융복합 수업 성격의 세 차원

있는 내용은 융복합 수업의 목적, 맥락, 융합 정도이며, 그 틀은 [그림 4-2]와 같다.

융복합 수업은 교과 간에 융복합이 가능한 환경적 편의보다는 학생의 유의미한 학습에 유용하도록 시행되어야 한다. 즉, 융복합 수업 자체가 목적이 되기보다는 융복합 수업이 학생의 학습에 도움이 되는 것이 수업을 실시하기 위한 중요한 판단 기준이 되어야 한다. 이는 교과별 수업이 아니라 왜 융복합 수업을 실시해야 하는가에 대한 질문의 답이 된다. 이에 따라 예비 교사들이 설계한 융복합 수업의 목적은 4가지로 구분될 수 있었다. 첫째는 특정 개념을 학습하기 위해 여러 교과의 교육 내용을 활용하는 개념 이해이다. 예를 들어, 화학에서 정사면체 모양의 분자 구조를 이해하기 위해 결합각을 구하도록 피타고라스 정리와 삼각비를 활용할 수 있다. 둘째는 자연이나 사회 현상, 사물, 인간 등에 내재된 특성, 원리, 구조를 이해하는 것을 목적으로 하는 현상 이해이다. 산성비, 언어폭력 실태, 공기총 발사 원리 등을 이해하기 위해 여러 교과의 내용을 융복합하여 다루는 경우가 이에 해당한다. 셋째는 '주제 연결'로, 지식이나 기능이 공통인 교과 간에 그 공통된 내용을 연결하여 사고의 흐름을 유사하게 이어 가도록 하는 것을 목적으로 하는 것이다. 강을 건너는 배에서 수학의

'부피'라는 주제를 과학의 부력과 연결하려는 수업을 예로 생각해볼 수 있다. 넷째는 실제적인 문제 상황에서 그 문제를 융복합의 방법으로 해결하려는 것이 목적인 '문제 해결'이다.

융복합 수업을 위한 맥락은 동기 유발의 기저로 활용될 수 있다. 학생들이 융복합 수업에 참여하도록 하기 위하여 교과 내용에 기반한 맥락을 활용할 수도 있고, 학생 개인 주변의 실생활 맥락을 활용할 수도 있고, 사회적으로 이슈가 되는 맥락을 활용할 수도 있다. 동기 유발 맥락은 융복합 수업의 목적과 동일 차원이 아니다. 융복합 수업의 목적인 개념 이해가 학문적 맥락에 해당할 것으로 예상되지만 예비 교사들이 실제로 설계한 수업에서는 개념 이해가 목적이라 하더라도 학생들에게 도입하는 맥락은 개인적, 사회적인 것도 있다. 예를 들어, '칼로리와 비만' 주제의 수업은 그래프 해석이라는 수학 성취기준을 핵심으로 지도하기 위한 수업이지만 학생 개인의 비만 문제로부터 시작했다. 이런 점에서 융복합 수업 목적과 맥락은 별도의 차원으로 고려될 수 있다.

여러 교과가 융복합되는 수업에서 각 교과는 교과 정체성을 드러낼 수도 있고 그렇지 않을 수도 있다. 교과 정체성이 뚜렷이 나타나서 여러 교과가 구분이 되는 경우 다학문, 교과 간의 구분이 나타나지 않는 경우를 간학문으로 표현한다. 이런 관점에서 융복합의 정도는 각 교과 수업을 쭉 이어 나가는 방식의 다학문으로만 진행되거나 교과 간 구분 없이 간학문으로 융합이 이루어질 수 있다. 그리고 다학문적으로 접근한 후 간학문(다 → 간학문)으로 이루어질 수도 있다.

융복합 수업 성격 규정과 관련하여 실제 사례의 분석은 제10장을 참고할 수 있다.

3) 융복합 수업명과 학습 목표 설정

융복합 수업에 참여하는 학생들의 학습 동기를 유발하고 융복합 수업의 의도를 알 수 있도록 수업명을 정한다. 첫 단계에서 선정한 조직의 중심에 대해 융복합 수업의 성격을 반영하여 더 정교화된 수업명을 정한다. 예를 들어, 첫 단계에서 조직의 중심을 '오류'로 정했다면 수업명은 [실생활에서의 과학 오개념을 바로잡도록 설명하는 글쓰기]와 같이 정해 볼 수 있다. 〈표 4-1〉은 조직의 중심으로부터 수업명을 구체화한 예시이다.

〈표 4-1〉 융복합 수업명

조직의 중심	수업명	융복합 교과
오류	실생활에서의 과학 오개념을 바로잡도록 설명하는 글쓰기	과학, 국어
수소 에너지	수소 에너지의 개발, 앞으로는 어떻게 해야 할까?	과학, 국어
대기 오염	지구를 지켜라: 쓰레기 소각에 의한 대기 오염	과학, 수학
성찰	인생 그래프를 활용하여 성찰하는 글 쓰기	국어, 수학
이자	내가 만든 금융 상품 판매하기	국어, 수학

그리고 학생들이 융복합 수업을 통해 도달하기 바라는 목표를 작성한다. 교과별 학습 목표와 달리, 융복합 수업에서 추구하는 학습 목표를 설정한다. 교과의 학습 목표는 성취기준을 그대로 적는 경우도 있으나 여기서는 융복합 수업의 성격에 부합한 학습 목표를 설정하는 것이 바람직하다. 어떤 지식을 이해하게 하려는지, 어떤 과정을 거쳐 어떤 기능을 수행하게 하려는지, 어떤 가치나 태도를 갖게 하려는지에 대해 상세화할 수 있으며, 이 학습 목표는 여러 개로 제시할 수도 있다. 국어, 수학, 과학이 함께 라돈 침대를 조직의 중심으로 선정하여 융복합 수업을 하는 경우 학습 목표는 "라돈 침대와 관련한 사회적 문제를 국어, 과학, 수학의 지식을 활용하여 해결할 수 있다."와 같이 설정할 수 있다.

〈표 4-2〉 융복합 수업 학습 목표 예시

조직의 중심	학습 목표	융복합 교과
석빙고	• 석빙고의 얼음 보관 원리를 알고, 이 원리를 간이 석빙고 실험 장치를 통해 탐구할 수 있다. • 얼음의 상태 변화 그래프를 그릴 수 있다.	과학, 수학
해시계	• 해시계가 등장하게 된 배경이 무엇인지 생각해 보고, 수학, 과학적 원리를 이해한다. • 인터뷰의 원리를 적용하여 다른 사람에게 설명할 수 있다.	과학, 수학, 국어

4) 수업 절차 구상

학습 목표를 달성하기에 적절한 수업 절차를 구상한다. 융복합 수업을 실시할 수업 차시를 고려하여 수업 내용과 교수·학습 방법을 계획한다. 융복합 수업에서 학생들이 어떤 과정을 경험할지 고려하여 의미 있는 활동이 되도록 한다. 융복합 수업을 실행한다면 블록타임제로 실시할 수도 있으므로, 이를 고려할 수도 있을 것이다.

김선희(2022)에 따르면 예비 교사들이 설계한 융복합 수업에서 교사 주도의 수업이 상당수 등장하였다. 융복합 수업을 실시하면 학생 주도의 탐구나 문제 해결이 일어나리라 쉽게 가정하지만, 융복합 수업이라 할지라도 교사 설명으로 진행되어 융복합의 특성과 의의를 살리지 못할 수도 있으므로 유의한다. 김선희(2022)에서 예비 교사들이 설계한 융복합 수업은 교사의 설명과 발문 위주로 수업이 진행되어 교사에게 전적인 주도권이 있는 경우, 학생들이 자료 수집이나 실험 등에 참여하는 경우, 학생의 토의·토론이 주된 역할을 하는 경우, 학생이 산출물을 만들도록 한 경우, 학생 주도로 탐구 자체가 이루어지는 경우로 구분되었다. 융복합 수업에서 학생 주도성을 발휘할 수 있는 실험, 탐구, 토의·토론, 산출물 만들기 등이 나타나도록 할 필요가 있다.

융복합 수업 설계 절차 중 첫 번째 교육과정 분석부터 네 번째 수업 절차 구상까지는 교사들이 함께 모여 협의하며 진행해야 한다. 이때 다음의 양식을 활용해 볼 수 있다. 채운 내용은 나중에 융복합 교수·학습과정안의 요소로도 활용될 수 있다.

[융복합 수업 설계 사전 활동] 양식

항목		내용
융복합 수업명		
대상 학생		
교과별 관련 성취 기준	교과A	
	교과B	
	교과C	
융복합 수업의 목적		
융복합 수업에 활용할 맥락		
융합의 정도		
학습 목표		
수업 절차		
융복합 수업을 위해 협의한 내용		

5) 융복합 교재 개발

융복합 수업에서는 교사들이 직접 교재를 개발하여 학생에게 제공해야 한다. 수업의 흐름에 따라 교수 자료를 제작하고 학생들이 사고하고 활동해야 할 내용을 포함한 학생 활동지도 마련한다. 과제와 활동 내용은 명확하고 구체적으로 제시하여 학생들이 무엇을 하고 알아 가야 하는지 나타나도록 한다. 특히 학생 활동지를 통해 융복합 수업에서 무엇을 어떻게 다룰지 나타나기 때문에, 학생들의 학습이 일어날 수 있는 의미 있는 활동을 구성한다.

다음은 라돈침대를 주제로 한 고등학교 내용의 국어, 과학, 수학 교과가 융복합 수업을 위해 개발한 교재이다. 라돈 침대 파문은 2018년 특정 회사의 매트리스에서 라돈이 검출되면서 시작되었다. 방사선 피폭선량이 기준치를 최고 9.3배 초과했다고 발표되면서 파문은 확산되었고, 정부가 사태 해결에 나섰지만 해결은 미진한 상태이다.

라돈 침대를 수거하는 집배원도 위험할까?

문제 인식하기

다음은 수연이의 일기이다. 여러분이 수연이가 되어 수연이가 직면한 문제를 해결하여 보자.

최근 연일 매스컴에서 라돈 침대에 대한 뉴스가 나오고 있다. ○○침대에서 음이온이 방출되는 매트리스를 생산했는데 이 매트리스에서 방사선이 나온다는 것이다. 다행히 우리 집의 침대는 해당 회사의 제품이 아니어서 안심하고 있었다. 그런데 오늘 뉴스를 보니 이 매트리스의 수거가 신속하게 이루어지지 못하고 있어 우체국 택배 시스템과 집배원을 통해 수거하겠다고 한다. 우체국에서 근무한 지 20년 차 집배원이신 아버지께 여쭈어보니 아버지도 이 일을 맡게 되었다고 하신다. 나는 갑자기 걱정이 되기 시작했다. 과학 시간에 자연 상태에서도 방사선이 존재하고 우리가 X-선 촬영을 할 때에도 방사선을 사용한다고 들었지만, 어느 정도의 양이 피폭되어야 건강에 이상은 없는 것인지, 아버지가 침대를 운반하시면서 피폭되는 정도는 괜찮은 양일지 걱정이 되었다. 그리고

도대체 왜 라돈이라는 방사선 물질이 침대에 들어가게 되었는지, 라돈의 피해는 어떤 것이 있는지, 무엇보다도 라돈 침대를 옮길 때 아버지에게 피폭되는 방사선의 양이 얼마나 될지 많은 의문이 떠올랐다. 나는 관련 자료를 조사하고 연구하여 아버지가 하루에 옮기는 매트리스의 수량을 제한해 달라고 정부에 요청해야겠다는 생각이 들었다.

(출처: https://www.asiae.co.kr/article/2023031512401903963)

1. 라돈 침대를 우체국 택배를 통해 수거하는 것에 대하여 자신의 의견을 작성해 보자.

2. 이 문제를 해결하기 위해 알아야 할 것은 무엇인가?

3. 이 문제를 해결하기 위한 계획을 세워 보자.

※ 수연이는 라돈 침대 사건이 어떻게 발생하였는지, 왜 이런 일이 일어났는지 알아보기 위해 신문 기사와 인터넷 자료를 검색하였다. 다음은 ○○침대의 매트리스에서 라돈이 검출된 사건에 대한 기사이다.

> 발암물질인 라돈이 검출돼 논란을 빚고 있는 ○○침대를 검찰이 압수 수색을 했다. 서울서부지검 식품의약조사부는 ○○침대 본사와 공장 등을 압수 수색했다고 밝혔다. ○○침대 실무자급 관계자도 참고인 신분으로 소환해 조사했다.
>
> ○○침대가 제품을 기획, 생산, 판매, 사후 관리하는 과정에서 문제점을 사전에 인지했는지, 유해성을 알고 난 이후에 대응 과정이 적절했는지 등을 중점 조사할 것으로 알려졌다. 다만 아직 정확한 혐의명과 압수 수색한 날짜, 참고인 수 등은 확인해 줄 수 없다고 밝혔다. 검찰 관계자는 "혐의 부분은 앞으로 한참 조사해야 하는 상황"이라며 "혐의 유무는 너무 불명확해 지금 단계에서 말할 수 없다"고 말했다.
>
> 소비자 132명은 라돈 때문에 신체적 피해를 입었다며 상해·사기 혐의로 ○○침대를 고소했다. 앞서 원자력안전위원회는 ○○침대 17종을 조사한 결과 14종 제품에서 피폭선량이 법정 기준치를 최대 13배 이상 넘어섰다고 밝혔다. 정부는 이날 14종 매트리스 약 2만 5661개에 대해 수거와 폐기 명령을 내렸다.

기사 제목 붙이기

1. 앞의 기사를 읽고, 적절한 제목과 부제목을 붙여 보자.

비판적 읽기

2. 기사에서 부족하거나 오류가 있다고 판단되는 점은 무엇인가?

3. 기사에 어떤 내용들이 보충 혹은 수정되어야 한다고 생각하는가?

신문기사 고쳐 쓰기

4. 다음 글을 참고하여 라돈 침대 사건을 국민에게 알리는 신문 기사를 다시 작성해 보자(단, 라돈이 침대에서 발생하는 원인을 포함할 것. 관련된 다른 자료를 조사하는 것도 가능하다.).

〈읽기 자료 1〉

2018년 5월 시중에서 판매되는 침대 매트리스에서 1급 발암물질인 라돈이 검출됐다는 사실이 언론을 통해 알려지면서 파문이 시작되었다. 라돈은 토양이나 암석, 물속에서 라듐이 핵분열할 때 발생하는 무색·무취의 가스로, 높은 농도에 지속적으로 노출될 경우 폐암, 위암 등을 일으키는 것으로 알려져 있다.

2018년 5월 3일 한 방송사가 ○○침대에 들어간 음이온 파우더에서 1급 발암물질인 라돈이 기준치 이상 검출됐다고 보도했다. 당시 보도에 따르면 ○○침대에 함유된 음이온 파우더에는 환경부가 정한 실내 공기 라돈 기준(1m^3당 200Bq)의 3배가 넘는 620베크렐(Bq)의 라돈이 검출됐다.

이후 논란이 점차 확산되자 원자력안전위원회(원안위)의 조사가 시작됐고, 원안위는 2018년 5월 10일 라돈(Rn) 검출 논란을 일으킨 ○○침대에 대한 중간 조사 결과를 발표했다. 원안위는 ○○침대 모델 9개에 대해 매트리스 속 커버를 조사한 결과 라돈이 검출되긴 했으나, 그 농도가 환경부 권고 기준(1m^3당 200Bq)보다 훨씬 적은 1m^3당 58.5였고, 방사능으로 인한 피폭량은 연간 최대 0.15mSv로 안전 기준치(1mSv) 이하인 것으로 나타났다고 밝혔다.

그러나 원안위는 5월 15일 2차 조사 결과에서 ○○침대 매트리스 일부 모델에서 라돈 피폭량이 기준치의 최대 9.35배까지 초과한 것으로 나타났다며 1차 조사 결과를 뒤집었다. 원안위는 1차 조사 때는 문제가 된 모나자이트가 포함된 속 커버만 조사했으나, 이후 매트리스 스펀지에서도 모나자이트가 사용된 것이 확인돼 2차 조사에서는 스펀지까지 추가 조사하고, 호흡을 통해 유입되는 내부 피폭까지 합산하면서 방사선 피폭량이 늘어났다고 설명했다. 이에 원안위는 ○○침대 매트리스가 가공제품 안전기준에 부적합하다고 판단, 수거 명령 등의 행정조치를 취한다고 밝혔다.

한편, ○○침대는 음이온을 만들어 내기 위해 모나자이트라는 광석을 사용했는데, 이 성분에서 기준치 이상의 라돈이 검출된 것이 알려지면서 음이온 관련 제품에 대한 위험성도 제기됐다. 즉, 모나자이트는 음이온을 발생시킨다는 이유로 침대·팔찌·목걸이·

벽지 등에 사용되고 있으나, 미량 함유된 우라늄과 토륨 등이 1급 발암물질인 라돈과 토론(라돈의 동위원소) 등을 발생시키는 문제가 있다는 것이다.

(출처: [네이버 지식백과] 라돈 침대 파문(시사상식사전, 박문각))

- 기사의 내용을 어떻게 조직할지 생각해 보자.
- 오해를 불러일으킬 수 있는 표현은 없는지 점검해 보자.
- 기사를 모두 작성한 후에는 기사의 제목과 부제목을 추출해 보자.
- 다른 팀의 구성원에게 보여 주고 피드백을 받아서 내용을 수정한 후 완성해 보자.

라돈 탐색

라돈과 관련된 자료를 수집하여 라돈과 방사선, 라돈의 피해에 대하여 알아보자.

〈읽기 자료 2〉

라돈(Radon, Rn)은 방사선을 내는 원자번호 86번의 원소이며 색, 냄새, 맛이 없는 기체로 공기보다 약 8배 무겁습니다. 라돈은 지각을 구성하는 암석이나 토양 중에 천연적으로 존재하는 우라늄(238U)과 토륨(232Th)의 방사성 붕괴에 의해서 만들어진 라듐(226Ra)이 붕괴할 때 생성됩니다. 따라서 지구상 어디에나 존재하는 자연 방사성 물질인 것입니다.

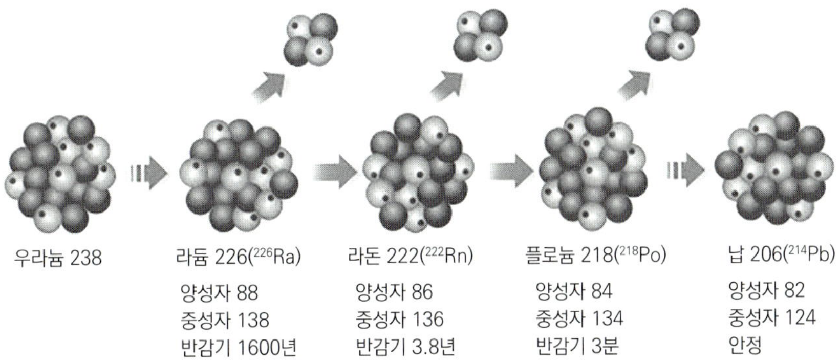

라돈은 우리가 사는 집 주변에서 노출될 수 있는 방사선을 내는 물질이며 폐암을 유발하는 것으로 알려져 있습니다. 라돈에 노출된 흡연 경험자의 폐암 위험은 노출되지 않은 흡연 경험자보다 높으며, 비흡연자의 경우에도 라돈 노출은 폐암 발생 위험을 높일 수 있습니다. 또한 공기 중 라돈 노출 농도가 낮을수록 암의 발생 위험은 낮아진다고 알려져 있습니다.

라돈의 전구물질인 라듐은 화강암에는 암석 10억 톤당 0.4mg의 비율로 들어 있으며, 이 외에도 인광석, 석회석, 변성암, 흙 등에도 들어 있습니다. 따라서 라돈은 우라늄 광, 인광석, 화성암 및 변성암, 석회석, 흙, 석유 등에서 미량 발견됩니다.

사람에 노출되는 방사선은 자연 방사선과 인공 방사선으로 나눠집니다. 자연 방사선은 지각으로부터 오는 방사선, 우주로부터 오는 방사선, 음식물로 섭취되는 방사선으로 전체 방사선 노출량의 85% 정도를 차지합니다. 라돈은 인간이 피폭되는 총 방사선 피폭 중에 단일 피폭원으로는 가장 큰 비율을 차지하는데, 평균 연간 자연 방사선 피폭량은 2.4mSv인데 이 중에서 라돈의 비율은 50% 이상인 1.3mSv 수준으로 추정됩니다. 이처럼 천연에 존재하는 방사능 피폭 중에서 라돈에 의한 것이 가장 크다고 알려져 있습니다.

환경부는 「실내공기질관리법」에 따라 공동주택과 다중이용시설의 실내 라돈 농도 권고기준(148Bq/m^3)을 규정 · 관리하고 있으며, 신축 공동주택의 경우 시공자가 주민 입주 이전에 실내공기질을 측정하여 공고 · 게시할 의무를 부여하고 있습니다.

(출처: 질병관리청 국가정보 포털)

1. 라돈이란 어떤 물질인가?

2. 라돈이 생성되는 과정을 설명하여 보자.

3. 라돈이 위험한 이유는 무엇인가?

4. 실내 환경 기준에 의하면 실내의 라돈 규제농도는 얼마인가?

5. 라돈에 의한 연간 피폭량은 X-ray 방사선 촬영 시 피폭량의 몇 배인가?(X-ray 피폭량: 0.1-0.2mSv)

수학적 모델링

수연이 아버지에게 전해진 피폭량을 알아보자.

라돈과 같은 방사성 물질은 원자핵이 '붕괴'해서 다른 원자핵으로 변하는 경우가 있다. 그 확률은 방사성 물질의 종류에 따라 결정된 일정한 값으로 정해져 있다. 어떤 방사성 물질의 집단이 일정한 확률에 따라 붕괴할 때, 전체적으로 원래의 $\frac{1}{2}$의 수가 되는 기간을 '반감기'라고 한다. 반감기 1회분의 시간이 지나면 방사성 물질의 수는 $\frac{1}{2}$로, 2회분의 시간이 지나면 $(\frac{1}{2})^2=\frac{1}{4}$이 된다.

라돈의 원소 기호 ^{222}Rn는 동위 원소 중에서 수명이 가장 길어 반감기가 3.8일이고 다른 동위원소들은 반감기가 더 짧다. 라돈은 신체에 미치는 영향이 미미할 것이며 숨을 들이쉴 때 공기에 포함되어 있던 라돈이 몸 안으로 들어가더라도 대부분은 다시 숨을 내쉴 때 빠져나온다. 그래서 라돈은 인체에 직접적인 영향을 끼치지 않는다. 문제는 라돈이 방사능 붕괴를 하면서 생기는 라돈 자손이다. 라돈 자손이나 라돈 자손이 부착된 미세입자가 폐 안으로 들어가면 호흡기에 달라붙는다. 라돈 자손은 반감기가 30분 미만으로 짧아서 몸 밖으로 배출되기 전에 방사능 붕괴를 하여 몸속에서 방사선을 방출한다.

1. 라돈 측정 장치로 실내 공기를 측정하였더니 ABq(베크렐)이 나왔다. ABq에 들어 있는 원자 수를 a라 하고, 원자 수가 반으로 줄어드는 데 걸리는 시간인 반감기를 $t_{\frac{1}{2}}$라고 하자. 시간 t가 지났을 때 남아 있는 원자 수 $N(t)$를 구하는 식을 구해 보자.

① 시간 $t=t_{\frac{1}{2}}$, $2t_{\frac{1}{2}}$, $3t_{\frac{1}{2}}$일 때 $N(t)$의 값을 각각 구하시오.

② 시간 t에 대하여 $N(t)$를 나타내는 식을 구하시오.

③ 원자 수 $N(t)$가 0.001Bq가 되는 시간 t를 구하시오.

④ K씨는 집에 있는 침대의 라돈 원자 수를 측정하였더니 B가 나왔다. 5년 전에 침대를 구입한 K씨는 그동안 방출된 라돈 원자 수가 얼마나 될지 궁금해한다. $N(t)$의 식을 이용하여 5년 동안 K씨에게 방출된 라돈 원자 수를 구하시오.

2. 라돈 침대를 수거하는 집배원에게도 라돈이 영향을 줄 수 있다. 하루에 수거하는 침대의 수를 어느 정도로 제한하는 것이 좋을지 생각해 보자.

① 라돈의 농도가 ABq(베크렐)인 침대 n개를 한 시간 동안 수거한다고 하자. ABq에 들어 있는 원자 수를 a라고 할 때, 집배원에게 한 시간 동안 누적된 라돈 원자 수를 구하시오.

② 만약 $a=1800$이라면, 집배원에게 한 시간 동안 누적된 라돈 원자 수는 얼마인가?

③ 집배원에게 누적된 라돈 원자 수가 정부의 규제를 넘지 않도록 하기 위해서 제한해야 하는 노동 조건을 제안하시오.

문제 해결하기

수연이의 입장에서 우체국 택배로 라돈 침대를 수거하는 일에 대하여 라돈 침대를 판매한 회사 또는 정부에 보낼 편지글을 작성하시오.

6) 과정을 중시하는 평가 계획

융복합 수업에 참여하는 학생들의 활동에 대한 평가는 과정을 중시하는 평가로 계획한다. 과정을 중시하는 평가에서는 수업 활동 이외의 평가를 별도로 준비하지 않도록 수업과 연동하여 평가를 실시하고, 융복합 수업에서 선정한 학습 목표에 비추어 평가 방법과 평가 요소를 선정한다. 평가 방법은 프로젝트 평가나 교사의 관찰, 학생들의 자기평가나 동료평가가 실시될 수 있다. 이때 평가 결과의 활용이나 피드백 방안도 함께 고려한다.

[그림 4-3]은 융복합 수업에서 평가를 계획한 예시이다.

반/번호	이름	날짜	함께 활동한 친구들
/			
학습목표	청자의 특성에 맞게 내용을 구성하여 발표할 수 있다.		

1. 조별 발표를 경청하고 평가해봅시다.

○ 평가 기준표(만점 - 10점)

배점 기준		배점
내용	• 주제를 벗어나지 않고 원래 목적에 맞게 했는가? • 분석이 타당하고 객관적인가? • 분석 내용 해석 절차와 결과, 예상 문제 원인이 잘 드러나는가?	각 2점
조직	• 내용 간의 연결이 자연스러운가? • 내용 내 논리 전개가 자연스러운가?	각 1점
표현	• 표현을 명확하게 하였는가? • 예상 독자를 고려하여 적절한 용어를 사용했는가?	각 1점
총점		10점

○ 평가표(우리 모둠은 제외)

모둠 이름	평가 항목			총점	우리 모둠원의 평균 점수
	내용	조직	표현		

2. 융복합 수업 활동에 대한 자기평가를 해봅시다.

○ 평가 기준표(만점 - 10점)

배점 기준		배점	점수
기후 변화	• 이상 기후 현상의 인과관계를 설명할 수 있다.	각 2점	
수학	• 이항분포와 정규분포 간의 관계를 설명할 수 있다.		
	• 정규분포표를 통해 이상 기후 현상의 인과관계를 설명할 수 있다.		
국어	• 탐구 과제의 내용이 잘 드러나게 보고하는 글을 쓸 수 있다.		
	• 보고하는 글 쓰기를 통해 타인에게 이상 기후 현상을 설명할 수 있다.		
총점		10점	

○ 활동 소감을 적어봅시다.

[그림 4-3] 과정을 중시하는 융복합 수업의 평가 예시

7) 교수 · 학습과정안 작성

1~6단계까지의 모든 절차를 드러내는 것이 교수 · 학습과정안이다. 교수 · 학습과정안은 수업을 어떻게 할지에 대한 형식화된 증거이고, 여러 수업에 일반화하여 적용할 수 있는 자료이다. 교수 · 학습과정안은 융복합 수업의 특성과 필요한 내용을 담은 것으로 학생 활동지도 포함하며, 교수 · 학습의 흐름도 보여 줄 수 있다. 또한 수업 중 학생들의 예상되는 반응을 예측하고, 교수 · 학습상의 유의점, 필요한 수업 자료 등을 포함하여 작성한다. 또한 융복합 수업에 참여하는 교사들이 각자 어떤 역할을 담당할지에 대해서 논의하여 교수 · 학습과정안에 작성한다. 융복합 교수 · 학습과정안의 틀은 다음과 같고 라돈 침대 수업을 예시로 제시하였다.

[융복합 교수·학습과정안]

융복합 수업명		라돈 침대를 수거하는 집배원도 위험할까?
대상 학생		고등학교 2학년
교과별 성취 기준	국어	[12화작03-06] 현안을 분석하여 쟁점을 파악하고 해결 방안을 담은 건의하는 글을 쓴다.
	수학	[12대수01-06] 지수함수와 로그함수의 뜻을 알고, 이를 설명할 수 있다.
	과학	[12물에04-02] 1차 반응의 반감기가 반응물의 농도에 의존하지 않음을 이해하고, 1차 반응의 반감기가 활용되는 사례를 조사 · 발표할 수 있다.
융복합 수업의 목적		문제 해결
융복합 수업에 활용할 맥락		사회적
융합의 정도		다학문 → 간학문
교사별 역할		김○○: 수업 전체를 이끌어 차시별 수업 계획 조정, 수학 수업 지도 윤○○: 수업 자료 준비, 모둠 편성, 화학 수업 지도 이○○: 온라인 활동 자료 게시 및 관리, 학생 공지, 국어 수업 지도
학습 목표		라돈 침대와 관련한 사회적 문제를 국어, 과학, 수학의 지식을 활용하여 해결할 수 있다.
교수 · 학습 방법		토의 · 토론
평가 계획		• 동료평가: 라돈 침대를 생산한 회사나 정부에 보낼 편지 내용을 발표하게 하고 그 내용에 대해 평가한다. • 관찰평가: 문제해결 과정에서 의미 있는 의견을 제시하고 적극적으로 참여한 학생을 교사가 관찰한다. • 포트폴리오 평가: 융복합 수업에서 조사한 자료, 활동지에 작성한 내용에 대해 국어, 수학, 과학의 지식과 기능을 평가한다.

수업 단계	교수 · 학습 및 평가 활동	자료 및 유의점
도입	[문제 인식] 수연이의 일기를 읽고 라돈침대와 관련한 문제의 해결 방안을 모색한다.	누리집에서 라돈침대와 관련한 내용을 검색하여 문제가 무엇인지 찾게 한다.
전개	[신문기사 고쳐 쓰기-국어] 신문 기사를 비판적으로 읽고 오류를 판단하여 고쳐 쓰기 활동을 한다. 평가 요소: 라돈과 관련한 지식을 토대로 신문 기사의 오류를 올바로 찾는가?	신문기사 고쳐쓰기는 개별로 진행하고 모둠원 간에 피드백을 받게 한다.

	[라돈 탐색-과학] 읽기 자료 2 등을 통해 라돈의 특성과 생성 과정, 규제 법률 등을 조사한다. **평가 요소:** 라돈에 대해 올바로 알고 있는가?	모둠 내에서 라돈에 대해 아는 내용을 공유하고 서로 이해하게 한다.
	[수학적 모델링-수학] 시간에 따른 라돈의 피폭량을 단순화하여 수식으로 나타내고 문제를 해결한다. **평가 요소:** 수학적 모델링이 타당하게 이루어지고 문제를 옳게 해결하였는가?	주어진 문제의 답을 구하는 것보다 상황을 일반적인 식으로 나타내는 데 초점을 둔다.
정리	**[문제 해결하기]** 라돈 침대를 수거하는 집배원에게 미칠 영향을 포함하여 건의하는 편지를 작성한다. **평가 요소:** 편지의 내용이 국어, 수학, 과학의 지식을 융합하여 포함하고 있는가? **평가 요소:** 편지를 읽는 독자의 생각을 움직일 수 있도록 설득력 있게 글을 작성하였는가?	모둠별로 편지를 작성하고 발표하게 한다.

융복합 교수 · 학습과정안이 작성되면 이 내용에 대한 외부 의견을 들을 수도 있다. 예비교사의 경우 현직 교사의 검토를 받을 수 있으며, 이에 대해서는 5장에서 자세히 다룰 것이다.

2. 융복합 교수·학습과정안 작성

융복합 수업을 위한 교수 · 학습과정안은 일반적인 교과 교수 · 학습과정안과 다른 형식을 취한다. 여러 교과가 융복합하면서 함께 협의한 내용과 주의점 등이 지도안에 담겨야 한다. 특히 융복합 수업에 참여하는 교사들이 한 수업 내에서 어떤 역할을 담당할지도 지도안 작성에서 고려해야 한다. 한 명의 교사가 수업 전반을 이끌고 다른 교사는 보조 역할을 한다든가, 수업 내용별로 주도하는 교사가 달라진다든가, 또는 학생 활동지와 교수 자료 등의 수업 준비물 담당, 패들렛 등과 같이 학생 활동 내용을 관리하는 담당 등의 역할을 구분하는 것도 융복합 수업 운영에 도움이 된다.

다음은 좌표평면을 활용하여 성찰하는 태도 지니기에 대한 교수 · 학습과정안과 수업 자료이다.

1) 융복합 교수 · 학습과정안

<table>
<tr><td colspan="2">융복합 수업 주제</td><td>좌표평면을 활용하여 성찰하는 태도 지니기</td></tr>
<tr><td colspan="2">대상</td><td>중학교 1학년</td></tr>
<tr><td rowspan="2">교과별 성취기준</td><td>수학</td><td>[9수03-01] 순서쌍과 좌표를 이해한다.</td></tr>
<tr><td>국어</td><td>[9국05-10] 인간의 성장을 다룬 작품을 읽으며 삶을 성찰하는 태도를 지닌다.</td></tr>
<tr><td colspan="2">융복합 수업 목적</td><td>국어 대단원 〈성장의 시간〉과 수학 '좌표평면과 그래프'를 함께 배우며 상승효과를 기대한다.</td></tr>
<tr><td colspan="2">융복합 수업 활용 맥락</td><td>개인적 맥락</td></tr>
<tr><td colspan="2">융합의 정도</td><td>간학문적 방식(공유형)</td></tr>
<tr><td colspan="2">학습 목표</td><td>1. 작품 속 주인공이 되어 인물의 태도를 파악할 수 있다.
2. 성장을 다룬 소설의 개념과 성장을 다룬 소설 읽기의 필요성을 알 수 있다.
3. 문학 작품의 내용을 순서쌍과 좌표평면의 좌표로 이용하여 나타낼 수 있다.</td></tr>
<tr><td colspan="2">교수·학습 방법</td><td>설명식 교수, 탐구 학습, 가치 탐구</td></tr>
</table>

단계	주요내용	교수-학습활동	시간(분)	자료 및 유의점
도입	인사 및 출석 확인	● 인사 및 출석 - 교사와 학생들이 서로 인사를 나누고 출결을 확인한다.	10분	● 활동지 - 생각열기 ● PPT - 발표 경청하기 - 예상치 못한 답변이 나올 경우, 질문을 통해 의도한 답변 유도하기
	융복합 수업 안내 전시 학습 확인	● 융복합 수업, 팀티칭 안내 ● 전시학습 확인 - 지난 시간에 배운 〈보리 방구 조수택〉 내용을 상기한다.		
	동기유발 및 사고확장	● 동기유발 - 짱구 네컷만화 국어 1) 그림 설명하기 2) 세 번째 내용에 들어갈 내용 질문하기 3) 발표하기 4) '작품의 영향'과 '성찰'의 중요성 언급하기 ● 사고 확장 수학 1) 전시학습 확인 2) 짱구 일기를 좌표평면으로 나타내기 3) 좌표평면의 효과 설명		
	학습목표 제시	● 학습 목표 - 학습 목표를 제시하고 학생들과 함께 읽는다. 1) 작품 속 주인공이 되어 인물의 태도를 파악할 수 있다. 2) 성장을 다룬 소설의 개념과 성장을 다룬 소설 읽기의 필요성을 알 수 있다. 3) 문학 작품의 내용을 순서쌍과 좌표평면의 좌표로 이용하여 나타낼 수 있다.		
	수업활동 및 평가방식 안내	● 수업 활동 안내 - 학습활동 1번 ◇〈보리 방구 조수택〉의 주인공이 되어 '구윤희'의 태도 파악하기 - 학습활동 2번 ◇〈보리 방구 조수택〉의 주인공 '구윤희'의 태도를 순서쌍으로 나타내기 ◇순서쌍을 좌표평면 앞의 좌표로 나타내기		

단계	주요내용	교수-학습활동	시간(분)	자료 및 유의점
		- 학습활동 3번 ◇성장을 다룬 소설 개념과 성장을 다룬 소설 읽기의 필요성 알기 ● 활동 평가 안내 - 자기평가지 안내		
전개	학습 활동	● 국어 활동1 - 인물의 행동을 파악하는 이유 설명하기 - 윤희의 태도 파악: 학습자가 윤희의 태도를 돌아보도록 함 1) 학습지 활동 1번에서 표 첫 번째 칸 채우기 2) 발표하기 3) 교과서에서 인물의 말과 행동, 생각, 감정을 통해 인물의 태도를 찾을 수 있음을 안내 4) 나머지 칸 채우기 5) 예시 답안 표와 비교 분석하게 하기 ● 수학 활동2 - 축 설명하기 - 순서쌍과 좌표로 표현해 보기 - 사분면 각각의 의미 설명하기 - 좌표평면으로 나타냈을 때 장점 설명하기 ● 국어 활동3 - 윤희의 태도 변화 설명 1) 사건의 흐름에 따라 윤희의 태도가 어떻게 변했는지 발표하기 2) 윤희의 태도 변화 설명하기: 부정적 · 긍정적 - 어른이 된 윤희가 가장 강하게 느끼는 감정 1) 발표하기 2) 윤희가 사건을 통해 스스로를 성찰하고 있음을 언급하기 - 성장소설의 개념과 필요성 1) 성장소설의 개념 설명하기 2) 성장소설의 필요성 설명하기	30분	● 활동지 - 활동 1~3 ● PPT - 발표 경청하기 - 순회지도

단계	주요내용	교수-학습활동	시간(분)	자료 및 유의점
정리	학습 활동 정리 및 평가	• 학습 활동 정리 1. 국어 정리 ◇작품을 읽고 인물의 행동을 파악할 수 있다. ◇성장 과정에서 고민하며 인격을 완성해 가는 소설을 '성장을 다룬 소설'이라고 한다. 2. 수학 정리 ◇순서쌍에서 (a, b)와 (b, a)는 다름을 유의해야 한다. ◇수직선이나 좌표평면을 이용하면 사건의 흐름에 따른 인물의 태도 변화를 쉽게 파악할 수 있다. • 학습 활동 평가 - 자기평가: 학습 목표 성취도를 평가 - 활동지 및 평가지 제출	5분	• 활동지 - 자기평가 • PPT
	차시 학습 예고	• 차시 학습 예고 - 국어: 자신의 인간관계를 성찰하여 편지 쓰기 - 수학: 번역 활동으로 배우는 그래프 • 인사		

2) 수업 PPT 자료

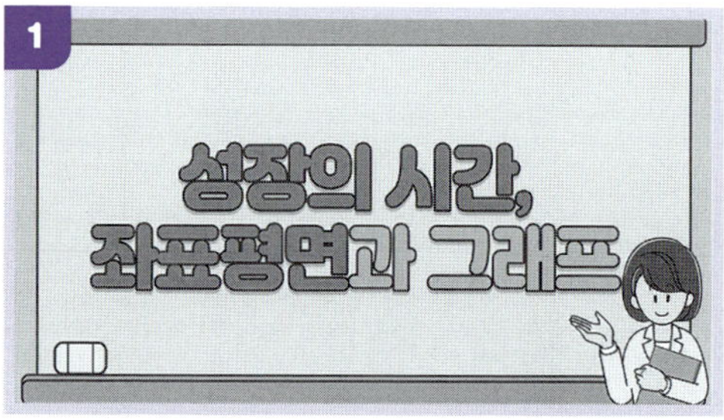

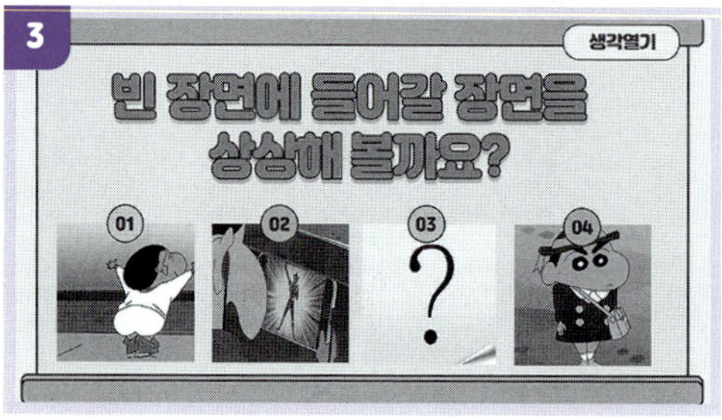

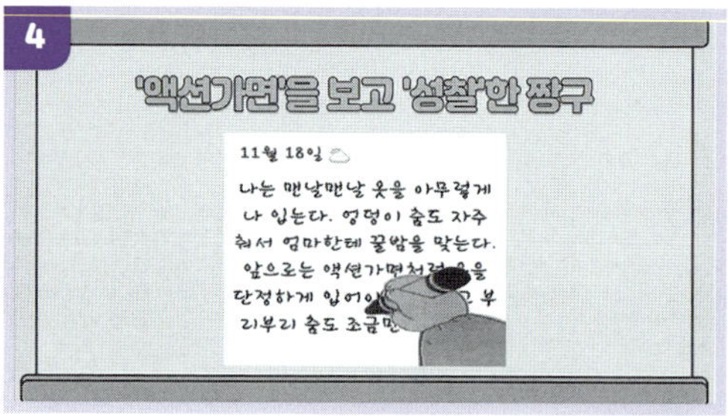

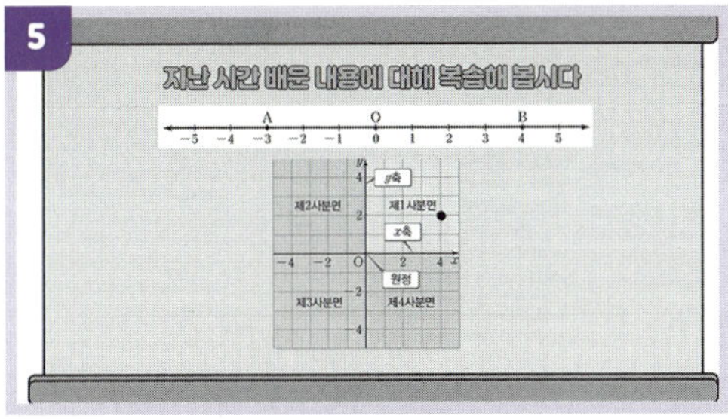
5
지난 시간 배운 내용에 대해 복습해 봅시다
A O B
−5 −4 −3 −2 −1 0 1 2 3 4 5
y축
제2사분면 제1사분면
x축
원점
제3사분면 제4사분면

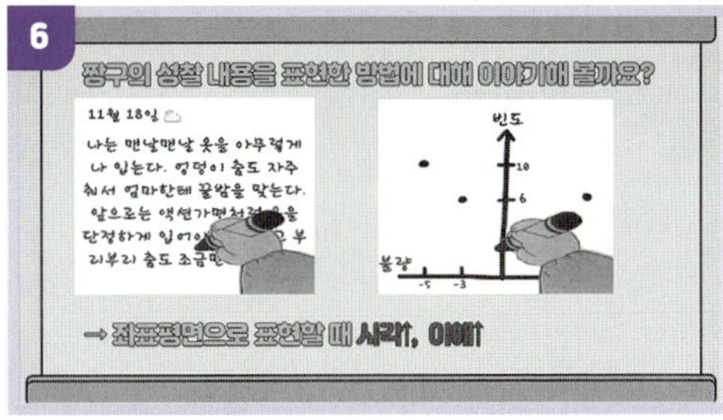
6
짱구의 성찰 내용을 표현한 방법에 대해 이야기해 볼까요?
11월 18일
나는 맨날맨날 옷을 아무렇게
나 입는다. 엉덩이 춤도 자주
춰서 엄마한테 꿀밤을 맞는다.
빈도
→ 좌표평면으로 표현할 때 시각↑, 이해↑

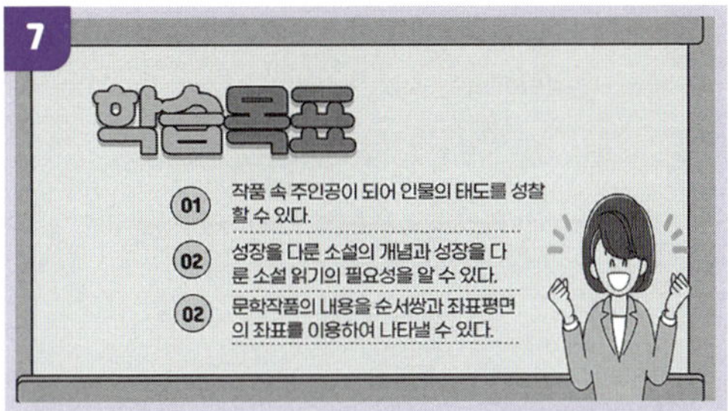
7
학습목표
01 작품 속 주인공이 되어 인물의 태도를 성찰할 수 있다.
02 성장을 다룬 소설의 개념과 성장을 다룬 소설 읽기의 필요성을 알 수 있다.
02 문학작품의 내용을 순서쌍과 좌표평면의 좌표를 이용하여 나타낼 수 있다.

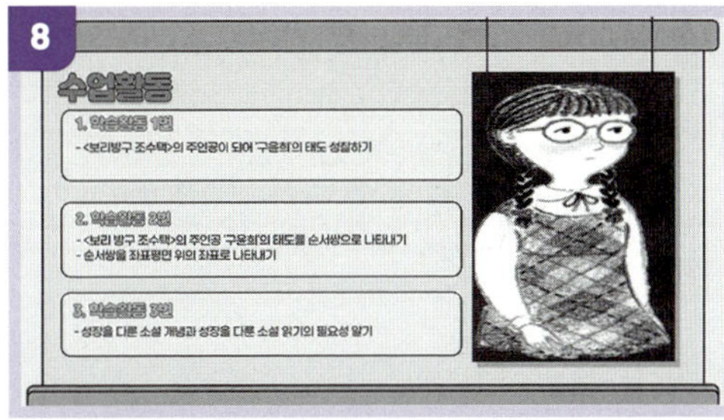
8
수업활동
1. 학습활동 1번
- <보리방구 조수택>의 주인공이 되어 '구윤희'의 태도 성찰하기
2. 학습활동 2번
- <보리 방구 조수택>의 주인공 '구윤희'의 태도를 순서쌍으로 나타내기
- 순서쌍을 좌표평면 위의 좌표로 나타내기
3. 학습활동 3번
- 성장을 다룬 소설 개념과 성장을 다룬 소설 읽기의 필요성 알기

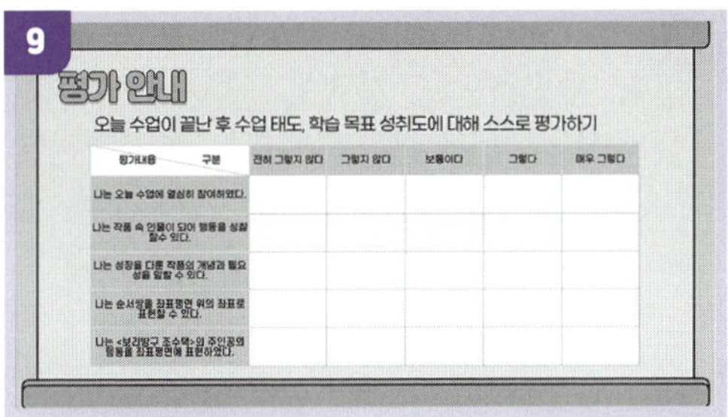
9
평가 안내
오늘 수업이 끝난 후 수업 태도, 학습 목표 성취도에 대해 스스로 평가하기
평가내용 구분
전혀 그렇지 않다
그렇지 않다
보통이다
그렇다
매우 그렇다
나는 오늘 수업에 열심히 참여하였다.
나는 작품 속 인물이 되어 행동을 성찰할수 있다.
나는 성장을 다룬 작품의 개념과 필요성을 말할 수 있다.
나는 순서쌍을 좌표평면 위의 좌표로 표현할 수 있다.
나는 <보리방구 조수택>의 주인공의 행동을 좌표평면에 표현하였다.

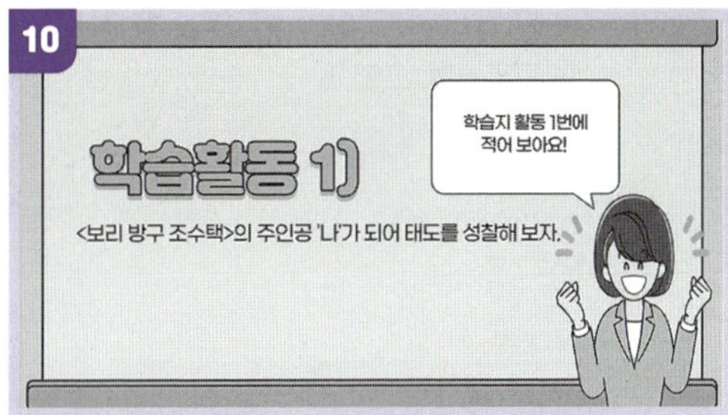
10
학습활동 1)
학습지 활동 1번에
적어 보아요!
<보리 방구 조수택>의 주인공 '나'가 되어 태도를 성찰해 보자.

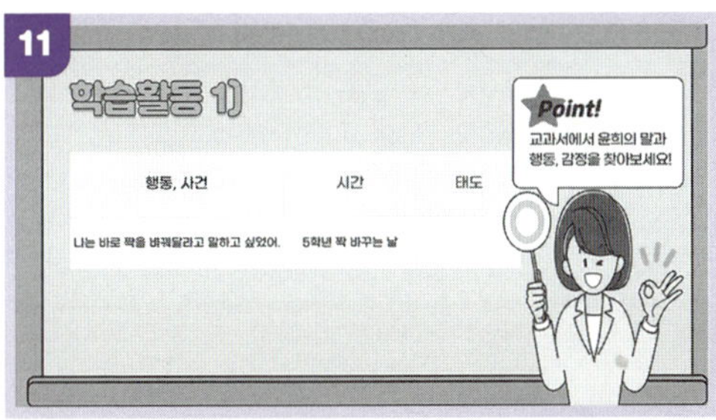
11
학습활동 1)
Point!
교과서에서 윤희의 말과
행동, 감정을 찾아보세요!
행동, 사건
시간
태도
나는 바로 짝을 바꿔달라고 말하고 싶었어.
5학년 짝 바꾸는 날

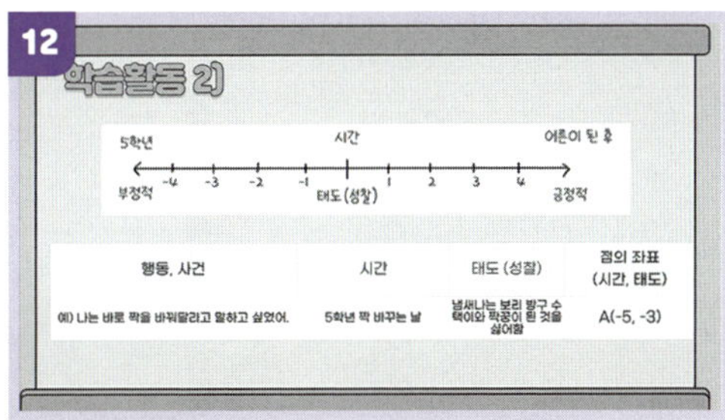
12
학습활동 2)
5학년
시간
어른이 된 후
-4 -3 -2 -1 1 2 3 4
부정적
태도(성찰)
긍정적
행동, 사건
시간
태도(성찰)
점의 좌표 (시간, 태도)
예) 나는 바로 짝을 바꿔달라고 말하고 싶었어.
5학년 짝 바꾸는 날
냄새나는 보리 방구 수택이와 짝꿍이 된 것을 싫어함
A(-5, -3)

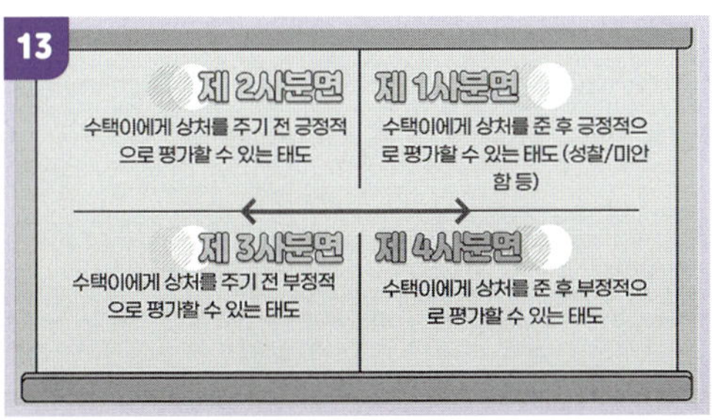
13
제 2사분면
수택이에게 상처를 주기 전 긍정적으로 평가할 수 있는 태도
제 1사분면
수택이에게 상처를 준 후 긍정적으로 평가할 수 있는 태도(성찰/미안함 등)
제 3사분면
수택이에게 상처를 주기 전 부정적으로 평가할 수 있는 태도
제 4사분면
수택이에게 상처를 준 후 부정적으로 평가할 수 있는 태도

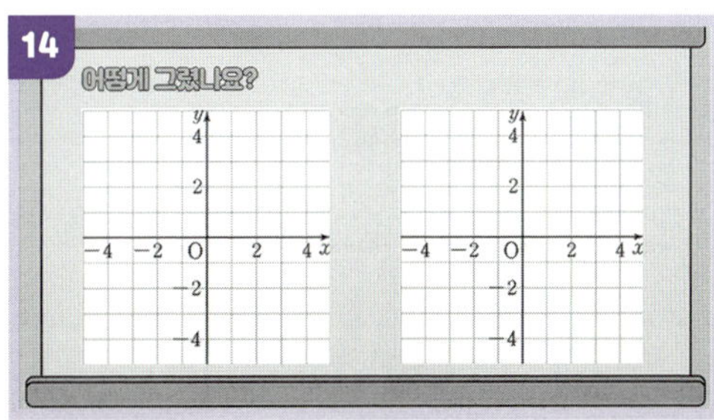
14
어떻게 그렸나요?
y
4
2
−4 −2 O 2 4 x
−2
−4
y
4
2
−4 −2 O 2 4 x
−2
−4

15

16

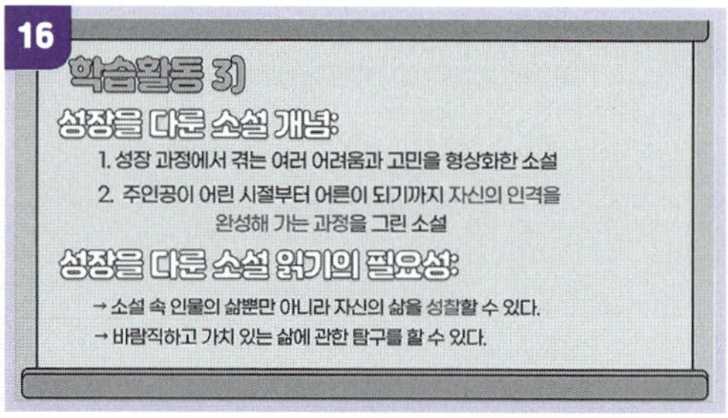

17

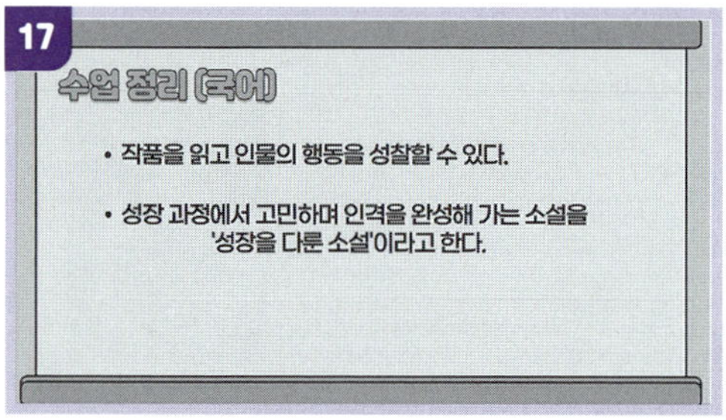

18

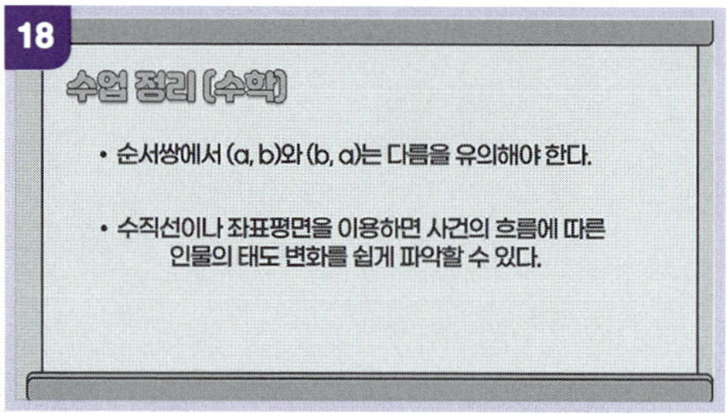

19

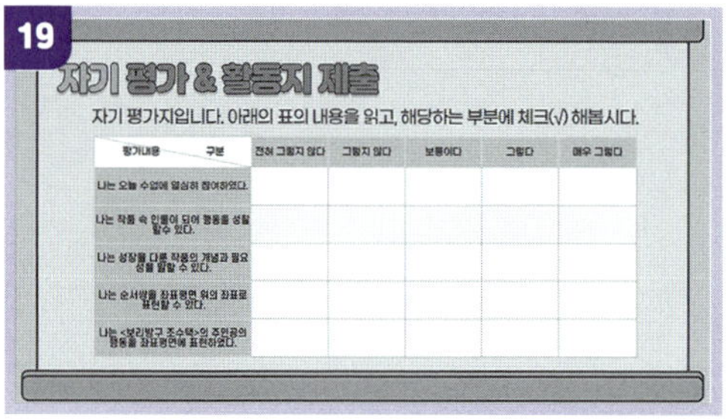

20

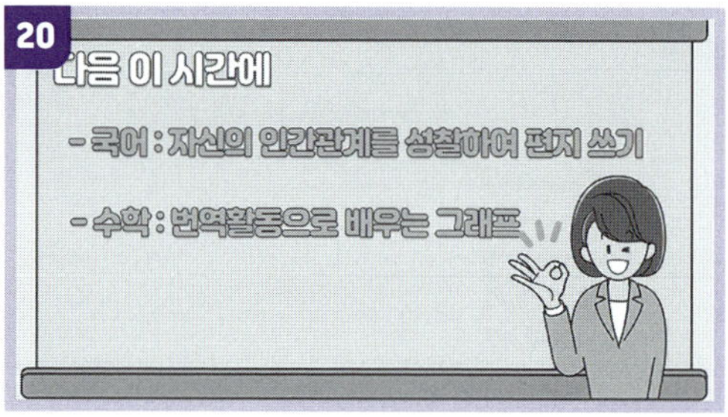

3. 융복합 수업 설계에 대한 자기 점검

이 장에서는 융복합 수업 설계에 대해 다루었다. 융복합 수업 설계를 좀 더 정교화하고 수업으로 실행하기 전에 지금까지의 과정에 대해 자기 점검을 해 보자. 융복합 수업 설계 절차에 따라 점검할 목록을 제시하면 〈표 4-3〉과 같다. 점검 항목에 제시된 내용 중 미비한 점이 있다면 교수 · 학습과정안에서 보완할 수 있도록 한다.

〈표 4-3〉 융복합 수업 설계 절차에 따른 자기 점검표

단계		점검 항목	
I	융복합 수업을 위한 조직의 중심 선정	융복합이 가능한 성취기준을 교과별로 선정하였는가?	□
		선정된 성취기준의 의미와 취지를 수업 교사가 모두 이해하였는가?	□
		성취기준 연계 내용과 수업 환경에 적절하게 조직의 중심을 선정하였는가?	□
II	융복합 수업의 특성 규정	융복합 수업의 목적을 적절히 설정하였는가?	□
		융복합 수업에서 활용할 맥락을 설정하였는가?	□
		융복합 수업에서 융합의 정도를 설정하였는가?	□
III	수업명 및 학습 목표 설정	학생들의 학습 동기를 유발할 수 있는 수업명을 제시하였는가?	□
		융복합 수업의 목적에 따라 학습 목표를 설정하였는가?	□
		학습 목표가 학생들이 이해하기 쉽게 설정되었는가?	□
IV	수업 절차 구상	학습 목표를 달성하기에 적절한 수업 절차를 구상하였는가?	□
		교재의 내용이 융복합 수업의 목표나 맥락, 융합 정도 등에 적절하게 구성되었는가?	□

단계		점검 항목	
V	교재 개발	학생들이 실제로 수행해야 할 과제를 명료하게 제시하였는가?	□
		학생들이 이해하기 쉽게 교재가 구성되었는가?	□
		교재의 내용이 융복합 수업의 목표나 맥락, 융합 정도 등에 적절하게 구성되었는가?	□
VI	과정을 중시하는 평가	융복합 수업에서 학습 과정의 유의미한 내용을 평가 요소로 선정하였는가?	□
		융복합 수업 중 교사나 동료가 학생의 활동에 유의미한 영향을 주는 피드백을 계획하였는가?	□
		학생이 자기평가나 동료평가를 통해 평가 과정에 참여하게 하였는가?	□
VII	교수 · 학습 과정안 작성	수업에 필요한 여러 여건을 고려한 내용이 수업 지도안에 담겨 있는가?	□
		수업 절차에 따라 코티칭하는 교사들의 역할을 정하였는가?	□
		수업 절차에 따라 필요한 자료를 준비하였는가?	□
		수업을 진행하면서 발생할 수 있는 문제점을 미리 예측하고 대응책을 마련했는가?	□
		수업 절차별로 필요한 시간 계획을 잘 수립하였는가?	□
		학생들의 집단 구성을 고려하였는가?	□

학습 과제

- 융복합 수업 설계 절차에 따라 융복합 수업을 설계해 봅시다.
- '지속가능발전'이라는 범교과 학습 주제에 대하여 학생들의 학습 동기를 유발할 수 있는 융복합 수업명을 작성해 보고, 수업명이 갖는 의의를 이야기해 봅시다.
- 융복합 수업을 실시하는 교사들 간에 협의해야 할 내용이 무엇인지 정리해 봅시다.
- 융복합 수업을 설계한 후 〈표 4-3〉에 따라 자기 점검을 실시해 봅시다.

제5장

융복합 수업을 어떻게 정교화할까

융복합 수업을 설계한 다음 단계의 과제는 고안된 수업을 정교화하는 것이다. 다른 동료 교사나 전문가의 피드백을 받는 시간을 갖고, 피드백을 통해 받은 의견들을 수업 설계에 반영함으로써 최종 수업 설계안을 산출한다. 교사들은 융복합 수업을 검토하고 서로 의견을 교환하는 과정을 통해 융복합 수업 설계 역량뿐 아니라 융복합 수업을 평가하는 능력, 동료와의 상호 협력 등의 융복합 수업 전문성이 길러질 것으로 기대된다. 이 장에서는 융복합 수업 설계 초안을 검토하고 정교화하는 방안과 사례를 소개한다.

학습 목표

- 동료 교사나 전문가의 피드백을 통해 융복합 수업을 검토하고 수정할 수 있다.
- 다른 교사의 융복합 수업 설계를 분석하고 평가할 수 있다.

1. 융복합 수업 설계 검토의 방향

1) 융복합 수업 설계 검토의 필요성

융복합 수업 초안을 검토하는 단계는 융복합 수업의 질을 향상하기 위한 필수적인 과정이다. 융복합 수업에서는 단일 전공 교사가 아닌 다양한 전공 배경의 교사 간 협업이 이루어진다. 따라서 여러 교과의 교사들이 전체를 조망하면서 융복합 수업을 검토할 필요가 있다. 교사들은 동료 교사와 수업을 공유하고 비판적으로 검토함으로써 더 나은 융복합 수업에 대한 아이디어와 교수전략을 개발하고, 함께 성장할 수 있는 기회를 가질 수 있다. 또한, 서로의 융복합 수업에 대해 비판적으로 의견을 교환하는 경험은 교사들 간의 협력과 의사소통 기술을 강화하는 데 도움이 될 수 있다.

2) 융복합 수업 설계 검토의 주안점

융복합 수업 설계를 검토하기 위해서는 〈표 5-1〉과 같은 기준들을 고려할 수 있다.

첫째, 융복합 수업은 단일교과 수업의 물리적인 결합이 아니라, 창의적인 수업 아이디어를 통해 새로운 맥락에서 융합하는 것이다. 따라서 융합하려는 교과목의 내용을 적절하게 연결하여 수업을 설계하였는지 우선적으로 확인한다.

둘째, 융복합 수업의 학습 목표가 명확하게 제시되어 있는지 확인한다. 융복합 수업의 목표는 단일 교과에서 제시되는 학습 목표를 고수할 필요가 없다. 기획한 융복합 수업의 의미에 적합한 수업 목표(차시 목표)를 설정하고 있는지 검토한다.

셋째, 학습 동기 유발이 이루어지고 있는지 확인한다. 학생들이 주체적으로 학습에 참여하기 위해서 학습 동기의 유발이 필요하므로 이를 위한 전략을 제공하고 있는지 검토한다.

넷째, 수업 목표를 달성하는 데 적합하게 교수·학습 내용을 전개하고 있는지 확인한다. 단일교과의 수업이 아닌 융복합 수업으로 이루어졌을 때 얻을 수 있는 학습효과가 극대화되도록 교수 · 학습 내용이 유기적으로 조직되었는지를 확인한다.

다섯째, 학습자의 사고와 탐구를 적절하게 유도하였는가를 점검한다. 융복합 수업은 학생들의 다양한 학습 스타일과 능력을 고려하여 다양한 학습 경험을 제공할 필요가 있다. 그러므로 수업 설계에서 협업 활동이나 프로젝트를 통해 학생들 간의 협력을 강화하는 기회를 제공해야 한다. 교수 · 학습 지도안에 교사와 학생 간의 상호작용이 드러나고 있는지 살펴본다.

여섯째, 교수 · 학습을 전개하는 데 필요한 교육 자료, 학생 활동지, 교사 발문, 예상되는 학생 반응 등을 적절히 제시하였는지 살펴본다.

일곱째, 학생들의 학습을 평가하기 위해서는 다양한 방법을 제공하는 것이 중요하다. 교수 · 학습 전개 중이나 말미에 적절히 학생의 학습 상황을 적합한 방법(예: 자기 평가, 동료 평가, 형성 평가, 관찰 평가 등)으로 평가하였는지 살펴본다.

여덟째, 추가적으로 융복합 수업 설계에서 창의적인 부분이 있는지 검토한다.

〈표 5-1〉 융복합 수업 설계 검토 준거

검토 준거	
교과 간 융복합	① 융합하려는 교과목의 내용을 적절하게 연결하여 수업을 설계하였는가?
학습 목표 설정	② 기획한 융복합 수업에 적합한 수업 목표(차시 목표)를 설정하고 있는가?
학습 동기 유발	③ 학습 동기 유발이 이루어지고 있는가?
교수·학습 전개	④ 수업 목표를 달성하는 데 적합하게 교수 · 학습 내용을 전개하고 있는가? 교수 · 학습 내용이 유기적으로 조직되었는가? ⑤ 학습자의 사고와 탐구를 적절하게 유도하였는가? 교사와 학생 간의 상호작용이 교수 · 학습과정안에 드러나 있는가? ⑥ 교수 · 학습을 전개하는 데 필요한 교육 자료, 학생 활동지, 교사 발문, 예상되는 학생 반응 등을 적절히 제시하였는가?
과정 중심 평가	⑦ 교수 · 학습 전개 중이나 말미에 학생의 학습 상황을 적합한 방법으로 평가하였는가?(예: 자기 평가, 동료 평가, 형성 평가, 관찰 평가 등)
기타	⑧ 기타 융복합 수업 설계에서 창의적인 부분이 있는가?

2. 융복합 수업 설계 검토 방법

1) 서면 검토

서면 검토는 교사의 수업 설계 산출물인 교수 · 학습과정안, 학생 활동지, 교수 · 학습자료 등을 검토한 후 이에 대한 의견을 서면으로 전달하는 방법이다. 〈표 5-1〉의 준거를 토대로 검토 의견 서식을 작성하여 제공할 수 있다. 〈표 5-2〉는 예비 교사가 설계한 [내가 정하고 내가 먹는 식단 계획하기] 융복합 수업 설계에 대한 현장 교사의 검토 의견이다. [내가 정하고 내가 먹는 식단 계획하기]는 수학과 가정의 융복합 수업이므로 수학과와 가정과 현장 교사의 서면 검토를 받았다.

〈표 5-2〉 융복합 수업 서면 검토 의견서 예시

요소	가정 교사 의견	수학 교사 의견
교과 간 융복합	• 가정 내용의 학습에 수학을 도구로 활용하는 방식으로 융합이 이루어짐	• 적절하게 연결됨
학습 목표 설정	• 융복합의 의미에 맞는 목표를 명료하게 제시함	• 적절한 학습목표와 그에 해당하는 수업내용으로 구성되어 있습니다.
학습 동기 유발	• 흥미로운 수업 주제(제목)로 변경 필요	
교수·학습 전개	• 주제를 운영하기에 적합한 교과와 융합하여 학생들이 주제에 대해 스스로 탐구할 수 있는 기회를 제공함 • 수업 운영 전개 방법이 모호함	• 도입부분에서 동기유발이 수학적 활동으로 이어지지 않고 바로 학습목표에 '도수분포표, 히스토그램'을 언급하고 있습니다. 학습목표 제시를 위해 동기유발을 보강해야 할 것 같습니다.

요소	가정 교사 의견	수학 교사 의견
	• 협력학습으로 설계하였으나 개인 학습 위주로 구성됨. 개인 식습관 분석 후, 개인별 작성 내용을 취합하여 모둠원 혹은 학급 구성원의 도수분포표 작성 활동까지 확장하는 방안에 대한 협의 및 고려 필요 • 단순하게 수학과 가정 교과 학습 활동 결과로 끝나는 것이 아니고 창의적체험활동과 연계하여 수업 결과를 통계 분석하여 청소년의 바람직한 식습관에 대한 캠페인 활동으로 확장하는 방안 고려 • 학생들이 점검한 자신의 식습관에 대한 피드백 필요 • 모둠이 구성되어 있으므로 모둠 내에서 구성원 간의 상호 피드백 시간 부여 고려	• 지도안에 히스토그램 활동을 포함하고 있으며 전개에 '개념학습' 활동에도 '히스토그램 그리는 방법에 대하여 공부한다'고 언급되어 있지만 히스토그램과 관련된 개념학습 활동지는 없습니다. 활동지에 히스토그램 관련 활동도 추가해 주세요. • 주어진 수업 지도안으로 '1일 (권장) 섭취 횟수'가 이해가 되질 않습니다. 식사가 횟수만 고려해서 학생들에게 균형 잡힌 식사를 알려 주기 어렵습니다. 1회에 몇 g을 먹는 게 적절한 것인지 양에 대한 언급도 필요할 것 같습니다. • 식품군을 히스토그램으로 나타내 보는 활동에서 활동지를 구체적으로 설명해 주는 문구가 필요할 것 같습니다. (채소류의 1일 권장 섭취 횟수가 8이면 콩나물, 시금치, 마늘 등등 모든 채소를 8번 먹어야 하는지, 각 채소를 합쳐서 8번인지 정확히 모르겠습니다.)
과정 중심 평가	• 현재의 수업 설계로 모둠원 간 평가가 필요한지 고민이 필요함	• 평가 계획이 없습니다. 학생들이 탐구 활동 및 협력학습을 실시한다면 그에 맞는 평가계획(자기 평가, 동료 평가, 교사 평가)이 제시되어야 하며 피드백 계획도 포함해야 합니다. 평가에 대한 계획안도 지도안에 포함시켜 주세요.

2) 대면 검토

서면 검토는 자료만 검토하여 피드백을 제공하기 때문에 수업 설계자의 의도를 파악하는 데 한계가 있다. 대면 검토는 융복합 수업을 설계한 교사가 직접 동료 교사에게 수업의 기획 의도나 구체적인 수업 전개에 대해 설명하고, 질의응답 또는 논의를 통해 검토 의견을 제공받는 방법이다. 융복합 수업 연구회나 학교 전체가 융복합 수업을 운영하는 경우에 적용할 수 있는 대면 검토 방법 두 가지를 소개하고자 한다. 검토해야 할 융복합 수업이 전체적으로 많지 않다면 모든 팀의 산출물에 대해서 구두 발표를 진행하고 피드백하는 시간을 가질 수 있다. 한편 예비 교사 교육의 맥락에서 많은 팀을 한꺼번에 피드백해야 한다면 포스터 발표 형식으로 진행하는 것도 효과적이다.

(1) 구두 발표

구두 발표는 설계한 수업에 대한 소개를 진행한 후, 발표 내용에 대해 질의와 응답을 실시하고, 피드백을 제공한다. 구두 발표 형식의 피드백은 자기 전공의 다양한 융합 수업 설계 사례를 자세히 들을 수 있는 기회가 제공된다는 점에서 장점이 있다. 또한 자기 팀의 수업 설계에 대한 피드백뿐 아니라, 다른 팀의 수업 설계에 대한 피드백을 들을 수 있다는 점이 장점이다. 구두 발표의 경우, 피드백 내용을 메모하거나 동의를 받아서 녹음한 후 검토 내용을 정리한다. 〈표 5-3〉은 앞에서 소개한 [내가 정하고 내가 먹는 식단 계획하기]의 대면 검토 시 받은 내용을 발표자가 정리한 것이다.

〈표 5-3〉 융복합 수업 대면 검토 의견 정리 및 개선안 예시

피드백 내용	개선안
1. 이목을 끄는 수업의 제목이 중요함!! 학생들의 흥미와 궁금증을 끄는 제목으로 수정	도수분포표로 알아보는 식품군별 1일 권장 섭취 횟수 → 내정내먹(내가 정하고 내가 먹는) 식단 계획하기
2. 모둠 이름 지어 보기	'나는 가 · 수다'
3. 횟수뿐만 아니라 분량(양)도 나타내도록	수학 활동 시간에 추가적으로 설명
4. 수업 전개 방법이 조금 모호함	지도안 구체적으로 수정하기
5. 최종 정리 (식단 짠 거에 대해) 피드백해 주기	피드백 활동 추가
6. 수학적인 게 잘 안 나타남	동기 유발 & 전시학습 확인에 수학적 요소도 넣기 or 활동 끝나고 학급 학생들 자료 취합해 도수분포표로 나타내는 활동 or 창의적 체험활동과 연계 식습관 문제를 통계적으로 분석하고 캠페인 활동까지 나아가도록
7. 협력학습인데 개인 학습으로 구성된 것 같음. 굳이 모둠 활동으로 진행하지 않아도 되는 내용(?!)	개인 섭취 기록을 모아 모둠별로 함께하는 활동으로 구성
8. 학생들 활동 시 피드백하도록	시간 없으면 모둠 내에서 상호 피드백
9. 진로를 교과 내에 연계되도록	수업과 관련된 진로: 영양사, 통계분석가

(2) 포스터 발표

포스터 발표는 수업을 설계한 팀이 많은 경우에 피드백을 효율적으로 수행할 수 있는 방법이다. 이는 교사들이 각자 고안한 융복합 수업을 소개하고, 의견을 자유롭게 교환하는 페어 형태로 피드백을 받는 과정인데, 학술대회에서의 포스터 발표를 차용한 방식이다. 발표자는 배정된 시간 동안 포스터 앞에 서서 검토자의 방문을 받게 된다. 교사들은 자유롭게 관심 있는 팀의 포스터를 방문하여 수업 설계에 대한 설명을 듣고, 질의응답 및 개선 의견을 제공한다. 배정된 시간이 끝나면, 발표자는 검토자가 되어 다른 융복합 수업에 대해 피드백을 제공하게 된다. 포스터 발표의 경우

에도 구두로 받은 피드백 내용을 메모하거나 동의를 받아서 녹음해 두면 이후에 검토 의견을 정리하여 수업을 정교화하는 데 도움이 된다.

포스터 발표 과정은 다음과 같다.

① 제공된 포스터 서식([그림 5-1])을 참고하여, 모둠별로 포스터를 제작한다.

② 포스터를 할당된 장소에 부착한다([그림 5-2]-(a)).

③ 팀별로 할당된 시간에 팀원이 역할을 분담하여 융복합 수업 계획을 설명하고, 동료 교사의 피드백 내용을 기록한다([그림 5-2]-(b), (c)).

④ 그 외의 시간에는 다른 팀의 포스터를 참관하면서 의견을 나누고 검토 의견을 작성한다.

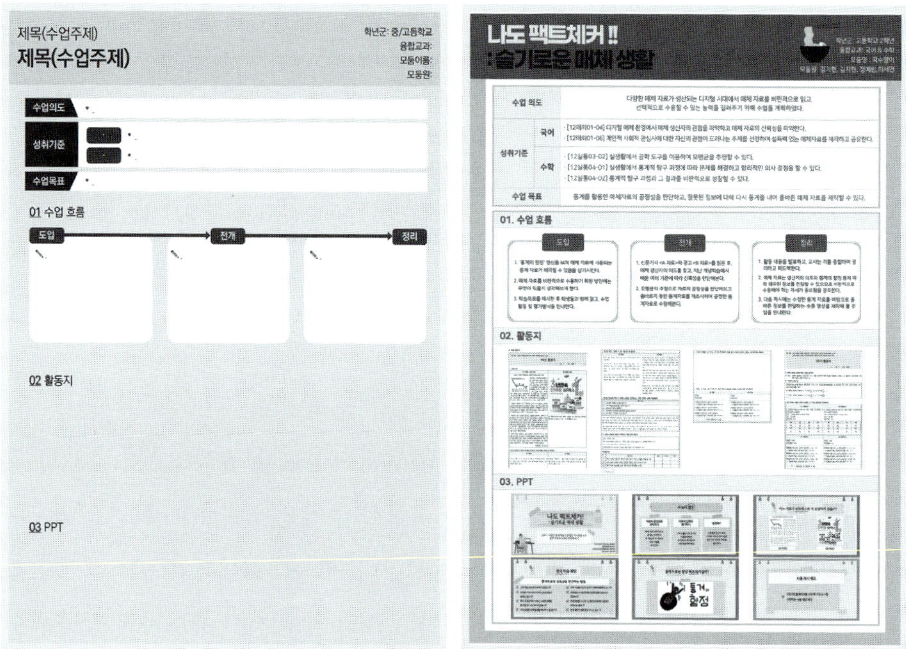

[그림 5-1] 포스터 서식(좌)과 제작한 포스터 예시(우)

(a) 페어 시작 전 포스터 부착, 발표 시간 배정 안내, 검토 교사 소개

(b) 포스터 발표 진행 시 각 팀이 융복합 수업 계획을 설명하고, 다른 팀은 피드백을 제공(발표자는 다시 검토자가 되어 다른 팀을 방문)

(c) 예비 교사 융복합 수업 페어에서 현장 교사가 예비 교사의 발표를 듣고 피드백을 제공

[그림 5-2] 융복합 수업 포스터 발표 진행 모습

3. 융복합 수업 설계 수정

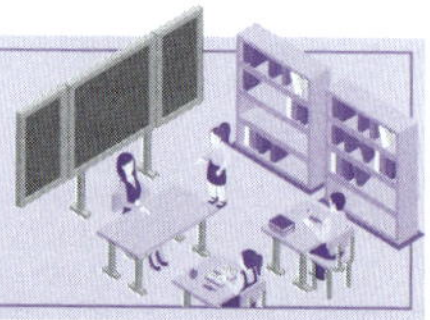

피드백을 받으면, 이를 반영하여 수업 설계를 수정한다. 수정 분량은 피드백 내용에 따라 달라진다. 최종적으로 교수 · 학습과정안, 학생 활동지와 교수 · 학습자료를 수정함으로써 수업 설계는 마무리된다.

〈표 5-4〉는 〈표 5-2〉의 서면 검토와 〈표 5-3〉의 대면 검토에서 받은 피드백을 반영하여 [내가 정하고 내가 먹는 식단 계획하기] 융복합 수업의 설계 변화 일부를 정리한 것이다. 피드백 전 수업명은 '도수분포표로 알아보는 식품군별 1일 권장 섭취 횟수'이었으나, 피드백 1번 내용을 반영하여 학생들의 흥미를 이끌어 낼 수 있도록 급식과 관련된 주제로 변경하고, '내정내먹(내가 정하고 내가 먹는) 급식'이라는 매력적인 제목으로 수정하였다. 따라서 학습목표도 '나와 우리 가족의 영양 섭취와 식사 구성'이 아니라 '나와 우리 반의 영양 섭취와 식사 구성'으로 변경하였다.

수업 활동 구성에서는 피드백 8번 의견을 반영하여 모둠 활동이 드러나도록 구체화하였다. 개인별로 식품군의 섭취 횟수를 칠판에 적는 것이 아니라, 모둠별로 수합하여 학급에 보고하게 하였고, 학급의 수집된 자료를 보고 급식 메뉴를 선정하는 활동을 모둠별로 수행하게 하고, 각 모둠에서 선정한 메뉴의 선호도를 알아보는 활동으로 수정하였다.

또한 피드백 6번에서 지적된 수학적인 것이 잘 드러나지 않는 점을 보완하여 교수 · 학습과정안과 활동지에 도수분포표에 대한 개념들(계급, 계급의 크기, 도수, 도수분포표)과 도수분포표를 이용한 히스토그램 그리는 방법에 대하여 학습 과정을 구체적으로 제시하였다.

〈표 5-4〉 [내가 정하고 내가 먹는 급식 계획하기] 수업 설계 변화

구분	피드백 전	피드백 후
융복합 수업 주제	도수분포표로 알아보는 식품군별 1일 권장 섭취 횟수	내정내먹(내가 정하고 내가 먹는) 급식 계획하기
학습 목표	• 나와 우리 가족의 1일 섭취 횟수를 도수분포표로 나타내고 각 그래프를 히스토그램으로 나타낼 수 있다. • 영양소 섭취 기준과 식사 구성안을 고려하여 균형 잡힌 식사를 계획할 수 있다.	• 나와 우리 반의 1일 섭취 횟수를 도수분포표로 나타내고 각 그래프를 히스토그램으로 나타낼 수 있다. • 영양소 섭취 기준과 식사 구성안을 고려하여 균형 잡힌 식사를 계획할 수 있다.
수업 활동 구성	1) 도수분포표에 대한 개념과 히스토그램 그리는 방법에 대해 배우기 2) 식품군별로 자신이 먹은 식품군 섭취 횟수를 칠판에 작성하기 3) 식품군별 도수분포표와 히스토그램을 작성하기 4) 식품군별 1일 권장 섭취 횟수를 고려한 한 끼 식단을 짜 보기	1) 도수분포표에 대한 개념과 히스토그램 그리는 방법에 대해 배우기 2) 어제 하루 자신이 먹은 식품군별 섭취 횟수를 작성하고, 모둠별로 수합하여 칠판에 작성하기 3) 우리 반의 식품군별 섭취 횟수를 도수분포표와 히스토그램으로 나타내기 4) 모둠별로 식품군별 1일 권장 섭취 횟수를 고려한 급식 메뉴 계획하기
평가	구체적으로 제시되지 않음	• 교사평가 • 자기평가
활동지	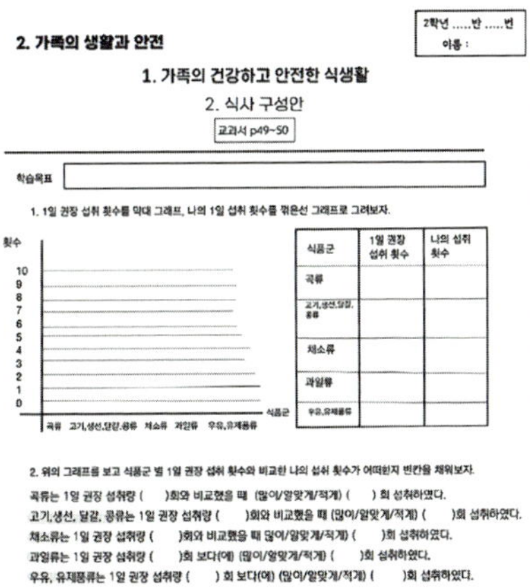 2. 가족의 생활과 안전 2학년 .....반 .....번 이름 : 1. 가족의 건강하고 안전한 식생활 2. 식사 구성안 교과서 p49~50 학습목표 1. 1일 권장 섭취 횟수를 막대 그래프, 나의 1일 섭취 횟수를 꺾은선 그래프로 그려보자. 식품군 / 1일 권장 섭취 횟수 / 나의 섭취 횟수 곡류 / 고기,생선,달걀,콩류 / 채소류 / 과일류 / 우유,유제품류 2. 위의 그래프를 보고 식품군 별 1일 권장 섭취 횟수와 비교한 나의 섭취 횟수가 어떠한지 빈칸을 채워보자. 곡류는 1일 권장 섭취량 ( )회와 비교했을 때 (많이/알맞게/적게) ( ) 회 섭취하였다. 고기,생선, 달걀, 콩류는 1일 권장 섭취량 ( )회와 비교했을 때 (많이/알맞게/적게) ( )회 섭취하였다. 채소류는 1일 권장 섭취량 ( )회와 비교했을 때 많이/알맞게/적게) ( )회 섭취하였다. 과일류는 1일 권장 섭취량 ( )회 보다(에) (많이/알맞게/적게) ( )회 섭취하였다. 우유, 유제품류는 1일 권장 섭취량 ( ) 회 보다(에) (많이/알맞게/적게) ( )회 섭취하였다.	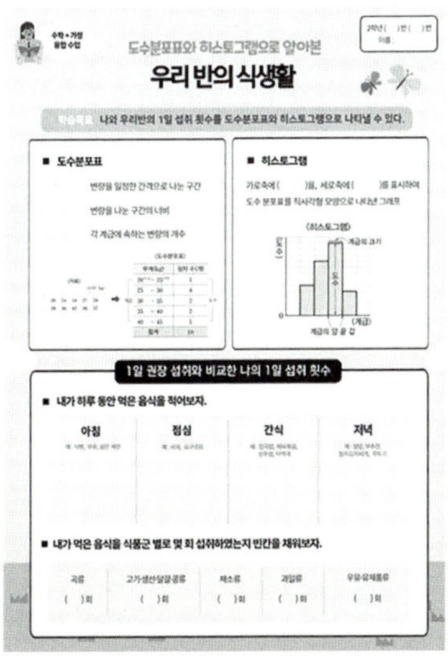 수학+가정 융합수업 도수분포표와 히스토그램으로 알아본 우리 반의 식생활 나와 우리반의 1일 섭취 횟수를 도수분포표와 히스토그램으로 나타낼 수 있다. ■ 도수분포표 ■ 히스토그램 1일 권장 섭취와 비교한 나의 1일 섭취 횟수 ■ 내가 하루 동안 먹은 음식을 적어보자. 아침 / 점심 / 간식 / 저녁 ■ 내가 먹은 음식을 식품군 별로 몇 회 섭취하였는지 빈칸을 채워보자. 곡류 ( )회 / 고기생선달걀콩류 ( )회 / 채소류 ( )회 / 과일류 ( )회 / 우유·유제품류 ( )회

4. 융복합 수업 설계 완성

최종적으로 수정된 수업 설계를 바탕으로 학생 활동지와 수업 자료 등을 보완함으로써 융복합 수업을 위한 설계는 마무리된다. 융복합 수업 설계과정을 통해 최종적으로 얻는 산출물은 교수 · 학습과정안, 학생 활동지, 수업 ppt 자료 등이다.

예비 교사의 융복합 수업 설계 사례 중 우수한 평가를 받은 수업의 자료를 살펴보자. 수업의 제목은 [‘고카페인 음료’는 ‘에너지 드링크’인가?]로 화학과 윤리의 융복합 수업이다. 학생들이 많이 찾는 고카페인 음료가 실제로 에너지를 공급해 주는 음료가 아니라, 카페인 음료라는 사실의 인지로부터 이의 위험성을 알리기 위한 목적으로 고안된 수업이다.

1) 융복합 교수 · 학습과정안

<table>
<tr><td colspan="2">융복합 수업 주제</td><td>‘고카페인 음료’는 ‘에너지 드링크’인가?</td></tr>
<tr><td colspan="2">모둠 구성원</td><td>윤리교육과 이○○, 윤리교육과 박○○, 화학교육전공 김○○, 화학교육전공 이○○</td></tr>
<tr><td colspan="2">학교급/학년(선택과목)</td><td>고등학교 2학년(화학1, 생활과 윤리)</td></tr>
<tr><td rowspan="2">교과별 성취 기준</td><td>화학</td><td>[12화학 I 03-07] 물리적, 화학적 성질이 분자 구조와 관계가 있음을 설명할 수 있다.</td></tr>
<tr><td>윤리</td><td>[생윤04-3] 정보기술과 매체의 발달에 따른 윤리적 문제들과 이에 대한 해결방안을 정보윤리와 매체윤리의 관점에서 제시할 수 있다.</td></tr>
<tr><td colspan="2">융복합 수업 목적</td><td>• 현상 이해: 카페인 추출(극성, 밀도)
• 문제 해결: 에너지 드링크 과대광고(숏폼 제작)</td></tr>
<tr><td colspan="2">융복합 수업 활용 맥락</td><td>개인적(고카페인 음료 섭취), 사회적(과대광고), 학문적(극성)</td></tr>
<tr><td colspan="2">융합의 정도</td><td>다학문 → 간학문</td></tr>
<tr><td colspan="2">학습 목표</td><td>① ‘에너지 드링크’라고 일컫는 음료에서 밀도의 차이와 극성의 차이를 통해 카페인을 추출할 수 있다.</td></tr>
</table>

	② '고카페인 음료'를 비롯해 제품에 대한 과장광고를 비판적인 태도로 해석하고 기업의 책임에 대해 설명할 수 있다. ③ 정보의 소비자이자 정보의 공급자로서 가져야 할 윤리적 태도를 제시할 수 있다.
교수·학습 방법	협동학습 모형, STS, 블록타임제

단계	주요내용	교수·학습 활동	시간	자료
도입	인사 및 출석 확인	▲ 인사 및 출석 - 교사와 학생들이 서로 인사를 나누고 출결을 확인한다. 교사: 여러분, 안녕하세요? 학생: 선생님, 안녕하세요! ▲ 조별 자리 배치 확인 - 학생들이 모둠별로 앉아 있는지 확인한다.	2분	PPT
	전시학습 확인	▲ 전시학습 확인 - 지난 시간에 배운 내용을 상기시키며 퀴즈를 낸다. 교사: 우리는 지난 시간에 극성과 무극성을 구분하는 방법을 배웠어요. 또 쌍극자 모멘트를 통해 극성 물질인지, 무극성 물질인지 구분하는 방법도 배웠어요. 다들 잘 기억하고 있을 거라고 믿어요. 그러면 퀴즈를 통해 얼마나 잘 기억하고 있는지 확인해 보도록 할게요. 답을 아는 친구가 있다면 손을 들어 주세요! 퀴즈: ? BCl_3, NH_3, CH_4, CH_3Cl의 분자 구조에 결합의 쌍극자 모멘트를 표시하고 쌍극자 모멘트의 합을 구하여 극성 분자인지 무극성 분자인지 설명해 보자. (1) BCl_3 (2) NH_3 (3) CH_4 (4) CH_3Cl 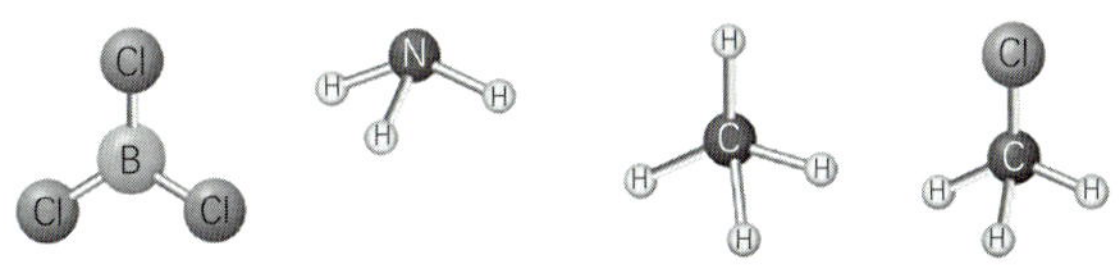 - 학생이 손을 들고 정답을 맞힌다. 학생: 1번 3번은 쌍극자 모멘트의 합이 0이기 때문에 무극성 분자이고, 2번 4번은 쌍극자 모멘트의 합이 0이 아니기 때문에 극성 분자예요. 교사: 좋아요. 다들 잘 풀어 줘서 고마워요. 4번 같은 경우에는 수소와 염소가 다른 원자이기 때문에 극자 모멘트의 합이 0이 아닌 것도 잘 구분해 주었어요. 다들 잘 기억하고 있는 듯하니 본격적으로 수업 시작해 볼게요. ▲ 동기유발 - 발문: 며칠 전 시험기간에 주로 마시는 음료가 무엇인지 물어본다. 학생들이 핫식스, 몬스터, 커피라고 대답한다.	3분	PPT

단계	주요내용	교수-학습활동	시간	자료
	동기유발 및 사고확장	교사: 왜 이러한 음료들을 마셨나요? 학생: 집중력이 향상되고 잠이 깨요! 교사: 이러한 효능이 나타나는 이유는 무엇일까요? 학생: 카페인이요! ▲ 사고 확장 - 발문 교사: 그러면 카페인이 많을수록 집중력이 더 향상되고 더 잠이 깰까요? 학생: 네, 그런 것 같아요. - 카페인 분자 모형을 보여 준다. 교사: 그러면 카페인이 많을수록 우리 몸에 좋을까요? 학생: 그거는 잘 모르겠어요. - 일일섭취 권고량, 고카페인의 기준을 알려 준다. • **일일섭취 권고량**: 성인의 경우 400mg 이하, 임산부는 300mg 이하, 어린이 · 청소년은 체중 1kg당 2.5mg 이하 • **고카페인 기준**: 카페인 1밀리리터당 0.15밀리그램 이상 교사: 자, 그러면 이제 선생님이 준비한 각각의 음료에 표시된 만큼 카페인이 들어 있는지 그리고 고카페인의 기준을 넘어섰는지 확인해보는 실험을 진행할 거예요!	4분	
	학습목표 제시	▲ 학습 목표 - 학습 목표를 제시하고 학생들과 함께 읽는다. ① '에너지 드링크'라고 일컫는 음료에서 밀도의 차이와 극성의 차이를 이용해 카페인을 추출할 수 있다. ② '고카페인 음료'를 비롯해 제품에 대한 과장광고를 비판적인 태도로 해석하고 기업의 책임에 대해 설명할 수 있다. ③ 정보의 소비자이자 정보의 공급자로서 가져야 할 윤리적 태도를 제시할 수 있다.		
	수업활동 및 평가방식 안내	▲ 수업 활동 안내 - 활동지에 적혀 있는 실험 방법을 읽어 가면서 각 시약들의 역할과 기구에 대해 알려 준다. - 실험을 진행하고 조별로 활동지에 작성한 카페인 함량들을 발표한다. ▲ 활동 평가 안내 - 실험 결과를 통해서 밀도의 크기를 비교할 수 있어야 하고, 각각의 물질이 극성인지 무극성인지 판단할 수 있어야 한다.(활동지)	1분	

단계	주요내용	교수-학습활동	시간	자료
전개	개념학습	▲ 카페인 추출 실험을 진행하기 위해 필요한 지식을 알려 준다. - 밀도가 큰 물질은 밀도가 작은 물질 아래에 위치한다. - 무수황산나트륨의 경우 물을 흡수하는 건조제로 작용한다. 따라서 염화메틸렌 층에 조금 남아 있는 수분을 최종적으로 제거하기 위해 사용한다.	2분	활동지, 영상 자료
	학습 활동	▲ 카페인 추출 실험 - 실험 방식, 절차, 유의점 안내 • 시약 및 기구: 카페인 음료, 핫플레이트, 비커, 분별깔대기, 염화메틸렌, 무수황산나트륨 • 실험 방법 1. 카페인 음료를 끓여서 1/5 부피로 줄인다. (미리 준비) 2. 분별깔때기에 이상이 없는지 확인하고 농축한 카페인 음료를 분별깔때기로 옮긴다. 3. 25mL 염화메틸렌을 분별깔때기에 넣고 두 손으로 잘 잡고 뒤집어 흔들어 준다. 4. 두 번 흔들고 콕을 열어 기체를 방출시키며 흔들어 주는 과정을 3회 실시한다. 5. 분별깔때기를 세워 두 층을 분리한 후, 아래의 염화메틸렌 층을 250mL 비커에 모은다. 6. 남은 용액 층에 25mL 염화메틸렌을 새로 넣고 3~5과정을 반복하여 총 3회의 추출이 진행되도록 한다. 7. 250mL 삼각 플라스크에 모아진 염화메틸렌 용액에 무수황산나트륨 2수저 정도 넣고 10분 동안 방치한다(이때 황산나트륨이 뭉쳐 있으면 더 넣어 주어야 한다). 8. 삼각 플라스크에 모아진 염화메틸렌 용액의 맑은 윗부분만 100mL 비커(비커 무게 측정)에 옮기고 후드에서 물중탕 가열하여 용매를 제거한다. 9. 얻어진 카페인의 질량을 측정한다. • 주의사항 1. 염화메틸렌은 피부에 닿지 않도록 하며 흔들면 증기가 많이 발생하여 폭발할 위험이 있으므로 후드 안에서 사용하고, 수시로 분별깔때기의 콕을 열어 감압한다. 2. 물중탕은 후드에서 실시한다. 3. 분별깔때기의 콕을 열어 기체를 방출할 때 사람의 얼굴이 아닌 후드를 향해 방출시킨다.	33분	

<table>
<tr><th>단계</th><th>주요내용</th><th>교수-학습활동</th><th>시간</th><th>자료</th></tr>
<tr><td></td><td></td><td>- 실험을 진행하면서 활동지를 작성해 나간다.
- 활동지에 적힌 답을 발표해 본다.
- '에너지 드링크' 부작용 사례를 보여 주며 우리가 평소에 핫식스나 몬스터, 커피에 관해 생각했던 이미지와 비교해서 생각해 보도록 한다.
(https://youtube.com/watch?v=bIS1gEUSvJU&feature=share)</td><td></td><td></td></tr>
<tr><td>정리</td><td>학습 활동 정리 및 평가</td><td>▲ 학습 활동 정리
- 활동지에 있는 빈칸을 채워 본다.
▲ 학습 활동 평가
- 자기평가: 활동지에 오늘 배운 내용 중 알게 된 핵심 내용을 써 보고, 자신의 학습 목표 성취도와 학습 태도를 평가해 본다.
- 모둠평가: 활동지에 실험을 같이 진행한 조원들의 잘한 점과 개선할 점을 적어 본다.</td><td>5분</td><td>활동지</td></tr>
<tr><td colspan="2">휴식</td><td>- 10분의 쉬는 시간을 가진다.</td><td>10분</td><td></td></tr>
<tr><td>도입</td><td>동기유발 및 수업 안내</td><td>▲ 수업 활동 안내
교사: 여러분, 쉬는 시간 잘 보냈나요?
학생: 네~~
교사: 윤리 수업 이어 가도록 하겠습니다. 지난 화학 시간에 카페인 추출 실험해 보았죠?
학생: 네~~
교사: 카페인 추출 결과, 알 수 있었던 점은 무엇이었나요?
학생: 에너지 드링크에 고농도의 카페인이 포함돼 있다는 점을 알 수 있었어요.
- 수업 활동 안내를 한다.
교사: 좋아요. 윤리 시간에는 이어서 '에너지 드링크'라는 명칭이 적당한지에 대해 기업 윤리와 정보 윤리의 측면에서 살펴보도록 할 거예요. 오늘의 학습 활동으로 '숏폼 만들기'를 진행해 보도록 할 겁니다.
교사: 여러분 모두 숏츠와 릴스 같은 숏폼 즐겨 보시나요?
학생: 네~!!
교사: 최근에 시청했던 숏폼 콘텐츠 중 기억에 남는 콘텐츠를 말해 줄 친구 있나요?
학생: 저는 sia의 snowman 노래를 한 숨에 부르는 챌린지가 기억에 남아요!
학생: 저는 뉴진스의 hype boy 댄스 챌린지 영상이 기억에 남아요. 짧은 영상으로 포인트 안무를 보니 확실히 노래가 각인되더라구요. 뉴진스라는 그룹에 대한 관심도 생겼습니다!</td><td>6분</td><td>PPT</td></tr>
</table>

단계	주요내용	교수-학습활동	시간	자료
		교사: 네, 이처럼 숏폼은 짧은 길이의 영상으로 정보 제공과 동시에 재미 또한 느낄 수 있어 각광받고 있는 콘텐츠입니다. ▲ 활동 평가 안내 - 자기평가: 자기 체크리스트 작성 - 동료평가(모둠 평가): 패들렛에 동료평가 체크리스트 토대로 평가 댓글 달기 - 관찰 평가: 교사의 관찰 평가		
전개	학습 활동	▲ 기업의 광고가 소비자의 인식에 미치는 영향을 설명한다. 교사: 여러분이 시험 기간에 마트에 들러서 핫식스, 몬스터, 레드불과 같은 음료를 구입한다고 가정해 봅시다. 이것들이 보이지 않을 때, 여러분은 마트 주인에게 '무엇'을 달라고 요청할까요? 학생: 에너지 드링크요! 교사: 네, 맞아요 ~ 에너지 드링크를 달라고 요청하겠죠. 교사: 각성효과를 주는 음료들을 에너지 드링크라고 통틀어 부르는 것이 우리에게 익숙해졌죠. 이는 기업의 광고로 인해 굳혀진 명칭입니다. - 에너지 드링크라는 명칭이 주는 느낌에 대해 발문한다. 교사: 에너지 드링크라는 명칭을 들으면 여러분은 어떤 느낌이 드나요? 학생: 에너지가 생길 것 같아요! 학생: 건강에 좋을 것 같아요! 교사: 네, 맞아요. 건강에 무해할 거 같고 힘이 날 거 같죠? 응답에 참여한 국민도 해당 제품이 몸에 좋을 거 같아 마시게 되었고, 에너지라는 단어가 건강에 대한 우려를 누그러뜨려 준다고 하였어요. - '에너지 드링크'라는 명칭이 가진 문제점을 알려 준다. - '에너지 드링크'의 명칭을 과장광고로 인지하는 소비자들의 설문조사 결과: (http://naver.me/xnnnJoda) 교사: 조사에 의하면 국민 78%가 에너지 드링크라는 명칭이 거짓, 과장 광고이며 소비자를 기만하는 광고인 거 같다고 응답하였어요. - 생각해 볼 점을 발문한다. 교사: 여러분은 '에너지 드링크'처럼 잘못된 정보를 전달하는 광고로 인해 피해를 본 경험이 있나요? 교사: 또 우리는 정보에 관해 어떤 윤리적 태도를 가져야 할까요? ▲ 모둠별로 '에너지 드링크'처럼 광고를 통해 제공된 잘못된 정보로 소비자가 피해를 본 유사한 사례를 조사하고 각각 기업의 입장, 개인의 입장에서 가질 수 있는 윤리적 태도를 학습지에 정리해 본다.	30분	PPT, 활동지, 스마트기기, 패들렛

단계	주요내용	교수-학습활동	시간	자료
		▲ 위 사례를 담아 1분 내외의 '숏폼'을 조별로 제작하고 업로드하도록 한다. 활동 시간이 30분임을 공지한다. 영상 촬영 시 교실이 과도하게 소란스러워지지 않도록 유의한다. - 숏폼: 인스타그램, 유튜브를 통해 유통되는 10분 내외의 짧은 영상으로, 정보 습득과 더불어 재미까지 얻을 수 있어 여러 플랫폼에서 인기를 얻음. 교사: 여러분은 정보 사회에서 정보의 소비자가 될 수도, 정보의 유통자가 될 수도 있습니다. 교사: 조사한 자료를 바탕으로 숏폼을 제작하여 정보가 잘못 전달된 사례들을 소개해 봅시다. - 영상에 반드시 포함되어야 하는 사항 1. 기업의 광고로 인해 소비자가 피해를 본 사례 2. 정보의 공급자(기업)와 정보의 소비자(개인)가 가져야 할 윤리적 태도 각각 한 가지 ▲ 숏폼 시사회에서 학생들이 발표한 내용을 토대로 '기업 윤리'와 '개인의 정보윤리' '스마트 컨슈머'의 개념을 설명한다. 학생들의 발표에 적절한 피드백을 해 준다, 이것이 개념학습과 자연스럽게 이어지도록 한다. 교사: 숏폼 시사회 시작하겠습니다. 모둠별로 한 명씩 각자 제작한 숏폼을 소개해 보도록 합시다. 1모둠: 저희 모둠은 유명 먹방 유튜버가 다이어트 보조제를 과장 광고한 사례를 찾았는데요, 이 유튜버는 라면을 먹음직스럽게 먹은 이후 보조제를 먹어 다이어트에 성공했다는 체험기 방식으로 광고를 진행했다고 합니다. 저희는 이 사례를 보고 개인의 입장에서는 정보를 비판적으로 받아들여야 하고, 기업의 입장에서는 소비자에게 진실된 정보를 제공해야 한다는 취지의 숏폼을 제작했습니다. 교사: 1모둠의 사례에 따르면 보조제에 대한 과장 광고가 확산됨에 따라 소비자가 피해를 입었죠. 기업의 잘못된 행위는 개인의 피해, 또 사회 전체의 피해로 이어집니다. 2모둠: 저희 모둠은 신라면 블랙의 과장광고 사례를 찾았습니다. '설렁탕 한 그릇의 영양이 그대로 담겨 있다'고 광고하면서 가격도 3배 이상을 받아 왔는데 실제로는 성인병을 유발하는 나트륨이 과다 함유 되어 있다고 합니다. 저희는 이 사례를 바탕으로 개인은 정보를 꼼꼼히 검토하는 자세를 가져야 하고 기업은 소비자에 대한 책임을 키워야 한다는 숏폼을 제작하였습니다. 3모둠: 저희 모둠은 수능 마케팅 과장광고 사례를 찾았습니다. 일반식품에 '총명탕'과 같은 이름을 붙여 수험생 기억력 개선, 피로 회복 등을		

<table>
<tr><th>단계</th><th>주요내용</th><th>교수-학습활동</th><th>시간</th><th>자료</th></tr>
<tr><td></td><td>개념 학습</td><td>표방하는 과장광고가 이루어졌다고 합니다. 이때 개인은 잘못된 정보를 판별할 수 있어야 하며, 기업은 정당한 방법으로 이윤을 추구해야 한다고 느꼈고, 이를 담은 숏폼 영상을 제작했습니다.
교사: 2모둠의 사례처럼 기업은 소비자에 대한 책임과 진실이 중요하고 정당한 방식으로 이윤을 추구하는 것이 필요합니다. 그리고 이러한 사안들이 기업이 준수해야 할 기업 윤리인 것입니다.
▲ 학생들의 의견을 종합하여 개념 학습을 진행한다.
1. 기업가의 윤리
- 기업의 잘못된 행위는 사회 전체의 윤리적 문제로 이어진다.
- 기업은 정당한 방법으로 이윤을 추구해야 한다.
- 기업은 소비자에 대한 책임을 가져야 한다.
- 기업은 소비자에게 진실된 정보를 제공해야 한다.
2. 개인의 정보 윤리
- 정보 윤리란 정보를 생산, 가공, 저장 및 유통함에 있어 사회 구성원으로서 지켜야 할 기본적인 사회적 규범을 가리킨다.
- 정보를 소비할 때는 분별력 있는 태도, 공급할 때는 책임감 있는 태도를 가져야 한다.
3. 스마트 컨슈머
- 스마트 컨슈머란 여러 가지 체계적인 정보를 바탕으로 합리적인 선택을 하는 소비자를 말한다.</td><td>7분</td><td>PPT</td></tr>
<tr><td rowspan="2">정리</td><td>학습활동 정리 및 평가</td><td>▲ 학습 활동 정리
- 활동지에 있는 빈칸을 채워 본다.
▲ 학습 활동 평가
- 자기평가: 학습지에 있는 자기 체크리스트 작성을 통해 학습 목표 도달도 평가
- 모둠 평가: 학습지에 있는 동료평가 준거를 바탕으로 패들렛에 댓글을 달아 평가. 완성한 숏폼을 패들렛에 게시하고 투표를 진행, 각 학급별로 '좋아요' 개수가 가장 많은 조에게 가산 점수를 부여
- 활동지 및 평가지 제출</td><td>5분</td><td>활동지, 패들렛</td></tr>
<tr><td>차시 학습 예고</td><td>▲ 차시 학습 예고
교사: 다음 시간에는 새로운 단원에서 배우는 가역반응에 대해서 수업을 진행할 거예요!
▲ 인사
교사: 그럼 모두들 수고했고 다음 수업 시간에 만나요!
학생: 선생님 감사합니다!</td><td>2분</td><td></td></tr>
</table>

2) 학생 활동지

(1) 1차시 화학 활동지

‘고카페인 음료’는 ‘에너지 드링크’일까?		2학년 ( )반 ( )번
관련 과목	생활과 윤리, 화학	이름:
학습 목표	① ‘에너지 드링크’라고 일컫는 음료에서 밀도의 차이와 극성의 차이를 통해 카페인을 추출할 수 있다. ② ‘고카페인 음료’를 비롯해 제품에 대한 기업의 과장광고를 비판적인 태도로 해석하고 기업의 책임에 대해 설명할 수 있다. ③ 정보의 소비자이자 정보의 공급자로서 가져야 할 윤리적 태도를 제시할 수 있다.	

개념 확인하기

다음 분자들이 극성인지, 무극성인지 분자구조와 쌍극자 모멘트를 이용해 설명해 보자.

NH_3	CH_3	CH_3Cl
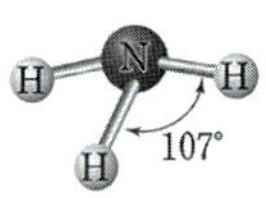	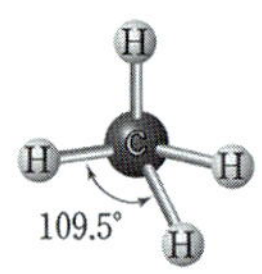	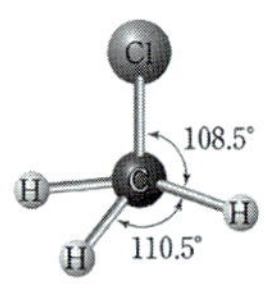
( )	( )	( )

생각 열기

극성 분자들은 극성이 비슷할수록 잘 녹는다. 그렇다면 약한 극성 분자인 카페인은 염화메틸렌과 물 중에 어디에 더 잘 녹을까? 다음 개념을 활용해 생각해 보자. (전기 음성도, 분자의 구조, 쌍극자 모멘트의 합)

더 잘 녹는 것은 ( ) 이다.	
염화메틸렌	물
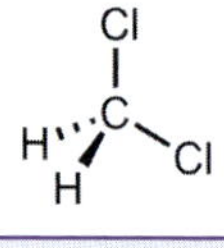	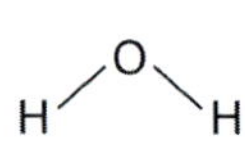

탐구활동: 카페인 추출하기

〈실험 방법〉

1. 카페인 음료를 끓여서 $\frac{1}{5}$ 부피로 줄인다.
2. 분별깔때기에 이상이 없는지 확인하고 농축한 카페인 음료를 분별깔때기로 옮긴다.
3. 25mL 염화메틸렌을 분별깔때기에 넣고 두 손으로 잘 잡고 뒤집어 흔들어 준다.
4. 두 번 흔들고 콕을 열어 기체를 방출시키며 흔들어 주는 과정을 3회 실시한다.
5. 분별깔때기를 세워 두 층을 분리시킨 후, 아래의 염화메틸렌 층을 250mL 비커에 모은다.
6. 남은 용액 층에 25mL 염화메틸렌을 새로 넣고 3~5번 과정을 반복하여 총 3회의 추출이 진행되도록 한다.
7. 250mL 삼각 플라스크에 모아진 염화메틸렌 용액에 무수황산나트륨 2수저 정도 넣고 10분 동안 방치한다.(이 때 황산나트륨이 뭉쳐 있으면 더 넣어 주어야 한다.)
8. 삼각 플라스크에 모아진 염화메틸렌 용액의 맑은 윗부분만 100mL 비커(비커 무게 측정)에 옮기고 후드에서 물중탕 가열하여 용매를 제거한다.
9. 얻어진 카페인의 질량을 측정한다.

〈주의사항〉

1. 염화메틸렌은 피부에 닿지 않도록 하며 흔들면 증기가 많이 발생하여 폭발할 위험이 있으므로 후드 안에서 사용하고, 수시로 분별깔때기의 콕을 열어 감압한다.
2. 물중탕은 후드에서 실시한다.
3. 분별깔때기의 콕을 열어 기체를 방출할 때 사람의 얼굴이 아닌 후드를 향해 방출시킨다.

〈결과 및 정리〉

1. 염화메틸렌을 넣는 이유는? (   )
2. 두 개의 층으로 분리가 된 이유는? (   )
3. 얻어진 카페인의 질량은? (   )

구분	지혜 모둠	용기 모둠	정의 모둠	조화 모둠
음료	핫식스	레드불	몬스터 에너지	에너젠
표기 함량	59.9mg	62.5mg	100mg	80mg
추출 함량				
청소년 1일 카페인 섭취 권장량	160mg			

실험 결과와 카페인 권장량 기준을 통해 알아본 결과,
'에너지 드링크'는 '고카페인 음료'인가?

[학생 성찰지]

〈자기 평가〉

오늘 배운 내용 중 알게 된 핵심 내용을 써 보자.	오늘 나의 학습 태도는 어떠했는지 평가해 보자.

〈모둠 평가〉

실험을 같이 진행한 조원들의 잘한 점과 개선할 점을 적어 보자.	

(2) 2차시 윤리 활동지

읽기 자료

국민 78% "에너지 드링크 명칭 과장광고"

에너지드링크에 대한 규제 강화 목소리에 힘이 실리면서 실제 제도 개선까지 이어질지 귀추가 주목된다. 이는 최근 국민권익위가 실시한 '고카페인 음료(에너지드링크) 관련 설문조사'에서 설문 참가자 3명 중 2명꼴로 현행보다 규제 강화가 필요하다고 응답하면서다. 권익위는 지난 6월 15~28일 온라인 정책참여 플랫폼인 국민생각함에서 진행한 고카페인 음료(에너지드링크) 관련 설문조사에 달린 1,004명의 의견과 368건의 분석 결과를 3일 발표했다.

설문조사 결과에 따르면 고카페인 음료를 과다하게 섭취할 경우 중추신경계에 악영향(신경과민 · 흥분 · 불면)을 미칠 수 있고, 위장·소장·결장 및 내분비계에 부정적인 영향을 미칠 수 있다는 점을 알고 있느냐는 질문에 응답자의 67.2%는 '알았다', 32.8%는 '몰랐다'고 답했다.

에너지드링크라는 명칭과 관련해 40.2%는 '해당 제품이 몸에 좋을 거라 생각해 마셔보게 되었다', 37.9%는 '에너지라는 단어가 고카페인 음료로 인한 건강 우려를 심리적으로 누그러뜨려 준다'고 응답했다. 에너지드링크라는 명칭이 식품표시법이 금지하는 거짓 · 과장 광고 또는 소비자를 기만하는 광고라 생각하느냐는 질문에 응답자의 77.9%가 '그렇다'고 답했다. (중략)

(시민일보, ○○○ 기자)

Q1. '에너지 드링크'처럼 잘못된 정보를 전달하는 광고로 인해 피해를 본 경험이 있나요?

Q2. 우리는 정보에 관해 어떠한 윤리적 태도를 가져야 할까요? (기업과 개인의 입장에서 각각 하나씩 제시해 봅시다.)

개념 학습

1. 기업가의 윤리
   - 기업의 잘못된 행위는 사회 전체의 윤리적 문제로 이어진다.
   - 기업은 ( )한 방법으로 ( )을 추구해야 한다.
   - 기업은 소비자에 대한 ( )을 가져야 한다.
   - 기업은 소비자에게 ( )된 정보를 제공해야 한다.

2. 개인의 정보 윤리
   - 정보 윤리란 정보를 ( ), ( ), ( ) 및 ( )함에 있어 사회 구성원으로서 지켜야 할 기본적인 사회적 규범을 가리킨다.
   - 정보를 소비할 때는 ( ) 있는 태도, 공급할 때는 ( ) 있는 태도를 가져야 한다.

3. 스마트 컨슈머
   - 스마트 컨슈머란 여러 가지 체계적인 ( )를 바탕으로 ( )인 선택을 하는 소비자를 말한다.

학습 활동: '소비자 고발' 숏폼 만들기

✓ 기업이 '기업가의 윤리'를 다하지 못하여 소비자에게 잘못된 정보를 제공한 광고로 인해 소비자가 피해를 본 사례를 담아, 1분 내외의 숏폼을 제작해 봅시다(**활동 사항은 함께 배부되는 모둠 활동지에 작성해 주세요**).

√ **영상에 반드시 포함되어야 하는 사항**

- 기업의 광고로 인해 소비자가 피해를 본 사례
- 정보의 공급자(기업)와 정보의 소비자(개인)가 가져야 할 윤리적 태도 각각 한 가지

♡선생님의 당부 사항♡

'숏폼'은 10분 내외의 짧은 영상으로 이루어진 콘텐츠로, 정보 제공과 함께 재미도 느낄 수 있어 mz 세대에게 각광받고 있습니다! 틱톡, 유튜브, 인스타그램을 통해 여러분도 숏폼을 소비해 본 경험이 있을 거예요. 여러분은 정보의 소비자인 동시에 정보의 공급자입니다. 책임감을 갖고 잘못된 정보를 바로잡고, 올바른 정보를 포함하는 영상을 제작하여 공급해 봅시다!

〈숏폼 만들기 모둠별 계획서〉	
모둠 구성원	

√ **영상 주제**

참고 기사 제목	
기사 내용 간단 요약	

√ **촬영, 편집 계획**

촬영 일시/장소	
준비물(소품)	
편집 일시/장소	

✓ 역할 분배

역할	이름
감독(스토리 보드 검사)	
촬영(핸드폰으로 촬영)	
음향(배경음, 효과음 담당)	
편집(영상 편집)	

역할		이름
등장 인물		

장면 번호	영상(간단한 그림으로 표현)	효과	내용
		장면 설명	
		소리	
		자막	
		장면 설명	
		소리	
		자막	
		장면 설명	
		소리	
		자막	
		장면 설명	
		소리	
		자막	

자기 평가 체크리스트

준거	매우 그렇다	그렇다	아니다	전혀 아니다
광고를 비판적으로 해석할 수 있다.				
광고에 대해 기업이 가지는 책임을 설명할 수 있다.				
정보 소비자이자 정보 공급자로서 가져야 할 윤리적 태도를 제시할 수 있다.				
윤리적 정보 소비자이자 공급자로서 행동할 수 있다.				

동료 평가 체크리스트

	잘한 점	개선점
1모둠		
2모둠		
3모둠		
4모둠		
5모둠		

3) 교수·학습자료

(1) 매체 자료

1. 에너지드링크 부작용 사례를 담은 뉴스 영상

(출처: https://youtube.com/watch?v=bIS1gEUSvJU&feature=share)

2. '에너지 드링크'의 명칭을 과장광고로 인지하는 소비자들의 설문조사 결과

국민 78% "에너지드링크 명칭 과장광고"

사건/사고 / 고수현 / 2018-09-03 16:27:56

권익위 설문조사 결과 발표
3명중 2명 "규제 강화해야"

[시민일보=고수현 기자]에너지드링크에 대한 규제 강화 목소리에 힘이 실리면서 실제 제도 개선까지 이어질지 귀추가 주목된다.

이는 최근 국민권익위가 실시한 '고카페인 음료(에너지 드링크) 관련 설문조사'에서 설문 참가자 3명 중 2명꼴로 현행보다 규제 강화가 필요하다고 응답하면서다.

(출처: http://naver.me/xnnnJoda)

(2) 1차시 화학 PPT 자료

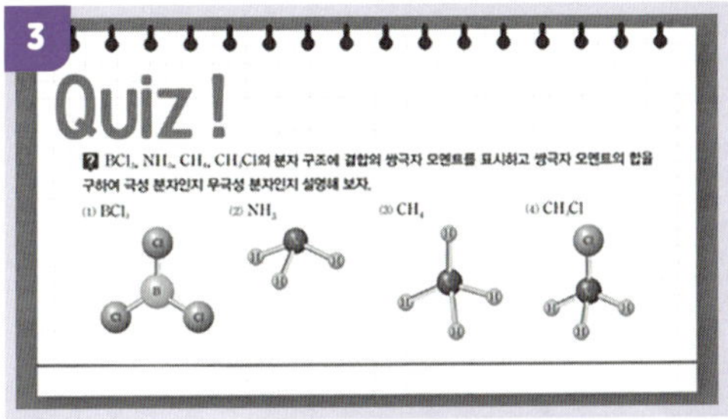

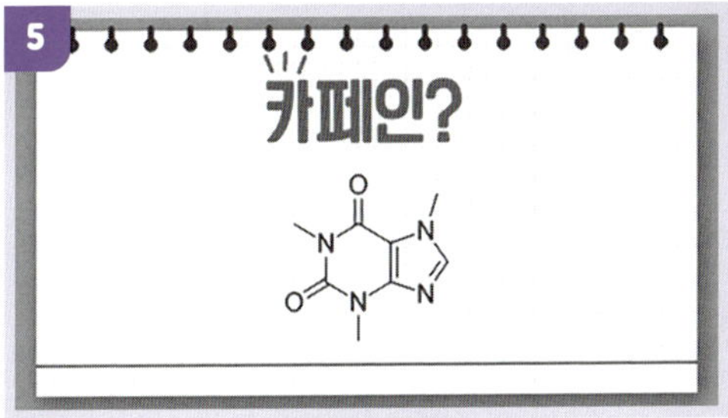

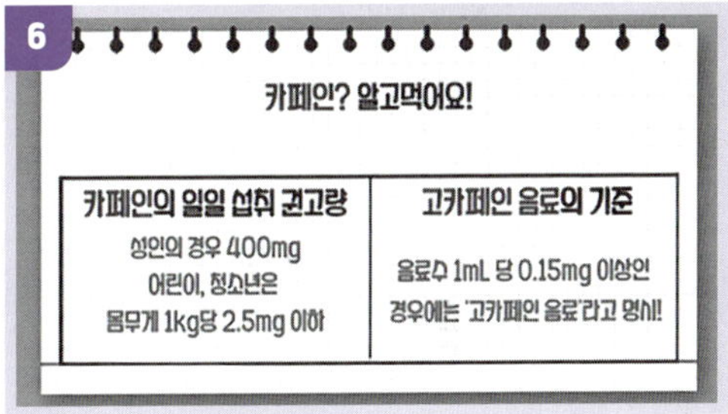

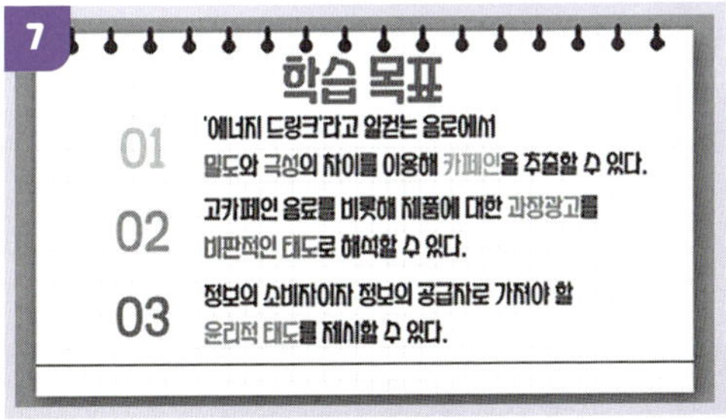

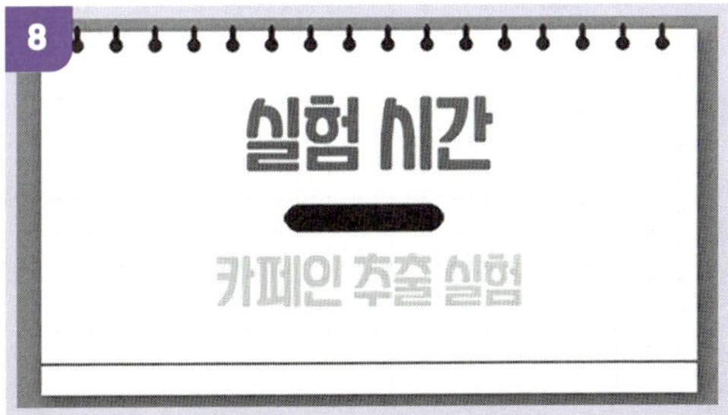

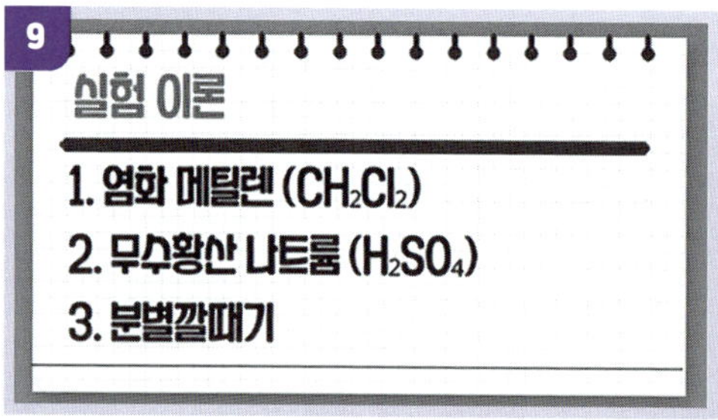

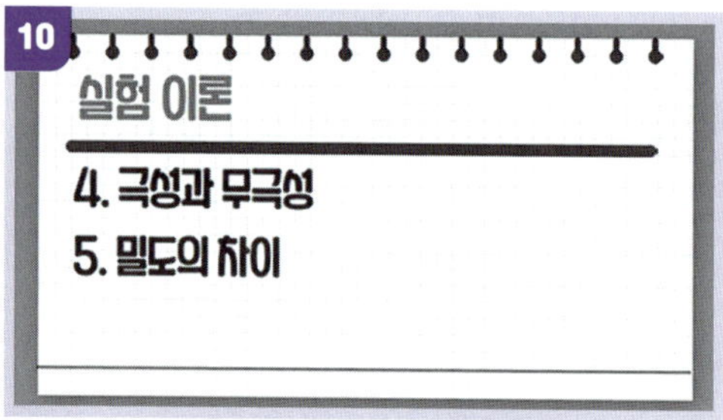

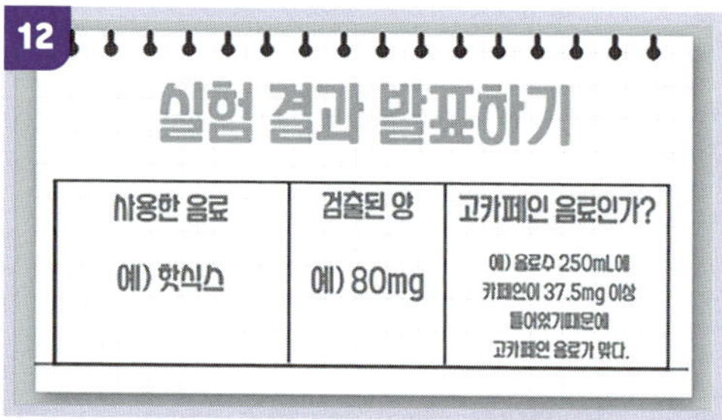

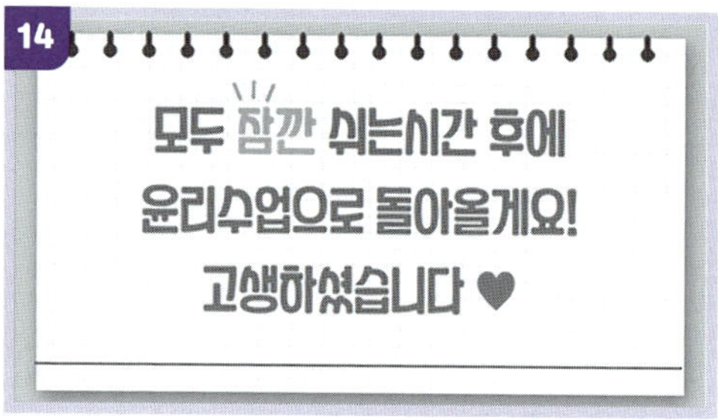

(3) 2차시 윤리 PPT 자료

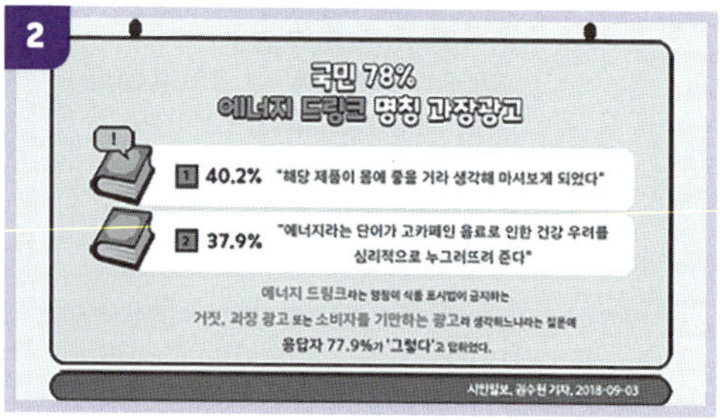

3

4

5

6

7

8

9

10

11
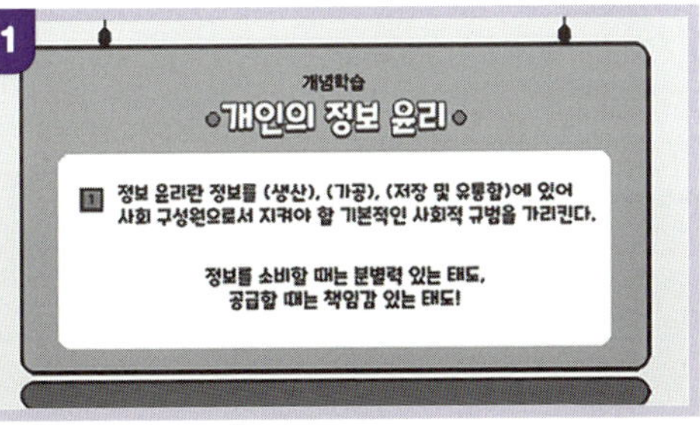

12
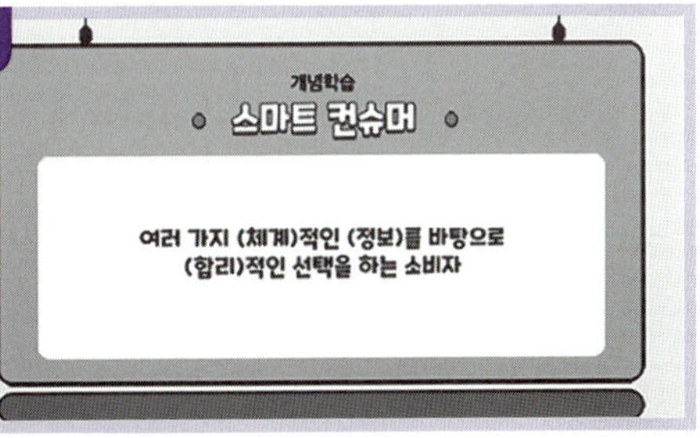

13

14

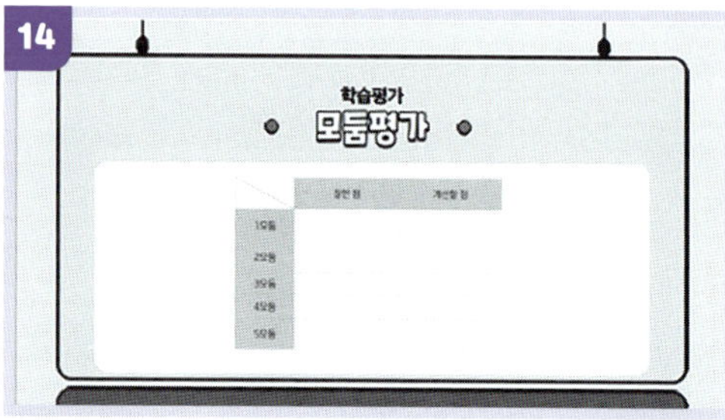

15

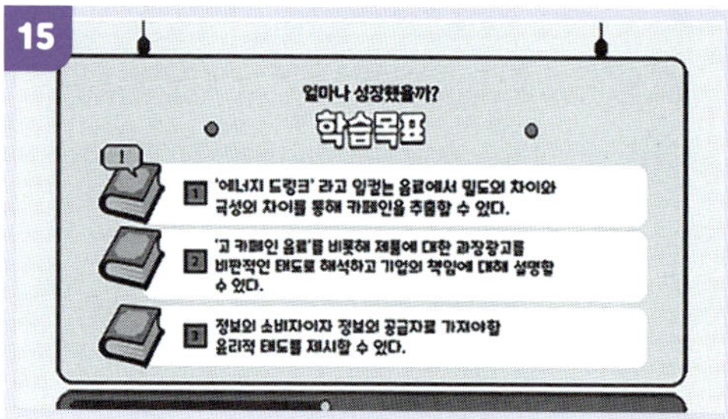

16

학습 과제

- 자신 혹은 자신의 팀이 설계한 융복합 수업의 교수·학습과정안을 동료 교사와 공유하고, 검토 의견을 받아 봅시다.
- 검토 의견을 반영하여 자신의 융복합 교수·학습과정안과 학습 자료를 수정해 봅시다.

제6장

융복합 수업을 어떻게 실행하고 성찰할까

융복합 수업의 설계를 완성한 다음 단계는 고안한 수업을 실행하는 것이다. 개발된 수업의 목적과 특성에 따라 교과 수업 또는 창의적 체험활동 시간에 융복합 수업을 실행할 수 있다. 수업을 실행하기 전 학교 차원이나 교과 간의 협의를 통해 실질적인 수업 진행을 위한 준비가 되어야 한다. 또한 융복합 수업이 실행된 후에는 성찰 과정을 통해 융복합 수업을 발전시키고, 이를 통해 교사의 융복합 교수 역량을 증진할 수 있다. 이 장에서는 교사가 고안한 수업을 실행하기 위해 고려할 사항들에 대해 살펴보고, 실행한 수업을 성찰하기 위한 여러 가지 방법을 살펴보기로 한다.

학습 목표

- 융복합 수업을 실행할 수 있다.
- 융복합 수업 실행을 성찰할 수 있다.

1. 융복합 수업 실행과 성찰

1) 수업 실행 환경 조성

교사들은 고안된 융복합 수업을 실제로 수행해 봄으로써, 실질적인 융복합 수업의 경험을 쌓고, 자신의 교수법을 개선하며, 융복합 수업에 대한 자신감을 키울 수 있다. 교사들이 융복합 수업을 학교 현장에서 학생들을 대상으로 실행할 때 우선적으로 고려할 것은 적절한 수업 환경을 찾는 것이다. 고안된 융복합 수업의 목적과 특성에 따라 정규 교과 시간에 운영할 것인지, 또는 창의적 체험활동(자율 · 자치 활동, 동아리 활동, 진로활동 등) 시간을 활용할 것인지 선택할 수 있다. 방과 후 수업 시간에 융복합 수업을 운영하는 경우는 정규 교육과정에 얽매이지 않고 좀 더 자유롭게 수업을 실행할 수 있다.

융복합 수업을 어떻게 실행할 것인지는 교사 간의 협의를 통해 미리 계획되어야 하며, 수업 시간 조정, 평가 계획 조정을 비롯한 여러 행 · 재정적인 문제들을 고려하여 진행해야 한다. 실제 수업에 들어가기 전에는 학생 모둠 구성, 준비물 정리 및 구입, 수업 자료 준비, 수업 관련 학생들에게 공지 등 융복합 수업을 운영하기 위한 구체적인 준비가 필요하다(김어진 외, 2019). 미리 준비해야 할 고려 사항과 학교 현장에서의 다양한 융복합 수업 실행 사례는 제8장에서 자세히 다루기로 한다.

2) 수업 실행에서 교사의 역할 분담

설계된 융복합 수업의 특성에 따라 다를 수 있지만, 교과 간 융복합으로 설계된 수업의 경우, 한 전공 교사가 전체 수업을 이끌어 가는 것이 쉽지 않다. 따라서 팀티칭 또는 코티칭의 형태로 2명 이상의 교사가 함께 수업을 진행할 수 있다. 코티칭과 팀티칭의 개념은 〈표 6-1〉에 정리되어 있다.

〈표 6-1〉 코티칭, 팀티칭 개념 비교

구분	코티칭	팀티칭
제안 시기	2000년대	1960년대
수업 방식	두 명 이상의 교사가 모든 내용을 함께 지도함	두 명 이상의 교사가 내용을 분담
수업시간 운영	동시에 수업 진행	합반 또는 시간 배분
교사 1인당 학생 수	감소	변화 없음
교사 간 배움 기회	수업 중 지속적 배움	제한적임
수업에 대한 책임	공동책임	일부 공동책임

출처: 박인우 외, 2019

코티칭을 팀티칭의 한 형태로 보는 시각도 있으나, 여기에서는 둘 이상의 교사가 동일한 학생을 대상으로 같은 수업 시간에 전체 내용을 함께 수업하면 코티칭으로, 내용과 시간을 분담해서 가르치면 팀티칭으로 지칭하기로 한다. 코티칭의 경우, 2명 이상의 교사가 한 수업을 함께 진행하기 때문에 교사 대비 학생의 비율이 감소하며, 이로 인해 학생들의 배움의 기회가 늘어날 수 있다. 또한 교사 간 협업으로 인해 수업과 학생의 학습에 대해 함께 책임을 갖게 되고, 동시에 교사 상호 간 지속적 배움의 계기를 갖게 된다.

팀티칭은 교사 개개인의 전문성을 강조하여, 둘 이상의 교사가 수업 시간을 바꾸거나 한 수업을 함께 진행하더라도 교대로 수업을 나누어 진행하는 방식으로 운영된다. 팀티칭은 학생들의 학습 기회 증진에 주된 관심이 있기 때문에 교사 간 협력 및 협업은 코티칭에 비해 제한적이라고 할 수 있으며, 수업이나 학생들의 학습에 대한 책임은 일부 공유되나, 전체 수업에 대한 공동 책임은 최소화하게 된다.

융합의 수준이 높은 간학문적 성격의 경우 코티칭 방식이, 교과별로 명확한 성취기준에 해당하는 수업 목표가 있는 다학문적 수업의 경우 팀티칭 방식이 더 효율적일 수 있다. 교과 특성이 강조된 내용으로 구성된 수업을 진행한 후에 다양한 교과 지식을 융합한 활동이나 교수가 필요한 수업을 후에 배치하는 방식의 융복합 수업인 경우에는 앞부분에는 팀티칭을, 뒷부분에는 코티칭을 하는 방법도 가능할 것이다.

〈표 6-2〉는 제5장에서 제시한 ['고카페인 음료'는 '에너지 드링크'인가?] 수업에서 교사의 역할 분담을 계획한 것이다. 이 수업은 블록타임제로 진행이 되어 2차시 동안 연속적으로 진행되도록 계획되어 있다. 1차시는 고카페인 음료에서 카페인을 추출하여 함량을 확인하는 것이 주된 활동이며 이는 화학 교사의 전문성이 요구된다. 2차시는 고카페인 음료의 과대 광고의 문제점을 언급하며 기업 윤리와 스마트 컨슈머 개념을 학습하고, 기업의 과대광고를 비판하는 숏폼을 만드는 활동이다. 이는 윤리 교과의 내용 전문성이 요구된다. 따라서 이 수업의 경우, 팀티칭 방식으로 운영되는 것이 적절해 보인다. 그러나 만일 마지막 활동을 에너지 드링크의 함량 측정 활동 결과를 보고서로 작성하고, 중 · 고등학생이나 부모님에게 에너지 드링크의 문제를 알리는 홍보물 만들기를 한다면 화학과 윤리 교사가 함께 코티칭하는 하는 방식이 적절할 것이다.

융복합 수업을 처음 적용할 때는 예상치 못한 상황이 많이 발생할 수 있다. 예상치 못한 준비물이 있을 수도 있고, 예상치 못한 학생의 반응이나 학생 간의 갈등 상황이 있을 수도 있다. 이러한 상황에 적절하게 대처하기 위해 함께 수업을 설계한 동료 교사가 수업에 참여할 수 있다. 2차시 수업을 진행하는 교사가 1차시 수업에 들어가서 도움을 준다면 학습자의 파악과 수업의 연계성 측면에서 도움이 될 수 있고, 함께 수업하는 교사와 소통을 통해 돌발상황에 대처할 수 있다.

〈표 6-2〉 ['고카페인 음료'는 '에너지 드링크'인가?] 수업에서 교사 역할 분담

차시	학습 활동	담당교사
1차시	'에너지 드링크'라고 일컫는 음료에서 극성과 무극성을 통해 카페인을 추출하기	화학교사
2차시	'고카페인 음료'를 비롯해 제품에 대한 기업의 과장광고를 기업윤리, 소비자 윤리 개념을 적용하여 비판하기	윤리교사
3차시 (추가)	에너지드링크의 카페인 함량 분석 결과를 포함한 소비자 캠페인 숏폼을 만들어 친구와 부모님께 전달하기	화학교사(실험 결과 보고 지도)/ 윤리교사(캠페인 내용 지도)

3) 융복합 수업의 성찰

교과 간 융복합 수업이 시행된 이후 교사는 피드백과 성찰을 통해 융복합 수업을 지속적으로 발전시킬 수 있는 기회를 가질 수 있다. 이러한 과정은 궁극적으로 학생들에게 질 높은 융복합 교육을 제공할 수 있는 능력 있는 교사로 성장하는 데 도움이 된다.

융복합 수업 실행 후 무엇을 성찰할 것인가? 융복합 수업 성찰은 분석적으로, 혹은 종합적으로 이루어질 수 있다. 〈표 6-3〉은 분석적 성찰지의 예시이다. 성찰할 부분을 교사 활동과 학생 활동으로 나누고, 교사 활동에서는 수업의 단계에 맞추어 수업 동기 부여, 교사 발문, 교사의 태도, 학습 자료 활용, 학생과의 상호작용 등을 성찰하고, 학생 활동에서는 학습자들의 수업목표 도달 정도와 참여도를 성찰한다. 각 성찰 부분에 대하여 점수를 부여할 수도 있고, 자유롭게 의견을 작성할 수도 있다.

수업의 단계별로 분석적으로 성찰할 때의 장점도 있지만, 자유로운 성찰 글쓰기를 통해 종합적으로 융복합 수업 실행을 성찰할 수도 있다. 〈표 6-4〉는 자유로운 성찰 글쓰기를 위한 수업성찰일지 양식이다. 수업 진행 중 학생들의 반응이나 교사의 생각, 수업 중 어려움이나 갈등 여부, 아쉬운 점과 개선 방안 등을 자유롭게 작성함으로써, 전체적인 안목으로 수업을 성찰할 수 있다.

융복합 수업의 성찰은 누구와 하는 것이 좋을까? 무엇보다 융복합 수업을 함께 설계하고, 진행한 교사들과 수업에 대해 성찰하는 시간이 필요하다. 각자 자신의 수업에 대한 성찰과 다른 교사의 관찰자로서의 성찰을 공유함으로써 더 나은 수업을 위한 논의를 진행할 수 있다. 여러 이유로 다른 교사의 수업을 참관하기 어려운 경우나 자신의 수업을 직접 관찰자로서 살펴보고자 한다면, 서로의 수업을 촬영하여 성찰할 수 있다.

〈표 6-3〉 융복합 수업 성찰을 위한 분석적 성찰지

<table>
<tr><td>수업명</td><td colspan="2"></td><td>수업 대상</td><td></td><td>수업일시</td><td></td></tr>
<tr><td>수업 교사</td><td colspan="2"></td><td>수업 장소</td><td></td><td>성찰자</td><td></td></tr>
<tr><td>구분</td><td colspan="3">성찰 준거</td><td colspan="3">성찰 내용</td></tr>
<tr><td rowspan="3">교사활동</td><td>수업 도입</td><td colspan="2">① 학습 동기 유발, 수업 안내가 적절히 이루어졌는가?</td><td colspan="3"></td></tr>
<tr><td>수업 전개</td><td colspan="2">② 학생들이 융복합 수업의 목표에 도달할 수 있도록 수업이 체계적으로 진행되었는가?
③ 발문과 그에 따른 피드백이 적절하였는가?
④ 상황에 맞는 수업자료를 적절히 활용하였는가?
⑤ 적절하며 정확한 음성언어 및 신체언어를 사용하였는가?
⑥ 수업을 시간에 맞추어 매끄럽게 진행하며 열과 성의를 다하였는가?</td><td colspan="3"></td></tr>
<tr><td>수업 정리</td><td colspan="2">⑦ 수업 정리와 평가를 효과적으로 실시하였는가?</td><td colspan="3"></td></tr>
<tr><td colspan="2">학생활동</td><td colspan="2">⑧ 학생들이 수업 활동에 적극적으로 참여하였는가?
⑨ 학생들이 융복합 수업의 목표에 도달하였는가?</td><td colspan="3"></td></tr>
<tr><td rowspan="2">종합</td><td colspan="3">이번 수업에서 아쉬웠던 점은 무엇인가요?</td><td colspan="3">다음 수업에서 개선할 부분은 무엇인가요?</td></tr>
<tr><td colspan="3"></td><td colspan="3"></td></tr>
</table>

〈표 6-4〉 교사의 성찰적 글쓰기를 위한 성찰일지

교사명		일시	
수업명			
1. 이번 융복합 수업을 운영하는 과정에서 가장 의미가 있었던 점은 무엇인가?			
2. 이번 융복합 수업에서 제시한 과제는 융합적이고 흥미로웠는가?			
3. 이번 수업을 운영하는 과정에서 어떤 실제적인 어려움들이 있었는가?			
4. 이번 융복합 수업운영의 경험을 바탕으로 앞으로는 어떻게 수업을 설계하고 운영하고자 하는가?			

동료 교사들과의 수업 성찰도 중요하지만 수업을 받은 학생들의 반응도 중요하다. 전체 융복합 수업이 끝난 후 학생들에게 좋았던 점, 힘들었던 점 등을 간단하게 받아 다음 수업에 반영할 수 있다. 활동지에 작성하게 하거나 익명으로 포스트잇이나 온라인 플랫폼을 이용하는 것도 좋다.

성찰의 범위를 넓혀 융복합 수업을 연구수업이나 공개수업으로 진행하고 수업에 대한 나눔을 진행할 수도 있다. 학교 내에는 수업을 고민하는 다양한 수업 공동체가 있다. 기본적으로 학년 협의회, 교과 협의회가 학교마다 있고, STEAM 융복합 수업 연구모임, 자유학기제 연구모임 등 다양한 수업 공동체가 있다. 융복합 수업을 공개 수업이나 연구수업으로 실행함으로써 다양하고 객관적인 의견을 들을 수 있고, 이를 바탕으로 융복합 수업을 개선 발전시키고 교사의 수업 성장을 꾀할 수 있다. 또한 학교 내 융복합 수업에 대한 동료 교사의 이해를 높이고 융복합 수업에 대한 참여를 이끌 수도 있다.

좀 더 나아가서 성찰을 통해 개선된 융복합 수업을 외부에 공유하고, 평가를 받는 것은 어떨까? 한국과학창의재단(https://steam.kofac.re.kr/main)이나 대학, 교육청을 비롯한 여러 교육기관 혹은 교과서 출판사에서 주관하는 다양한 융복합 수업 자료 공모전 등에 참여하는 것도 도움이 될 것이다.

2. 융복합 수업 실행의 기록

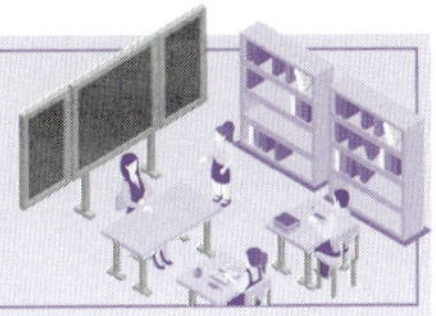

수업을 촬영하여 성찰하는 것의 좋은 점은, 수업한 교사가 자신의 수업을 보면서 수업 중에 관찰하지 못한 여러 상황을 인지하고 성찰할 수 있다는 점이다. 또한 수업에 참여하지 못한 교사들에게 자료를 제공하여 함께 수업 나눔을 하기 위한 자료로 쓸 수 있다.

수업 촬영을 위해서는 고화질 영상을 촬영할 수 있는 카메라, 명확한 음성 녹음을 위한 마이크, 안정적인 촬영을 위한 삼각대, 그리고 조명을 보완할 수 있는 조명 장비가 필요하다. 추가로, 녹화 후에는 효과적으로 영상을 편집할 수 있는 소프트웨어도 중요하다. 이러한 도구들을 적절히 활용하면, 예비 교사는 자신의 수업을 객관적으로 분석하고 개선할 수 있는 좋은 자료를 얻을 수 있다.

촬영용 카메라는 크게 스마트폰 카메라, 캠코더, DSLR/Mirrorless 카메라로 구분할 수 있다. 스마트폰 카메라는 접근성과 사용의 용이성이 장점이며, 대부분의 스마트폰으로 고화질 영상을 촬영할 수 있다. 다만 배터리 수명과 저장 공간이 제한될 수 있으므로 촬영 전 확인이 꼭 필요하다. 캠코더의 경우, 장시간 촬영이 가능하고, 전문적인 비디오 촬영 기능이 있으며, 외부 마이크가 연결 가능하다는 장점이 있지만, 상대적으로 크고 무겁다는 단점이 있다. DSLR/Mirrorless 카메라는 고화질 영상과 다양한 렌즈 선택 가능, 뛰어난 저조도 성능을 갖는 장점이 있지만, 고가의 장비이며, 무겁고 작동이 복잡하다.

수업 중 음성을 명확히 녹음하기 위해서 카메라 내장 마이크 대신 외부 마이크를 사용할 수도 있다. 마이크 종류로는 라펠 마이크(Clip-on), 샷건 마이크가 있다. 라펠 마이크는 교사의 음성을 명확하게 녹음할 수 있고, 무선 옵션으로 자유로운 움직임이 가능하다. 샷건 마이크는 특정 방향의 음성만을 집중적으로 녹음하고, 배경 소음을 최소화한다는 점이 장점이다.

삼각대는 안정적인 촬영을 가능하게 한다. 카메라의 종류에 맞게 일반 삼각대 혹은 캠코더 삼각대로 적절하게 준비하여 사용할 수 있다. 교실의 조명이 부족할 경우, 추가 조명을 사용하여 교사와 학생들의 얼굴이 명확하게 보이도록 한다. 자연광을 최대한 활용하되, 필요시 인공 조명을 보충할 수 있다. LED 조명 패널은 조명 밝기 조절이 가능하고, 휴대성과 사용의 편리성이 좋은데, 한편 소프트박스 조명은 부드러운 조명이며 그림자를 최소화하는 장점이 있다.

다음은 수업을 촬영할 때 고려할 만한 점이다.

① **카메라 위치 선정**: 가능하다면 여러 대의 카메라를 사용하여 다양한 각도에서 촬영하면, 촬영 후 편집 단계에서 다양한 각도의 영상을 조합하여 보다 풍부한 시청 경험을 제공할 수 있다. 예를 들어, 교사 중심 촬영을 위해서는 교사의 동작과 얼굴 표정, 보드나 스크린 사용을 명확하게 볼 수 있도록 카메라를 교사 쪽으로 향하도록 배치하고, 학생 중심의 촬영을 위해서는 학생들 간의 상호작용을 볼 수 있는 위치에 카메라를 둔다. 교사와 학생들의 상호작용을 모두 기록하기 위해서는 교실 전체를 포괄하는 위치에 카메라를 둔다. 카메라를 삼각대에 고정하여 흔들림 없이 안정적인 영상을 촬영한다. 수업 중 카메라를 이동하지 않고 고정된 위치에서 촬영하여 시청자가 일관된 시야를 유지할 수 있도록 한다.

② **오디오 품질 확인**: 교사의 음성이 명확히 녹음되지 않는 환경에서는 카메라 내장 마이크 대신 무선 마이크나 라펠 마이크 등의 외장 마이크를 사용한다. 녹화 장소의 배경 소음을 최소화하고, 중요한 대화나 상호작용이 명확하게 들릴 수 있도록 한다.

③ **사전 테스트**: 실제 촬영에 앞서 시범 영상을 촬영하여 카메라 각도, 오디오 품질, 조명 상태 등을 확인하고 필요한 조정을 한다.

④ **편집**: 촬영 후 편집 단계에서 다양한 각도의 영상을 조합하여 보다 풍부한 시청 경험을 제공할 수 있다. Adobe Premiere Pro는 전문적인 비디오 편집 기능을 제공하고 있으며, DaVinci Resolve는 고급 색 보정과 편집 기능을 제공하며 무료 버전으로 이용이 가능하다. 이 외에도 곰믹스(Gommix)나 브루(Vrew), 파워디렉터 등의 프로그램을 이용하여 무료 버전으로 영상을 편집하거나 자막을 추가할 수 있다.

3. 예비 교사를 위한 융복합 모의 수업 실행

예비 교사들은 학교현장실습이나, 특별한 학교 현장 연계 프로그램 외에는 실제로 학생들을 대상으로 수업 경험의 기회를 갖기 어렵다. 따라서 예비 교사의 수업 실행은 동료 예비 교사를 대상으로 한 모의 수업의 형태로 진행된다. 특별히 마이크로티칭(Microteaching)은 예비 교사 교육에서 많이 활용되는 기법으로 10~20분 정도의 짧은 시간 동안 교수 시간, 내용, 기능과 학습자 수, 교실 크기 등이 실제보다 축소된 상황에서 실시하는 수업을 의미한다. 또한 '현미경 아래에서(undermicroscope)'라는 의미로 '교수 과정을 세밀히 관찰한다'는 의미도 가지고 있다. 즉, 마이크로티칭은 축소된 수업을 녹음이나 녹화하여 수업을 분석하는 과정을 통해 수업에 대한 전문가적 시각과 비평적 사고능력을 향상시키고, 부족한 점을 수정·보완하는 과정을 거쳐 수업 기술을 습득하거나 수업을 개선하는 방법이다. 마이크로티칭의 장점은 다음과 같다(권숙진 외, 2013).

- 비교적 편안한 환경 속에서 새로운 기법과 절차의 연습이 가능하다.
- 불안감이 경감된 상황에서 수업을 준비하고 실행한다.
- 특정 주제의 수업에 대해 새로운 접근 방법을 시도할 수 있다.
- 자신의 수업에 대한 자기 평가 및 타인 평가가 가능하다.
- 비디오 분석을 통해 수업 결과에 대한 즉각적 피드백이 가능하다.
- 수업 운영에 대한 자기 장학과 동료 장학에 효과적이다.

융복합 수업은 대체로 여러 차시로 구성되어 있고, 특히 다양한 교과의 학생들이 모인 대규모의 강좌로 운영된다. 모든 팀의 수업 시연을 실행할 수 있는 충분한 시간이 확보되는 경우, 계획된 차시의 수업을 실제로 실행해 보는 것이 가장 좋을 것이다. 그러나 모든 팀의 모의 수업을 실행하고 평가하는 것은 현실적으로 어렵다. 이러한 점을 고려하여 예비 교사들이 팀별로 모의수업을 촬영하고, 수업의 전반적인 진행이 보이도록 동영상을 편집하여 제출할 수 있다.

모의 수업 동영상에는 수업지도안의 문서로는 드러나지 않는 모습이 담길 수 있으며, 교사의 발문과 태도 등을 통해 융복합 수업의 취지나 학습에 대한 내용을 외부자가 관찰할 수 있다. 예비 교사들이 수업 동영상을 촬영한다면 수업 차시를 모두 보여주기보다 전반적인 흐름과 수업 아이디어가 나타날 수 있도록 핵심 내용에 대해서만 약 15~20분 분량으로 편집하여 제출하도록 한다.

융복합 수업이 구현되는 모습을 동영상으로 촬영하여 산출물을 제작하는 과정에서 예비 교사들은 실제 수업 환경과 상황을 시뮬레이션하게 된다. 이때 예비 교사들은 학습자의 활동이나 반응, 교사-학생 간, 학생-학생 간 상호작용을 고려하게 된다. 또한 설계 단계에서 인지하지 못했던 융복합 교과 간의 연계 요소들을 발견하고, 수업 설계를 수정할 수도 있다. 무엇보다 수업을 시연하고, 동영상을 촬영하고, 편집하는 과정은 팀워크가 매우 중요한데, 예비 교사들은 이를 통해 교사로서의 직무 수행 시 협력의 중요성을 인식하고 실천하는 경험을 할 수 있다.

예비 교사의 융복합 수업의 실행에 대한 평가는 녹화된 동영상과 수업 지도안, 수업 자료 등을 고려하여 종합적으로 이루어진다. 〈표 6-5〉와 〈표 6-6〉은 예비 교사 융복합 수업 실행에 대한 평가 준거와 모둠별 채점표이다. 수업 동영상은 각 평가 준거 ①~⑨에 대해 상/중/하(3/2/1점)로 평가하고 총점을 집계한다. 평가자가 여럿인 경우, 평균을 산출하되, 협의의 과정을 거쳐 평정한다.

〈표 6-5〉 예비 교사 융복합 수업 실행 평가 준거

평가 준거		상 (3)	중 (2)	하 (1)
수업 도입	① 학습 동기 유발, 수업 안내가 적절히 이루어지고 있는가?			
수업 전개	② 핵심 개념을 학생들이 잘 이해할 수 있도록 체계적으로 제시하고 있는가? ③ 교수-학습 전략의 선택과 활용이 적절한가? ④ 발문과 그에 따른 피드백이 적절한가? ⑤ 적절하며 정확한 음성언어 및 신체언어를 사용하고 있는가? ⑥ 상황에 맞는 수업 자료를 적절히 활용하고 있는가? ⑦ 수업을 시간에 맞추어 매끄럽게 진행하며 열과 성의를 다하고 있는가?			
수업 정리	⑧ 수업 정리와 평가를 효과적으로 실시하고 있는가?			
동영상 제작	⑨ 융복합 수업이 어떻게 전개되는 것인지 명료하게 이해할 수 있도록 동영상이 제작되었는가?			

〈표 6-6〉 예비 교사 융복합 수업 실행에 대한 모둠별 채점표

평가 기준 / 모둠	①	②	③	④	⑤	⑥	⑦	⑧	⑨	총점
1										
2										
3										
4										
5										
…										

[그림 6-1] 우수 융복합 수업 시상(좌) 및 공유의 시간(우)

04 수업을 마친 후

긍정적인 점

- 국어와 수학 과목의 융합이 잘 일어남.
- 무분별한 정보를 수용하기 더욱 쉬워진 현재의 학생들에게 충분히 가르칠 필요가 있는 내용
- 이론 학습에서 더 나아가 실생활에서 활용할 수 있다는 실용성 확보
- 전반적으로 수업 구성이 체계적이고, 학습 활동에 수업 의도가 잘 반영됨.

개선할 점

- 국어적 관점에서의 통계 자료의 신뢰성을 판단하는 기준에 대한 개선 필요
- 수학적 관점에서 자료의 신뢰성을 판단할 수 있는 기준 정하는 것 필요
  예) 신뢰도 90%인 신뢰구간에는 모평균이 들어가지 않고 신뢰도가 95%이상인 신뢰구간부터 모평균이 들어간다면 이는 그 자체만으로 신뢰성이 있다고 할 수 있는가?

어려웠던 점

- 학생들에게 학습 자료로 제공하기 위해 왜곡된 통계 자료가 사용된 다양한 매체 자료 수집의 어려움.
- 국어적 관점에서 고등학교 2학년 학생들을 대상으로, 매체 자료에 사용된 통계 자료의 신뢰성을 판단하는 기준을 구체적으로 어디부터 어디까지, 어떻게, 얼마나 제시해야 할지에 대한 정립의 어려움.
- 학생들이 신뢰도 개념 학습, 통그라미 즉 공학적 도구 익히기, 자료조사 하기, 신뢰성 판단하고 발표하기까지 많은 시간이 소요될 것 같음. 한 차시에 모든 걸 하기엔 시간이 조금 부족했을 것 같음.

[그림 6-2] 우수 융복합 수업 모둠의 성찰 내용

평정한 결과를 바탕으로 우수 융복합 수업을 선정하여 시상할 수 있다. 우수 융복합 수업으로 선정된 모둠은 발표를 통해 동료에게 소개하고 함께 성찰하는 시간을 가질 수 있다([그림 6-1], [그림 6-2]).

또한 서로의 실행에 대하여 성찰하고 피드백을 할 수 있도록 수업 동영상을 패들렛에 게시하고, 예비 교사와 교사 교육자 간에 자유로운 피드백과 성찰이 이루어질 수 있도록 한다([그림 6-3]).

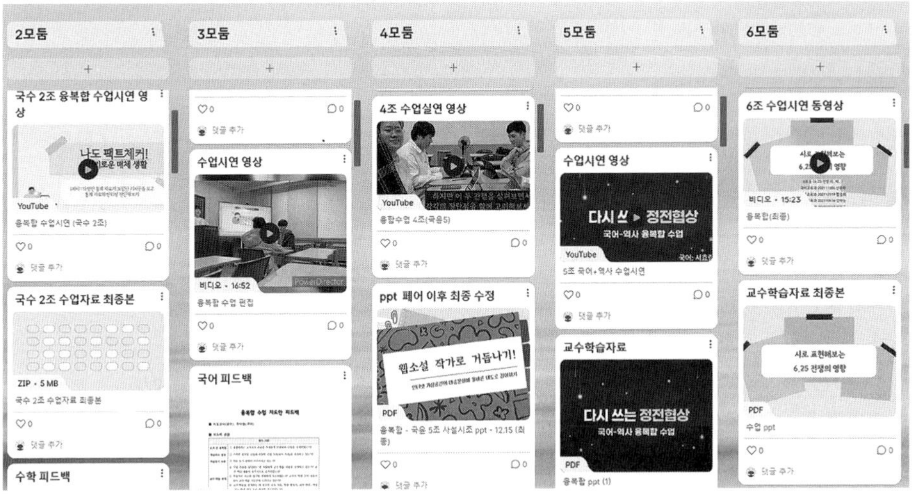

[그림 6-3] 패들렛에 게시된 수업 영상 및 피드백

학습 과제

- 자신이 설계한 융복합 수업을 실행하고, 성찰일지를 작성해 보자.
- 동료 교사와 수업 나눔을 통해 실행한 수업에 대한 성찰을 하고, 수업에 대한 개선 내용을 정리하여 발표해 보자.

융복합 수업을 시작하는 교육자를 위한 지침서

융복합 수업의 설계와 실행

제3부

융복합 수업의 실제 이야기

융복합 수업을 시작하는 교육자를 위한 지침서

융복합 수업의 설계와 실행

제7장

예비 교사를 대상으로 하는 융복합 수업은 어떻게 운영할까

융복합 교수역량의 함양은 미래의 인재를 양성하기 위한 교사 교육의 주요한 목표 중 하나가 되었다. 예비 교사를 교육하는 교원양성기관도 이러한 교사 교육의 변화에 맞추어 혁신을 요구받고 있다. 교원양성기관에서는 어떤 교육을 통해 예비 교사들의 융복합 교수역량을 길러 줄 수 있을까? 이 장에서는 이러한 고민을 지속해 온 교사 교육자들의 7년간의 실행 노력을 통해 얻은 노하우를 소개하고자 한다. 여러 전공의 교과교육 교수자들의 협업으로 운영한 4주간의 공동 강좌를 중심으로 프로그램의 지향점, 프로그램 운영을 위한 여건 조성, 그리고 구체적인 교육 내용과 각종 산출물의 실제 사례를 보여 주려고 한다. 예비 교사 융복합 교육에 관심 있는 교사 교육자, 교육 전문가, 교육 정책가에게 구체적이고 실제적인 정보를 제공하고, 나아가 예비 교사를 위한 융복합 교육을 공유하고 발전시킬 수 있는 기회가 되길 기대한다.

학습 목표

- 예비 교사를 위한 융복합 교육을 현장에 적용하기 위해서는 교사 교육자의 협업과 교육기관의 행·재정적 지원이 필요함을 이해한다.
- 예비 교사의 융복합 교수역량을 개발하기 위한 사범대학 교육과정을 검토하고 의견을 제시할 수 있다.

1. 예비 교사를 위한 융복합 교육 프로그램의 개발과 내용[1]

1) 예비 교사를 위한 융복합 교육 프로그램의 시작과 현재

예비 교사를 위한 융복합 교사 교육 프로그램은 강원대학교 사범대학에 근무하는 국어, 수학, 물리, 화학 전공의 교과교육 교수 4명에 의해 시작되었다. 한국과학창의재단에서 주관하는 과제인 '2017년 창의교육 선도 교원양성대학 운영사업'에 강원대학교 사범대학이 선정된 것이 계기가 되었다. 예비 교사들은 초등학교와 중등학교에서 융복합 관련 교육을 경험하지 못했으나, 미래의 학교 현장은 이들에게 융복합 수업을 운영할 수 있는 역량을 요구하고 있다. 이에 융복합 교육을 이해하고 실천할 수 있는 예비 교사 육성이라는 목표를 갖고 예비 교사에게 융복합 수업을 설계하고 실행하는 경험을 제공하는 방안을 고민하게 되었다.

전공이 다른 예비 교사들이 함께 모일 수 있도록 전공마다 3학년 2학기에 개설 중인 'OO 교재 연구 및 지도법' 강좌의 일부를 공동으로 운영하기로 하였다. 같은 요일, 같은 시간으로 시간표를 조정하여 강의를 개설하였다. 11주는 전공별로 운영하고, 4주간은 4명의 교수와 수강생 모두가 모여 공동으로 수업을 진행하였다. 처음에는 여러 시행착오를 겪었지만, 7년이 지난 지금까지 매년 참여 교과와 예비 교사 수를 확대하면서 안정적으로 진행해 오고 있다. 예비 교사 융복합 수업 프로그램은 2021년부터 2023년까지 3년간 진행된 교육부의 '미래형 교수 · 학습 모델 개발 지원'을 통해 더욱 정교화되었으며, 이제는 강원대학교 사범대학이 내세울 만한 특별한 프로그램 중 하나가 되었다.

〈표 7-1〉은 예비 교사를 위한 융복합 교육프로그램의 변화를 보여 준다. 7년이라

1) 이 절의 내용은 김선희, 김희경, 윤희숙, 남수경, 김영란(2018)의 논문을 재구성함.

는 시간 동안 참여 교과는 4개에서 7개로 확대되었고, 참여한 예비 교사 수는 102명(사범대학 정원대비 42.5%)에서 157명(정원대비 65.4%)으로 증가하였다. 국어, 수학, 물리, 화학 전공 교과교육 교수자들은 7년간 지속적인 협력을 해 오고 있으며, 2019년부터는 윤리, 2022년부터는 역사와 가정 교과교육 교수들이 동참하게 되었다. 강원대학교 사범대학 14개의 교과 전공 중 절반인 7개의 전공 교수들이 협력하게 되면서, 교육과정 내용이나 융복합 수업 운영 방식들도 진화하게 되었다.

〈표 7-1〉 강원대학교 사범대학 융복합 교육 프로그램의 확장

년도	지도교수(명)	학생(명)	특징 및 변화
2017	4	102	국어, 수학, 과학 예비 교사가 한 모둠
2018	4	70	국어과 교육과정 변경 과도기로 인원 감소
2019	5	101	윤리 교과 참여, 다양한 교과 조합 팀 구성
2020	5	98	이론 강의 동영상 제공, 팬데믹으로 인하여 단일전공 모둠구성
2021	4	99	실시간 온라인 모둠활동 진행, 두 개 교과 조합팀 구성
2022	6	140	역사, 가정 교과 참여, 온라인 플랫폼 활용
2023	7	157	사대부설고 교사와 협의체 구성, 융복합 페어 진행

2020년은 코로나 첫 해로 융복합 수업에 대한 이론 강의와 각 전공의 교육과정을 소개하는 동영상을 제작하여 공유하는 방식으로 진행하였다. 여러 전공으로 구성된 모둠을 구성하지는 못하고, 각 교과별로 융복합 수업을 고안하고, 융합한 교과와 상호 검토 방식으로 진행하였다. 2021년은 온라인 활동에 익숙해져서 여러 전공 예비 교사들로 모둠을 구성하고, 전체 모임, 모둠 활동, 검토 모임, 시상식 등을 모두 실시간 온라인으로 진행할 수 있었다. 이때 진행했던 융복합 수업 설계 이론과 타 전공 교육과정 이해를 위한 동영상 학습 방식은 효과적이라고 판단되어 코로나가 끝난 후에도 활용되고 있다.

2022년은 코로나가 끝나고, 참여 전공이 확대되면서 온라인 플랫폼을 중심으로 융

복합 수업이 진행되었다는 점에서 긍정적인 변화가 있었다. 이전의 경우, 대학에서 제공하는 각 전공 강좌의 LMS를 활용하다 보니, 여러 모둠의 융복합 수업 자료를 한곳에 모으기도 어려웠고, 학생들에게 자료를 공지할 때에도 각 전공마다 따로 해야 하는 번거로움이 있었다. 온라인 게시판을 이용하여 전체적인 공지, 자료의 공유, 모둠원 간, 현장 교사, 지도교수의 상호작용이 효과적으로 이루어질 수 있었다. 에듀테크의 활용에 능숙한 교수자의 활약으로 가능한 일이었다.

2023년에는 예비 교사의 융복합 설계를 검토하는 과정이 진보한 점을 큰 변화로 볼 수 있다. 예비 교사 융복합 설계 초안을 검토하고 피드백을 제공하는 현장 교사를 매년 전공별로 섭외하였는데, 개인적인 네트워크로 경험 있는 현장 교사를 섭외하기에는 어려움이 많았다. 그러던 중 강원대학교 사범대학 부설고등학교의 교사들도 현장에서 융복합 수업을 운영하고 있다는 사실을 알게 되었고, 사범대학과 부설고등학교 차원에서 협업이 이루어질 수 있었다. 대학 가까이에 있는 현장 교사이면서, 함께 융복합 수업을 위해 협업하고 있는 교사들이기에 더욱 생생한 경험과 노하우를 예비 교사들이 전수받을 수 있었다. 또한 이전까지는 융복합 수업의 설계 초안을 동료 예비 교사, 현장 교사, 지도교수에게 소개하고 구두로 피드백을 받는 과정이 다소 제한적이었다. 세션으로 구성된 몇몇 팀의 발표만 들을 수 있는 기회가 제공되었기 때문이다. 이를 개선하기 위해 학회에서 포스터 발표하는 방식을 차용하여 융복합 수업 페어를 진행하였는데, 이전보다 많은 상호작용으로 효과적으로 피드백을 주고받을 수 있는 방식으로 평가되었다.

앞으로도 예비 교사를 위한 융복합 수업 프로그램은 구성원의 변화나 내·외적인 환경의 변화 등을 통해 진화할 것이라고 생각된다. 다음 절부터는 예비 교사를 대상으로 융복합 수업을 운영하고 있거나, 앞으로 운영하고자 하는 교사 교육자들이 참고할 수 있도록 프로그램의 기획 단계에서부터 지금의 모습을 갖추기까지의 내용을 비교적 상세히 기술하고자 한다.

2) 예비 교사를 위한 융복합 교육 프로그램의 개발 방향

2017년 네 전공의 교사 교육자들은 선행연구에 대한 고찰과 우리나라 예비 교사 교육 환경을 고려하여 예비 교사를 위한 융복합 교육 프로그램의 개발 방향을 다음과 같이 설정하였다.

첫째, 각 교과의 성취기준 학습을 목표로 하는 융복합 교육을 실시한다. 우리나라 중등 교육과정은 교과 중심으로 설계되어 있고, 학교 현장에서 융복합 교육을 실시하는 교사들은 자신의 전공 교과의 특징을 살려 다른 교과와의 융복합을 시도할 것이다. 따라서, 우리나라 실정에 적합한 융복합 형태를 고려하여 교과를 기반으로 융복합하고, 융복합 교육의 내용 또한 교육과정에 기반한 성취기준을 토대로 이루어지도록 하였다.

둘째, 예비 교사의 협력을 통해 융복합 수업을 설계하고 운영한다. 융복합 교육은 학교에서 결국 수업에서 구현되어야 하고, 융복합 수업은 여러 교사가 내용을 순차적으로 지도하거나 한 교사가 주요 역할을 담당하고 나머지 교사들이 보조교사 역할을 담당하는 등 여러 가지 모형으로 구현 가능하다. 어떤 경우이든 수업을 계획하고 진행하는 교사는 자신의 전공뿐 아니라 다른 교과의 내용과 특성에 대한 이해가 필요하며, 수업의 흐름에서도 내용 순서나 맥락을 설계함에 있어서 협력하는 교사들이 각자 역할을 해야 한다. 이에 예비 교사들이 함께 협력하여 하나의 융복합 수업을 계획하도록 하였다.

셋째, 예비 교사의 융복합 수업 설계와 운영에 있어 자율성을 부여한다. 융복합 수업에 대한 의미나 개념, 모형 등 여러 연구가 있지만 합의되고 정교화된 이론은 아직 개발되어 있지 않다. 따라서 예비 교사들에게 특정한 수업 모형과 절차, 주제 등을 지정하기보다는 협업과 직관에 따라 융복합 수업을 설계하도록 하였다.

넷째, 융복합 교육 경험이 있는 현직 교사의 피드백을 통해 현장의 목소리를 반영하고 지속적인 피드백을 제공한다. 예비 교사들은 융복합 수업을 설계하지만 이 수업의 대상이 되는 학생 없이 가상의 수업을 시연하게 될 수밖에 없는 상황이다. 따라서 융복합 수업을 실시한 경험이 있는 현직 교사가 예비 교사들의 수업 설계와 가상 시연에 대한 피드백을 줌으로써 현장에서 일어날 수 있는 상황과 유의점들이 예비 교사들의 수업 실천에 반영될 수 있도록 하였다. 또한 이 과정에서 교수들도 지속적인 피드백을 제공하여, 예비 교사들이 경험해 보지 못한 융복합 수업을 실천하는 동안 길을 잃거나 좌절하지 않도록 도움을 주었다.

다섯째, 융복합 수업 실천에 대한 외적 동기를 부여한다. 4개 전공의 '교과 교재 연구 및 지도법' 강좌에서 4주에 걸쳐 진행된 융복합 교육 프로그램은 학교 현장에서 실시되고 있는 융복합 교육을 미리 경험해 줄 수 있다는 점에서 의의가 있지만 여러 전공의 예비 교사가 함께해야 한다는 부담이 있다. 교사공동체 단위에서 외적 동기는 융복합 수업의 의미를 지속적으로 탐색하고 학교 상황에 맞는 수업을 개발, 실행할 수 있는 동력이다. 이에 따라 융복합 교육 프로그램에 참여한 예비 교사들에게는 우수 수업 동영상에 대한 시상으로 외적 동기를 부여하였다.

마지막으로, 융복합 수업을 위한 예비 교사 교육 프로그램의 개선을 지속적으로 도모한다. 개발한 융복합 교육 프로그램은 완성된 결과물이 아니라 지속적으로 개선과 발전이 이루어져야 한다. 따라서 융복합 수업을 지도하는 교수들은 교육 프로그램 개선 의지를 갖고 매 수업마다 프로그램 개선과 예비 교사 교육에서 염두에 두어야 할 점을 기록하였다. 각 주마다 예비 교사들의 질문과 요구사항, 다음 차시 수업을 위해 교수들이 준비해야 할 것이 무엇인지 등을 기록하고, 프로그램에 대한 예비 교사들의 의견을 받아 향후 프로그램 수정에 반영하려 하였다.

3) 융복합 교육 프로그램의 구성

2023년 실행한 융복합 교육 프로그램의 구성은 〈표 7-2〉와 같다. 융복합 교육프로그램은 참여자 전체가 모이는 4주로 구성되어 있으나, 0주차에 전공별 강의에서 실시하는 오리엔테이션과 3주차와 4주차 사이의 시간을 고려하면, 6주 동안 이루어지는 프로젝트이다. 이렇게 프로그램을 구성한 것은 시간적, 공간적 여건 및 교육 내용 안배 등 여러 조건을 고려한 결과이다.

우선 0주차에서는 각 전공별로 오리엔테이션을 진행한다. 예비 교사들은 다음 주부터 진행될 융복합 수업 일정에 대한 안내를 받고, 어떤 전공과 융복합 수업 활동을 하게 될지 선택하게 된다. 또한 한 주간 온라인 플랫폼에 탑재된 동영상으로 융복합 교육의 필요성, 설계 방법, 융복합 교육 사례에 대해 온라인 학습을 하고, 모둠으로 선택한 교과의 교육과정을 미리 탐색할 시간을 갖는다. 0주차의 사전 활동은 코로나 시기 이전에는 1주차에 진행하던 활동이었으나, 0주차를 전공별로 진행함으로써 이후 전체 활동 시간에 여유를 갖게 되었다.

1주차에는 융복합 수업에 참여하는 예비 교사, 교수자가 처음으로 전체적인 모임을 갖는다. 융복합 수업에 관한 경험이 많은 현장 교사의 특강을 통해 융복합 수업에 대한 필요성을 인식하도록 한다. 또한 미리 구성한 모둠별로 융복합 수업 설계에 대한 아이디어를 구상하는 활동을 수행하게 된다. 예비 교사들은 서로 잘 알지 못하기 때문에 본격적인 모둠 활동 전에 서로 소개하기, 모둠명 선정, 공동 작업을 위한 시간표 공유, 서로의 전공에 대한 인식 나눔 등 원활한 모둠 활동을 위한 라포르를 형성하는 시간을 가진다. 이때 융복합 수업 설계 사전 활동을 실시한다(72쪽의 융복합 수업 설계 사전 활동 양식 참고).

2주차에는 융복합 수업 설계를 위한 구체적인 모둠 활동이 이루어진다. 1주차에 제시했던 대략적인 계획을 교육과정과 교과서 및 기존 융복합 수업자료 등을 바탕으로 교수 · 학습과정안(83~84쪽의 교수 · 학습과정안 참고)을 구성하는 시간이다. 이때 모든 교수자들은 한 강의실을 순회하면서 질의에 즉시 응답하는 코티칭을 진행한다. 이 시간 중에 완성하지 못한 부분(교수 · 학습과정안, 학생 활동지, 교수자료 등)은 과제로 부여하여 패들렛에 제출하도록 한다. 이때 자체 점검도 실시한다(91~92쪽의 융복합 수업 설계 절차에 따른 자기 점검표 참고). 제출된 자료는 현장교사에게 온라인 서면 검토를 받는다.

〈표 7-2〉 융복합 교육 프로그램 구성

차시	내용	상세 내용	장소
0 (2023. 11. 16.)	융복합 수업 오리엔테이션	• 교과별 전공 수업에서 융복합 수업 일정 안내 • 사전 모둠 편성(두 전공에서 각 2명씩 4명) • 온라인 플랫폼(패들렛) 주소 및 자료 안내 • 과제: 융복합 수업 이론과 사례 및 융복합 교과의 교육과정 온라인 학습	각 전공 강의실
1 (2023. 11. 23.) (3시간)	융복합 수업 설계를 위한 아이디어 구상	• 현장 교사의 융복합 수업의 실제 사례 특강 • 융복합 수업을 위한 각 전공 특성 분석 • 융복합 수업 '조직의 중심' 선정(교육과정 재구성) • 과제: 융복합 수업 설계 활동 계획서 제출(11월 25일)	60주년 기념관 국제회의실
2 (2023. 11. 30.) (3시간)	융복합 수업 설계 초안 작성	• 융복합 수업 계획의 구체화: 학생 활동지 교수 · 학습과정안 작성 • 지도교수 순회지도 피드백 제공 • 과제: 현장교사 서면 검토용 교수 · 학습과정안 패들렛에 제출(12월 3일)/페어를 위한 포스터 제출(12월 5일)	60주년 기념관 국제회의실
3 (2023. 12. 7.) (3시간)	융복합 수업 설계 초안 피드백	• 융복합 수업 페어(포스터 발표) • 현장 교사, 지도 교사, 동료 예비 교사 현장 피드백 • 3개 모둠의 설계에 대한 개인 소감문 패들렛에 게시 • 모둠별 융복합 수업 지도안 수정 및 점검 • 과제: 피드백을 바탕으로 수정된 지도안(학생 활동지 포함) 및 수업 동영상 제출(12월 17일까지)	60주년 기념관 국제회의실
4 (2023. 12. 21.) (3시간)	융복합 수업 시상 및 우수 사례 발표	• 우수 융복합 수업 시상(사범대학 학장) • 융복합 수업 설계 우수 사례 발표 • 융복합 수업 소감 나눔	교육 4호관 118호

3주차는 예비 교사의 융복합 설계를 검토하고 수정하는 시간으로 구성된다. 모둠별로 고안된 수업 설계를 포스터로 제작하여 페어 형식으로 발표하고, 현장 교사, 지

도교수와 동료의 피드백을 받는다. 예비 교사들은 온라인 서면 피드백과 현장의 피드백을 바탕으로 융복합 수업 계획을 수정 · 보완하게 된다. 이후 예비 교사들은 수업 시연을 하고 이를 15분짜리 동영상으로 촬영해서 제출하는 과제를 수행하게 된다. 교수자들은 제출된 수업 동영상과 수업자료를 평가하여 수상작을 선정한다.

4주차는 예비 교사들이 제출한 융복합 수업 설계 중 우수한 사례에 대해 시상을 진행하고, 우수 수업 수상작에 대해 구체적인 수업 설계와 시연 내용을 구두로 발표하는 시간을 갖는다. 이를 통해 우수 수업 사례에 대해 공유하고, 4주 동안 진행한 융복합 수업을 마무리하면서 성찰하고 나누는 시간을 가진다.

4) 융복합 교육 프로그램의 실행을 위한 준비

(1) 융복합 수업을 위한 행 · 재정적 환경 만들기

대학에서 융복합 교육을 막상 시작하면 보통의 수업을 시도할 때와 다른 환경의 제약을 많이 경험하게 된다. 이론적 접근과 현실 적용의 차이를 경험하게 되면 융복합 교육의 장점을 알고도 쉽게 포기하기 쉽다. 따라서 융복합 수업을 실제 진행하여 겪은 환경 최적화 과정에 대해 소개하려 한다.

① 융복합 수업에 참여하는 전공의 시간표 일치시키기

융복합 수업은 참여 교과 모두 한 강의실에서 운영하며 교수들도 모두 동시에 수업에 참여하는 코티칭 형식의 강의로 운영된다. 이를 위해 참여 교과들의 강의 시간을 모두 동일 시간에 맞춰 개설해야 하는 것이 필수적인 조건이다. 따라서 강의 개설 기간에 각 과에 협조를 구하여 융복합 수업에 참여하는 교과들의 강의 시간을 우선 배정하여 강의 시간을 조율하여야 한다. 이는 다른 교수들의 이해와 배려가 요구되는 문제이기도 하므로 이를 위해 융복합 교육의 중요성과 효과에 대해 학교 내의 소통을 적극적으로 시도할 필요가 있다. 즉, 융복합 수업이 일부 개인의 시도가 아니라 사범대학 단위에서 공식적인 절차로 인정받으려는 노력이 필요하다.

② 적합한 수업 장소 마련하기

학기 초에 강의계획서와 평가 계획의 공지는 필수적이다. 공지를 위해 학기 시작 전 강의계획서에 융복합 수업에 대한 안내와 운영 개요, 스케줄을 참여 교과 모두 협의하여 결정해야 한다. 이때 시간표의 조율과 함께 중요한 것이 강의 장소의 결정이다. 2023년 사범대 적용 사례의 경우 7개 교과가 동시에 강의를 운영하기 위해 150명 이상의 학생이 들어갈 수 있는 대형 강의실 확보가 필수적이었으며 이는 사전에 상당한 노력이 필요한 일이었다. 또한 융복합 수업의 특성상 모둠 간의 상호작용이 필수적이기 때문에 모둠의 상호작용을 효율적으로 운영할 수 있는 좌석의 배치도 강의실 구조에서 중요하였다. 따라서 모둠 활동이 가능한 대형 강의실의 사전 준비가 우선적으로 고려되어야 한다. 대형 강의실은 사범대 내에서 확보하기 어려우므로, 대학 내의 큰 행사가 가능한 장소를 사전에 섭외해 사용하였다. 따라서 대학 본부에 한 학기 전에 미리 신청 허가를 받아 두도록 한다.

③ 평가 방법과 수준에 대해 합의하기

학생들은 평가에 매우 민감하다. 여러 교과가 동시에 참여하는 수업이기 때문에 학생들이 교과별로 동일한 산출물을 만들었음에도 다른 평가를 받았다고 느끼는 것은 융복합 수업에 대한 반감을 줄 수 있으며 이는 공정한 평가라고 보기 어렵다. 따라서 강의를 운영하기에 앞서 학기 시작 전에 참여교수들이 모여 평가의 기준과 형식 등에 대해 여러 차례 협의의 과정을 거치고 이를 평가 방법에 반영해야 한다. 특히 대학의 경우 강의 수강인원에 따라 상대평가가 의무적으로 적용되기 때문에 참여 교과의 수강인원 규모에 따라 절대평가와 상대평가가 달라진다면 이는 학생들에게 공정하지 않은 평가가 될 것이다. 따라서 수강인원 규모가 큰 교과의 경우 대학 본부에 평가 변경 신청 절차를 거쳐 동일한 평가를 적용받도록 해야 한다.

나아가 학생들이 강의 시간마다 작업하는 산출물과 최종 결과물(융복합 수업 시연 동영상 등)의 평가 시 참여 교수 간 평가 준거의 합의나 외부 전문가의 초빙을 통한 평가 타당성 확보 등의 노력이 평가의 질을 높이고 학습자의 신뢰를 높이는 데 기여할 수 있다.

④ 융복합 수업 산출물에 대한 시상 마련하기

융복합 수업은 기존 수업과는 다른 새로운 시도에 해당하기 때문에 시도하는 학생들은 낯선 활동과 과제에 적응하기 위한 어려움을 느낀다. 따라서 학생들의 융복합 수업에 대한 동기 유발을 더욱 신경 써야 원활한 수업 운영이 가능하다. 저자들의 경우 사범대의 협조를 통해 융복합 수업 경연대회를 운영하여 융복합 강의에 참여한 학생들이 제출한 산출물이 시상의 대상이 될 수 있도록 하였다. 이러한 노력을 통해 학습자들은 한 학기 동안 학생들의 융복합 수업 계발에 대한 노력에 적절한 피드백을 받고 융복합 수업 참여가 긍정적인 경험으로 남을 수 있었다. 이것이 가능하게 된 것에는 학장 명의의 상장 발급, 시상식 참여 등 사범대학의 역할이 컸다. 즉, 융복합 수업의 운영과 같은 혁신적인 시도는 개별적 노력 차원을 넘어서서 조직의 공식적인 절차나 활동으로 인정받기 위한 노력도 중요하다.

⑤ 대학의 재정 지원 확보

융복합 수업을 운영하는 과정에서 현장 교사의 특강비, 검토를 위한 자문비뿐 아니라 예비 교사들이 산출물을 준비하기 위한 실험 재료비, 포스터 제작비, 모둠 활동 지원, 시상식 상품 등 다양한 지출이 발생한다. 강의 운영 시 필요한 예산은 대학 수준의 지원이 필요하다. 저자들의 사례에서는 대학에서 운영하는 교수학습센터의 다양한 지원 체제를 활용하였다. 대학의 교과 운영비가 지원 가능한 과제를 사전에 신청해서 선정된 뒤 활용하거나, 사범대학에 취지를 설명하고 지원을 요청하는 방법도 가능하다. 따라서 대학 수준의 협조 체제를 미리 계획하고 이를 담당자와 공식화하는 것이 좋다.

5) 융복합 수업 실행을 위한 구성원 간의 협의 과정

융복합 교육 프로그램의 개발과 실행은 여러 전공자 간의 협업이 필요하기 때문에 구성원 간의 협력적인 문화가 조성되어야 한다. 교수 간 협력이 원활히 이루어지기 위해서 교수 간 신뢰 형성뿐만 아니라 타 전공 분야에 대한 이해와 포용을 기반으로 각 전공의 관점이 조화롭게 어우러질 수 있도록 함께 노력하는 일이 필요하다.

융복합 교육의 필요성과 그에 따른 예비 교사 교육의 정비에 적극 공감하는 몇몇으로부터 융복합 수업은 시작될 수 있다. 저자들의 경우, 모두 교과교육 전공자들로 2학기에 각 전공의 '교재 연구 및 지도법'을 공통적으로 맡고 있기 때문에 이 강좌 내에서 융복합 교육 프로그램을 삽입하는 것이 가능하다고 보았다. 이후 저자들은 여러 차례의 협의회를 통해 융복합 교육에 대한 의미와 관점 등을 논의하며 의견 차이를 좁혀 나갔고, 융복합 프로그램 개발에 적극적이고 협력적으로 참여하여 개인 간 라포르(rapport)도 쌓아 나갔다.

〈표 7-3〉에는 융복합 수업을 실행하던 첫해에 개발진이 협의한 과정을 제시하였다. 협의회는 강좌가 시작되기 전과 강좌 시작 후 융복합 교육프로그램이 투입되는 동안 이루어졌다.

우선, 1차 협의에서는 융복합 교육프로그램을 4인 교수가 공통적으로 맡고 있는 '교재 연구 및 지도법' 강좌 내에 배치하기로 결정하였다. 이에 따라 2016년까지 진행되었던 기존 강의계획서상의 내용이 일부 생략되어야 했다. 현실적으로 임용시험 대비를 위해 중요한 강좌이기 때문에 융복합 교육프로그램 적용에 따라 생략되는 내용을 각 교수자의 다른 강좌에서 보충할 수 있는 방도를 강구하였다. 예컨대, 수학교육과에서는 2017학년도 1학기에 '수학교육과정론' 강좌에서 임용시험 대비 시 중요한 이론 수업을 미리 하고, 2017학년도 2학기 '교재 연구 및 지도법' 강좌에서는 수업 설계와 시연 위주로 수업을 진행하는 방식으로 진행하기로 하였다.

2차 협의회에서는 전공이 다른 예비 교사들이 협업하고, 전공별 교수가 팀티칭을 하려면 모든 강좌가 동일한 날짜, 동일한 시간에 이루어져야 하기 때문에 4개 강좌 모두 월요일과 목요일 1시 30분부터 75분 동안 이루어지는 시간에 개설되도록 결정하였다. 이에 따라 융복합 교육 프로그램이 실시되는 날에는 4개 강좌 수강생(총 102명)이 모두 들어갈 수 있는 대형 강의실을 확보하고, 팀 활동을 원활히 할 수 있는 여건을 조성하기 위해 사범대학의 행정 지원을 요청하였다.

3차 협의회에서는 융복합 교육 프로그램 운영을 위한 주차별 강의 내용을 개발하였다. 교수자 간 융복합 교육에 대한 의미와 유형에 대한 관점을 공유하고 서로 간

〈표 7-3〉 융복합 교육 프로그램 개발진 협의 과정(2017년)

협의회(날짜)	협의 내용
1차 (2017. 3. 15.)	● 유사 강좌 간의 사전 수업 내용 조정 - 전공별 '교재 연구 및 지도법'에 융복합 프로그램을 삽입함으로써 발생하는 결손 교육 내용을 다른 강좌로 분산함으로써 임용시험을 대비해야 하는 사범대학생들에게 불이익이 가지 않도록 조처함
2차 (2017. 6. 15.)	● 전공 간 융복합 수업과 팀티칭 진행을 위한 강의시간표 조정: 4개의 '교재 연구 및 지도법' 강좌를 월 3시~6시로 동일 시간대에 편성함으로써 전공 간 교수 · 학생 코티칭 및 모둠별 학습 가능 환경 조성 ● 주차별 수업 운영 일정에 맞추어 모둠별 토론 수업이 가능한 대형 강의실 확보(사범대 행정실 지원)
3차 (2017. 6. 26.)	● 융복합 프로그램 운영을 위한 주차별 강의 내용 개발 - 융복합 교육의 의미 및 유형에 대한 내용 공유 및 토론, 각 교과 개발 사례 수집 및 토론 ● 수강생들의 모둠 구성안 마련
4차 (2017. 8. 8.)	● 융복합 프로그램을 포함한 '교재 연구 및 지도법' 강좌의 강의계획서 작성 - 강의계획서 틀 공유, 각 전공에서 주요하게 다루어야 하는 내용을 제시하고, 동시에 2, 5, 8주차(중간 · 기말고사와 추석 연휴 등을 고려함)에 제시할 융복합 교육 프로그램 실시를 고려한 강의계획서 작성 및 공유
5차 (2017. 8. 31.)	● 현장 교사와 함께하는 융복합 수업 설계 및 시연 과정에 대한 논의 - 예비 교사들이 융복합 수업을 설계하고 시연하여 동영상 촬영을 하고, 이를 바탕으로 우수 팀에 대해서는 시상하도록 논의하면서 이 과정에서 현장 교사와 협력할 지점과 방법에 대해 논의 ● 융복합 수업 평가 방법 논의 - 예비 교사들이 개발한 융복합 수업 계획과 시연에 대한 피드백 방법과 시연 동영상 평가 기준 및 방법 논의 ● 융복합 프로그램 적용 시 교수자들의 수업 일지 양식 작성
6차 (2017. 10. 28.)	● 융복합 수업 시연 동영상 열람 및 우수 팀 시상작 선정 - 예비 교사의 융복합 수업 시연은 물리적 여건상 각 팀이 동영상으로 촬영해서 제출함. 이를 교수자들이 미리 공유한 평가 기준에 따라 열람하면서 우수 팀을 추천함. 우수 팀으로 추천된 팀 중에서 우수, 장려로 선별함

에 이견이 있는 부분을 조정해 나가면서 융복합 교육에 대한 내용을 공유하였다. 그리고 각 전공에서 기개발된 융복합 수업 관련 자료들을 공유하고 이를 선별하였다. 또한 4개 전공 학생들이 협력할 수 있도록 하는 모둠 구성안과 수업 설계 및 시연을 시간적, 공간적 제약 조건하에서 효율적으로 운영할 수 있는 방안에 대해 협의하였다. 이에 따라 융복합 교육프로그램은 '1차시: 융복합 교육의 의미와 유형에 관한 이론 수업 및 각 교과의 융복합 수업 사례 제시, 2차시: 모둠별 융복합 수업 설계, 3차시: 모둠별 융복합 수업 설계안 발표 및 피드백(이후 피드백을 반영하여 수업 설계안을 수정하고 수업 시연함. 이를 동영상으로 촬영 후 제출), 4차시: 우수 시연 팀 중 3개 팀의 발표와 시상'으로 구성하게 되었다. 매우 빠듯한 일정으로 진행되기는 하지만 중간 · 기말고사 및 추석 연휴와 융복합 교육프로그램 이외에 다루어야 하는 강좌 내용 등을 고려하여 결정하였다.

4차 협의회에서는 융복합 교육프로그램을 포함한 '교재 연구 및 지도법' 강의계획서를 작성하였다. 4개 강좌가 강의계획서 형식을 공통으로 하여 2, 5, 8주차(중간 · 기말고사 및 추석 연휴를 고려함)의 4차시에 개발한 융복합 교육프로그램을 삽입하고, 그 외 시간에는 각 강좌에서 다루어야 하는 고유한 내용을 배치하였다.

5차 협의회에서는 현장 교사와의 연계 방안과 학생들의 융복합 수업 설계와 시연에 대한 평가 기준 및 방법에 대해 논의하였다. 교과 간 융복합 수업은 학교 현장에서 활발히 시도되고 있고 선행연구에서 밝혔듯이 외부 관련 공동체를 활용하는 것이 성패를 좌우하는 지점이라고 판단하여 교사 참여에 대해 협의하였다. 각 교과에서 섭외한 교사들의 학교 일정 등을 고려하여 융복합 수업 설계, 시연에 대해 현장 교사의 피드백을 받을 수 있도록 프로그램을 구성하였다. 즉, 학생들이 팀별로 융복합 수업 지도안과 이를 시연하고 동영상으로 촬영한 파일을 강좌 LMS(온라인 학습 공간)에 탑재하면 이를 현장 교사가 검토하여 피드백을 주도록 하였다. 또한 융복합 수업 설계, 시연과 관련하여 4명의 교수가 동일한 평가 기준과 방법을 활용해야 하기 때문에 이 점에 대해서도 논의하였다. 사범대학의 수업 시연 대회에서 활용하는 평가 기준을 준용하되, 교과 간 내용을 유기적으로 융복합하고 있는지에 대한 요소에 배점을 높이는 방식에 합의하였다. 그리고 최종적으로 모둠별로 제출한 동영상을 보고 평가하기로 하고, 학생들의 새로운 시도를 격려하는 의미에서 우수 팀과 장려 팀을 각각 4팀씩 모두 8팀에게 시상하기로 결정하였다. 여기에는 사범대학의 행 · 재정적 지원을 요청하기로 하였다. 또한 프로그램이 적용되면서 발생하는 문제를 공유하고 추후 프로그램 수정에 반영하고자 교수자의 수업일지를 작성하는 양식을 만들었다.

6차 협의회에서는 학생들의 융복합 수업 시연 결과에 대해 교수자들이 평가하였다. 학생들의 수업 시연을 촬영한 동영상 자료를 열람하면서 공유한 평가 기준에 따라서 평가하였다. 이때 교수자마다 중점적으로 판단하는 지점에 대해 토의하면서 최종적으로 일치된 의견에 따라 우수 팀과 장려 팀을 결정하였다. 이 밖에도 저자들은 관련 연구 검토, 전문가들의 프로그램 타당성 검토, 후속 조치와 연구 등에 대해서도 지속적으로 협의해 나갔다.

〈표 7-4〉는 2023년 융복합 수업 운영 과정에서 진행한 협의 과정을 정리하여 제시하였다. 프로그램이 안정화된 부분이 많았기 때문에 개발 과정에서처럼 협의할 내용이 많지는 않지만, 융복합 수업을 실행하는 과정에서 새롭게 개선할 부분이나 산출물 평가와 관련된 논의 등이 필요할 때 협의회를 진행하였다. 또한 온라인 톡방을 통해 상시로 필요한 부분에 대한 정보나 의견을 나누었다.

1차 협의회는 2학기 강의계획이 시작되는 시기에 이루어졌다. 융복합 수업 시기를 어느 때로 해야 하는지, 시간표를 언제로 할지에 대한 확정이 있어야, 학과 시간표 편성에 반영할 수 있기 때문이다. 융복합 수업 초기와 달리 최근에는 2학기 마지막 부분에 융복합 수업을 배치하여 운영하고 있다. 각 전공에서 교재 연구와 지도법을 충분히 배운 다음 융복합 설계를 하는 것이 더 적절하다고 생각했기 때문이다. 융복합 수업 동영상을 제작할 충분한 시간을 확보하고, 각 전공 강좌의 마무리 시간을 확보하도록 일정을 협의하였다. 또한 이때 수강인원 파악, 강의실 확보가 이루어지도록 조치하였다. 2차 협의회는 2학기 초에 이루어졌는데, 새로운 실행을 위해 이전의 실행을 점검하고, 개선점들을 논의하였다. 2022년 개정 교육과정을 반영하기로 하고, 수업 설계 검토 방식을 변환하고, 메뉴얼을 업데이트하자는 의견이 제기되었다. 3차 협의회에서는 수업 설계 검토 방식의 변화를 위해 강원대 사범대학 부설고등학교와의 협력안이 제시되었고, 페어 형식의 검토 방식이 제안되었다. 기관 간의 협력과 조율 과정을 거쳐 전체 교수와 전체 교사가 만나 피드백을 위한 4차 협의회를 가졌다. 5차 협의회는 최종 산출물 평가와 우수작 선정을 위한 협의로 온라인으로 진행하였다. 모든 수업이 끝난 후 6차 협의회를 통해 실행을 성찰하고 개선 방안을 논의하였다.

〈표 7-4〉 융복합 교육 프로그램 운영 협의 과정(2023년)

협의회(날짜)	협의 내용
1차 (2023. 7. 10.)	• 수업 운영 논의 - 수업 일정 확정: 학사력 10, 11, 12, 15주차에 운영 - 3시간 연강으로 월요일 3-6시로 수업 편성, 연속 강의 신청 사유서 제출 필요 - 수강 인원 파악, 강의실 확보
2차 (2023. 9. 4.)	• 2022년 수업 운영 개선점 논의 - 융복합 수업 매뉴얼 최신화 - 2022 개정 교육과정 적용하여 소개 영상 작성 - 수업 설계안과 동영상에 대한 평가 기준 정비 - 융복합 수업 설계안에 대한 피드백 방식: 페어나 갤러리 형식으로의 변환 시도 논의
3차 (2023. 11. 6.)	• 예비 교사 수업 설계 검토 방식 개선을 위한 협의 - 피드백 과정에서 강원대 사대부설고등학교와의 연합 운영 논의 - 페어 형식으로 피드백하는 것에 대한 구체적인 안 논의
4차 (2023. 11. 23.)	• 강원대 사대부설고등학교 현장 교사와 협의회 - 융복합 모듈 운영 취지 및 고등학교에서의 교과 간 융복합 교육과정 운영 사례 공유 - 예비 교사들의 융복합 수업 설계 절차와 방식 소개 - 교수진(국어, 수학, 화학, 물리, 역사, 도덕/윤리, 가정)과 고등학교 교사(7개 교과) 간 융복합 수업에 대한 관점 및 피드백 방식 공유
5차 (2023. 12. 18.)	• 융복합 수업 시연 동영상 열람 및 우수팀 시상작 선정(온라인 회의)
6차 (2023. 12. 21.)	• 융복합 수업 평가회를 통한 개선 방안 논의 - 산출물 제출까지 기한이 촉박 - 지속적인 예산 확보 방안 모색 - 조 편성의 다양화 방안

2. 예비 교사를 위한 융복합 교육 프로그램 실행 사례

이 절에서는 2023년 실행 자료를 바탕으로 구체적인 융복합 교육 프로그램을 소개하고자 한다. 특히 각 주차별로 교수자가 점검하고 준비해야 할 사항들이 어떤 것들이 있는지 안내하고, 각 주차별 수업에서 사용한 수업 운영을 위한 서식과 자료, 학생들의 산출물 실례를 제공하고자 한다.

1) 0주차 활동

(1) 융복합 수업 온라인 게시판 개설

융복합 수업은 전공이 다른 여러 명의 교수자와 예비 교사들이 함께하는 수업이기 때문에 의사소통에 어려움이 많다. 또한 교수자가 제공하는 자료와 예비 교사 학생들이 제출해야 하는 산출물도 많다. 따라서 원활한 의사소통과 자료 공유를 위해 패들렛(https://padlet.com/)이나 퀴즈앤펀(https://www.quizn.show/) 등 온라인 게시판을 미리 개설하도록 한다. 이 게시판은 모든 공지 사항, 서식, 모둠별 산출물을 모으는 플랫폼의 역할을 한다. 무료로 사용할 수 있지만, 모둠이 많고 게시할 자료가 많아서 필요한 용량이 큰 경우에는 유료 구입을 고려하는 편이 좋다.

[그림 7-1]은 패들렛에 개설한 게시판의 형태와 업로드된 자료를 보여준다. 좌측 3열은 수업 운영과 관련된 공지 사항이나 교육 자료, 각종 서식을 제공하고, 오른쪽 열들은 모둠별로 산출물을 게시하기 위한 것이다. 모둠이 편성되면 모둠별로 열을 만들고, 모둠원의 이름과 모둠별로 배정된 지도교수와 현장 교사 이름을 게시한다. 2023년의 경우 38모둠으로 구성되었기 때문에 38개의 모둠에 대한 열을 생성하고, 각 모둠의 산출물을 올리도록 하였다. 수업에 참여한 교수자, 예비 교사, 현장 교사가 모든 자료에 접근할 수 있고, 댓글 등을 통해 의사소통할 수 있었다.

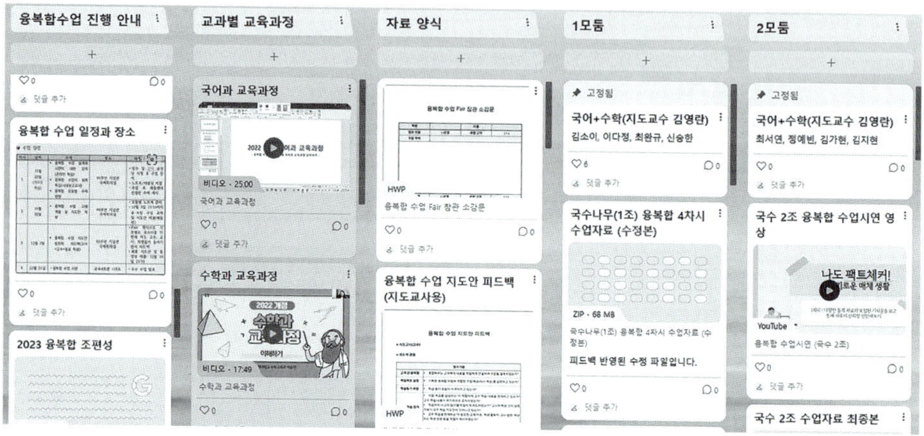

[그림 7-1] 융복합 수업을 위한 온라인 게시판

(2) 모둠 편성표 구성

융복합 수업의 참여 학과와 수강 인원이 확정되면 모둠 편성을 해야 한다. 엑셀 시트를 작성하여([그림 7-2]) 온라인 구글 공동작업 문서로 올리면 학생들이 접속하여 자신이 원하는 융복합 조에 이름을 입력하는 방식으로 모둠을 구성하게 된다.

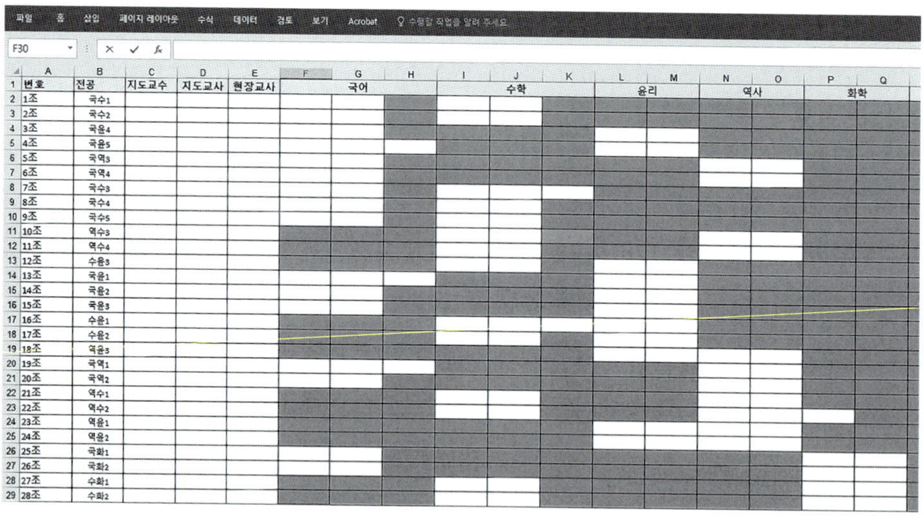

번호	전공	지도교수	지도교사	현장교사	국어		수학			윤리		역사		화학	
1조	국수1														
2조	국수2														
3조	국윤4														
4조	국윤5														
5조	국역3														
6조	국역4														
7조	국수3														
8조	국수4														
9조	국수5														
10조	역수3														
11조	역수4														
12조	수윤3														
13조	국윤1														
14조	국윤2														
15조	국윤3														
16조	수윤1														
17조	수윤2														
18조	역윤3														
19조	국역1														
20조	국역2														
21조	역수1														
22조	역수2														
23조	역윤1														
24조	역윤2														
25조	국화1														
26조	국화2														
27조	수화1														
28조	수화2														

[그림 7-2] 모둠 편성을 위한 구글 공동작업 문서

모둠은 두 교과의 조합으로 한 교과당 두 명씩 총 네 명의 모둠원으로 구성한다. 전공별 인원이 홀수가 되는 경우는 3명으로 편성하여 총 모둠원이 5명이 되는 모둠도 생긴다. 2023년 융복합 수업에 참여한 인원은 총 157명이었으며, 38모둠이 편성되었다. 최대한 다양한 교과별 조합을 만들고자 하였으며, 국어나 수학 전공의 예비교사가 다른 교과에 비해 많아서 국어와 수학 교과 조합 팀은 다른 조합에 비해 여러 개가 생성되었다.

(3) 융복합 수업 오리엔테이션

각 전공 교과 교재 연구 및 지도법 강의 초에 융복합 수업의 실시 취지와 일정에 대해 간략하게 공지하는 것이 좋다. 모든 전공이 전체적으로 모이기 1주 전 전공별 교과 교재 연구 및 지도법 수업 시간에 융복합 수업에 대한 오리엔테이션을 실시한다. 오리엔테이션 내용은 다음과 같다.

① 융복합 수업 참여 전공들을 소개한다. 어떤 학과에서 몇 명이 참여하는지 소개한다.

② 융복합 수업 주차별 일정, 융복합 수업 장소 등 구체적인 수업 계획을 안내한다. 〈표 7-5〉는 2023년 일정계획이다.

③ 융복합 수업 모둠을 편성한다. 패들렛에 올라가 있는 모둠 편성표 링크로 접속해서 자신이 융합하고 싶은 과목이 있는 모둠에 이름을 입력한다.

④ 영상 강의 시청 안내: 한 주 동안 패들렛에 올라온 영상을 시청하고 오도록 안내한다([그림 7-3]). 융복합 수업 이론, 융복합 수업 설계, 융복합 수업 우수사례는 필수로 시청을 하고, 각 교과별 교육과정은 자신이 융합하는 교과의 교육과정에 대한 영상만 시청하고 올 수 있도록 지도한다.

〈표 7-5〉 2023년 융복합 교육 프로그램 일정 계획

주차	날짜	활동	장소	과제/준비물
1	11월 23일	융복합 수업 설계와 시연에 대한 강의(온라인 학습) 융복합 수업의 실제 특강(사대부고 교사) 융복합 모둠별 '조직의 중심' 선정	60주년 기념관 국제회의실	• 필수 및 선택 동영상 시청 후 수업 참석 • 노트북/태블릿 지참 • 수업 후 패들렛에 선정한 주제 게시
2	11월 30일	융복합 수업 교재 개발 및 지도안 작성	60주년 기념관 국제회의실	• 모둠별 노트북 준비 • 12월 5일 23:59까지 융복합 수업 교재 및 지도안 제출(패들렛)
3	12월 7일	융복합 수업 지도안 발표와 피드백(교사+교수+동료학생)	60주년 기념관 국제회의실	• 페어 형식으로 각 조별로 포스터를 마련해 지도 교수, 교사, 학생들이 돌아가면서 피드백 • 최종 지도안 및 동영상 제출: 12월 17일 23:59
4	12월 21일	융복합 수업 시상	교육4호관 118호	• 우수 수업 발표

[그림 7-3] 융복합 이론 수업 동영상

2) 1주차 활동

(1) 장소 예약 및 모둠별 자리 배치 안내

1주차에는 각 전공 예비 교사가 전체적으로 모여서 현장 교사의 특강을 듣고 모둠별로 융복합 수업의 주제를 선정하게 된다. 157명이라는 많은 인원이 동시에 모둠 활동을 해야 하므로 대형 강의 장소이면서, 모둠 활동이 가능한 장소를 확보하기가 쉽지 않았다. 학교 상황에 따라 다르겠지만 많은 인원이 모일 수 있는 대형 강의 장소는 수업 6개월 전에 미리 확보하는 것이 좋다. 모둠별 좌석 배치도([그림 7-4])를 준비하고 온라인 게시판에 공지하면 수업 당일에 예비 교사들이 혼란스럽지 않게 모둠별 좌석을 찾아갈 수 있다. 각 모둠에는 전공이 포함된 교수를 1명씩 배치하였다. 지도교수는 모둠 활동을 지도하는 동시에 배정되지 않은 다른 모둠의 교과에 대한 질의에 답하였다.

60주년기념관 국제회의실 사범대학 융복합 수업 좌석표

강 단

국수1	국수1	국수2	국수2
국수1	국수1	국수2	국수2
국윤4	국윤4	국역3	국역3
국윤4	국윤4	국역3	국역3
국윤5	국윤5	국역4	국역4
국윤5	국윤5	국역4	국역4
국윤5	국윤1	국윤2	국윤2
국윤1	국윤1	국윤2	국윤2
국윤1	국윤1	국윤3	국윤3
		국윤3	국윤3

역수1	역수1	국역1	국역1
역수1	역수1	국역1	국역1
역윤1	역윤1	역윤2	역윤2
역윤1	역윤1	역윤2	역윤2
국역2	국역2	역수2	역수2
국역2	국역2	역수2	역수2
수윤2	수윤2	역수2	수윤1
수윤2	수윤2	수윤1	수윤1
역윤3	역윤3	수윤1	수윤1
역윤3	역윤3		

국화1	국화1	국화2	국화2
국화1	국화1	국화2	국화2
수화1	수화1	수화2	수화2
수화1	수화1	수화2	수화2
화윤	화윤	화역	화역
화윤	화윤	화역	화역
국수4	국수4	역수3	역수3
국수4	국수4	역수3	역수3
국수3	국수3	국수3	국수5
국수3	국수3	국수5	국수5

국물	국물	물수	물수
국물	국물	물수	물수
물윤	물윤	국가	국가
물윤	물윤	국가	국가
가수	가수	가윤	가윤
가수	가수	가윤	가윤
가역	가역	화가	화가
가역	가역	화가	화가
역수4	역수4	수윤3	수윤3
역수4	역수4	수윤3	수윤3

[그림 7-4] 전체 강의실 모둠별 좌석 배치도

(2) 융복합 교수에 대한 현장 교사 특강

융복합 수업을 운영한 경력이 많은 현장 교사의 특강은 예비 교사에게 융복합 수업에 대한 이해와 필요성을 느낄 수 있는 시간을 제공할 수 있다. 학교 현장에서 어떻게 융복합 수업이 이루어지고 있는지 현장 교사의 생생한 이야기를 듣는 것으로 융복합 수업을 시작하는 것은 예비 교사들에게 융복합 수업에 동기를 부여하고, 적

극적으로 참여하고자 하는 의지를 갖게 할 수 있다. [그림 7-5]는 강원대학교 사범대학 부설고등학교 가정교사의 특강 장면이다. 수업량 유연화에 따른 자율적 교육과정에 융복합 수업을 운영한 사례를 중심으로 '융복합 교육 설계 방법 및 실제 수업 운영 과정'이라는 제목으로 특강을 진행하였다.

[그림 7-5] 학교 현장 교사의 융복합 수업 특강 장면과 내용

(3) 모둠별 융복합 수업 '조직의 중심' 선정

모둠별 활동을 통해 융복합 교수 · 학습과정안을 작성한다([그림 7-6]). 모둠원을 처음 만나는 상황이므로, 서로 소개하고, 모둠명을 만들고, 전공에 대해 소개하는 등의 활동으로 라포르를 형성할 수 있도록 지도한다. 지도교수는 모둠을 순회하면서 예비 교사가 궁금해하는 것에 응답하도록 한다([그림 7-7]).

융복합 수업 '조직의 중심'은 예비 교사가 융복합 교과와 수업 내용을 교육과정의 범위 안에서 자유롭게 선택하도록 지도한다. 교과 내용과 연계된 현상이나 사회적 이슈 등 예비 교사들의 개인적 관심사를 반영하여 선정할 수 있다. 2022 개정 교육과정 총론에 제시된 범교과 주제(안전 · 건강 교육, 인성 교육, 진로 교육, 민주시민 교육, 인권 교육, 다문화 교육, 통일 교육, 독도 교육, 경제 · 금융 교육, 환경 · 지속가능발전 교육)도 고려하도록 안내하였다. 〈표 7-6〉은 모둠별로 고안한 융복합 수업명의 일부이다.

[그림 7-6]은 역사와 화학교과 융합 모둠이 작성한 융복합 계획서의 예시이다. 1주차에 완성되지 못하더라도 초안을 작성하여 제출하도록 안내한다.

〈표 7-6〉 모둠별 융복합 수업명(일부)

모둠	융복합 교과	수업명
1	국어+수학	제 아내를 찾아 주세요(명제를 활용해 〈메밀꽃 필 무렵〉 이해)
2	국어+수학	나도 팩트체커!: 슬기로운 매체 생활(디지털 매체 자료의 통계적 탐구)
3	국어+윤리	홍길동과 시민 불복종(홍길동전 분석 및 시민 불복종을 활용한 글쓰기)
4	국어+윤리	인터넷 가상 세계에서 창작하고 감상하기(웹소설을 통한 인터넷 윤리 학습)
5	국어+역사	올바른 협상의 과정을 통해 배우는 다시 쓰는 정전 협상
6	국어+역사	시로 표현해 보는 6.25 전쟁의 피해와 영향
7	국어+수학	경우의 수로 알아보는 한글의 개수
8	국어+수학	지켜라! 우리의 도도독도(문헌조사를 통한 정보수집 및 탐구 방법과 절차)
9	국어+수학	3개 중학교 연합체육대회 장소 정하기(삼각형의 외심과 내심을 활용한 다양한 정보 생성)
10	역사+수학	조선의 조세제도에 담겨 있는 일차함수의 원리
11	역사+수학	일차함수 그래프를 통해 이해하는 삼정의 문란
12	수학+윤리	나의 행복은 언제 최대일까?(고통과 쾌락 탐구를 통한 그래프 해석 유용성 이해)
13	국어+윤리	다시 쓰는, 내 인생: 윤리와 함께 다시 쓰는 문학작품
14	국어+윤리	가족과 소통도 잘하는 MZ(세대 간 언어 차이 인식 및 격차 완화를 통한 가족 간 올바른 소통 이해)
15	윤리+수학	행복나무로 알아보는 네가 얼마나 행복한지 알려 줄까?(행복지수를 줄기와 잎그림으로 표현 및 해석)
16	국어+윤리	그대들은 어떻게 살 것인가?(문학작품을 통한 문학의 가치 내면화 및 자신의 삶 성찰)
17	수학+윤리	가치, How much?(다양한 상황에 따른 가치를 수학적 자료로 해석 및 가치 의미 파악)
18	역사+윤리	학교생활세부사항기록부: 광해군(역사적 지식을 통한 도덕적 판단력 함양)

<table>
<tr><td colspan="2">융복합 수업명</td><td colspan="4">산화 · 환원과 회취법, 동아시아 교류의 새로운 역사를 만들다.</td></tr>
<tr><td colspan="2">모둠 구성원</td><td colspan="4">한문교육과 강OO, 과학교육학부 화학교육전공 안OO,
역사교육과 이OO, 과학교육학부 화학교육전공 조OO</td></tr>
<tr><td colspan="2">학교급/학년
(선택과목)</td><td colspan="4">고등학교/3학년(동아시아 역사 기행, 화학반응의 세계)</td></tr>
<tr><td rowspan="2">교과별 성취 기준</td><td>동아시아 역사 기행</td><td colspan="4">[12동역02-04] 이슬람과 유럽 세력의 참여를 통해 확대된 동아시아 교류의 모습을 탐구한다.</td></tr>
<tr><td>화학반응의 세계</td><td colspan="4">[12반응02-01] 전자의 이동과 산화수 변화로 산화 · 환원 반응을 이해하고, 반쪽 반응식을 활용하여 산화 환원 반응식을 완성할 수 있다.</td></tr>
<tr><td colspan="2">융복합 수업 목적</td><td colspan="4">16세기 동아시아에서 '은 교역망' 확산의 출발점인 '연은분리법(회취법)'의 과학적 원리인 산화 · 환원 반응을 살펴봄으로써, 역사적 맥락 속에서 과학의 유용성을 발견할 수 있다.</td></tr>
<tr><td colspan="2">융복합 수업 활용 맥락</td><td colspan="4">연은분리법(회취법)을 산화 · 환원 반응을 통해 실제적으로 확인한다.</td></tr>
<tr><td colspan="2">융합의 정도</td><td colspan="4">공유형, 다학문 → 간학문</td></tr>
<tr><td colspan="2">학습 목표</td><td colspan="4">1. 동아시아 은 교역 확산에 기여한 조선의 '연은 분리법'을 산화 · 환원 반응을 통해 설명할 수 있다.
2. 16세기 동아시아 은 교역망이 형성된 역사적 상황을 이해하고, 이를 조별 제작물로 제작하여 발표할 수 있다.</td></tr>
<tr><td colspan="2">수업 흐름 개요</td><td colspan="4">〈블록수업 형태로 진행〉
1. 조선에서 발명한 연은분리법(회취법)
1) 기존의 금속 분리방법 소개(녹는점 차이)
2) 연은분리법(회취법) 소개(산화 · 환원 반응)
2. 역사 속 연은분리법을 산화 · 환원 반응을 통해 확인
3. 일본으로 전파된 연은분리법이 동아시아 은 교역 확산 과정에 미친 영향
4. 수업 내용을 바탕으로 한 조별 활동 제작물 발표</td></tr>
<tr><td colspan="2" rowspan="2">수업 설계 전략</td><td>동기유발 전략</td><td>상호촉진 전략</td><td>학생 참여 유도 전략</td><td>과정 중심 평가 전략</td></tr>
<tr><td>
- 회취법 관련 그림 감상
- 금속 제련 관련 영상 시청</td><td>- 교사-학생: 수업의 모든 단계에서 다양한 발문 제시, 실험 시 순회 지도
- 학생-학생: 조별 활동 시 토의하며 상호작용</td><td>- 산화 · 환원 실험
- 조별 포스터, 신문, 일기 등 제작</td><td>- 포스터, 신문, 일기 등을 제작하여 발표
- 동료평가 진행</td></tr>
<tr><td colspan="2">기타 합의 내용</td><td colspan="4">역사 교과 교사와 화학 교과 교사가 함께 들어가 2차시 블록 수업 형태로 진행</td></tr>
<tr><td colspan="2">어려움/해결해야 할 점</td><td colspan="4">실험 준비물 지원 여부, 실험실 안전 수칙 준수</td></tr>
<tr><td colspan="2">궁금한 점/건의사항</td><td colspan="4">성취기준을 자유롭게 바꿔도 되나요? 실험 준비물 지원이 가능할까요?
공유형, 다학문 → 간학문 중 어떤 걸 써야 할까요?</td></tr>
</table>

[그림 7-6] 융복합 수업 설계 사전 활동 예시(30모둠 역사와 화학 융합)

[그림 7-7] 융복합 '조직의 중심' 선정을 위한 모둠별 활동(좌, 중앙)과 지도교수 순회지도(우)

3) 2주차 활동

(1) 모둠별 융복합 교수·학습과정안 및 학습 자료 개발

2주차에는 1주차에 작성한 수업계획을 구체적인 융복합 수업으로 구현하는 과정을 거치게 된다. 융복합의 맥락, 수준, 목적을 고려하여 수업 계획을 구체화하고, 이를 기반으로 교수·학습과정안, 학생 활동지 및 수업에 필요한 각종 학습 자료를 개발하게 된다.

예비 교사들은 모둠별로 노트북이나 태블릿을 지참하고 와서 구글 문서 등을 활용하여 공동으로 문서 작업을 진행한다. 각 전공의 교수자들은 자신의 전공 예비 교사들이 있는 모둠을 순회하면서 공동 작업 중에 발생하는 어려움과 공동작업의 진행 정도를 파악하고, 피드백을 제공해 준다. 작업이 느린 경우에는 모둠별로 수업 시간 외에 추가적으로 시간을 확보하여 작업을 완성하도록 지도한다.

[그림 7-8]은 역사와 화학 교과의 모둠이 1주차에 작성한 융복합 수업계획서([그림 7-6])에 기반하여 교수·학습과정안, 활동지, 수업 자료를 작성한 예시이다. 모둠별로 작성된 산출물은 온라인 게시판에 올리도록 지도한다.

교수 · 학습과정안(A)

◎ 융복합 수업 지도안

융복합 수업 주제	산화 · 환원과 회취법, 동아시아 교류의 새로운 역사를 만들다.
모둠 구성원	한문교육과 강OO, 과학교육학부 화학교육전공 안OO, 역사교육과 이OO, 과학교육학부 화학교육전공 조OO
학교급/학년(선택과목)	고등학교/3학년(동아시아 역사 기행, 화학반응의 세계)
교과별 성취 기준 – 동아시아 역사 기행	[12동역02-04] 이슬람과 유럽 세력의 참여를 통해 확대된 동아시아 교류의 모습을 탐구한다.
교과별 성취 기준 – 화학반응의 세계	[12반응02-01] 전자의 이동과 산화수 변화로 산화 · 환원 반응을 이해하고, 반쪽 반응식을 활용하여 산화 환원 반응식을 완성할 수 있다.
성취기준 재구조화	16세기 동아시아 은 교역 과정을 탐구하고, 핵심 기술인 '연은분리법(회취법)'을 산화 · 환원 반응을 통해 설명할 수 있다.
융복합 수업 목적	16세기 동아시아에서 '은 교역망' 확산의 출발점인 '연은분리법(회취법)'의 과학적 원리인 산화 · 환원 반응을 살펴봄으로써, 역사적 맥락 속에서 과학의 유용성을 발견할 수 있다.
융복합 수업 활용 맥락	16세기 동아시아 은 교역 확산 과정 – 핵심 원리인 연은분리법(회취법)을 소개 – 연은분리법을 산화 · 환원 반응 실험을 통해 실제적으로 확인 – 동아시아 은 교역 확산 과정에 대한 조별 활동 제작물 발표
융합의 정도	다학문 → 간학문
학습 목표	1. 동아시아 은 교역 확산에 기여한 조선의 '연은분리법'을 산화 · 환원 반응을 통해 설명할 수 있다. 2. 16세기 동아시아 은 교역망이 형성된 역사적 상황을 이해하고, 이를 조별 제작물로 제작하여 발표할 수 있다.
교수학습 방법	〈블록수업 형태로 진행〉 1. 16세기 동아시아 은 교역 과정 2. 조선에서 발명한 연은분리법(회취법) 1) 기존의 금속 분리방법 소개(녹는점 차이) 2) 연은분리법(회취법) 소개(산화 · 환원 반응) 3. 역사 속 연은분리법을 산화 · 환원 반응을 통해 확인 1) 금속의 산화 · 환원 반응 실험 진행 4. 수업 내용을 바탕으로 한 조별 활동 제작물 발표

단계	주요내용	교수-학습활동	시간(분)	자료 및 유의점
도입	인사 및 출석 확인	◉ 인사 및 출석 - 교사와 학생들이 서로 인사를 나누고 출결을 확인한다. ◉ 조별 자리 배치 확인 - 실험실에 학생들이 모둠별로 앉아 있는지 확인한다(4명씩 6조) ◉ 활동지 배부 및 활동 평가 안내 - 수업 후 활동지를 제출해야 하며, 이는 평가에 반영됨을 제시한다. - 평가 기준에 대해서 설명한다. 1. 상 : 정해진 기간 내에 제출하였으며, 활동지에 기록된 내용이 적합하다. 2. 중 : 정해진 기간 내에 제출하였지만, 활동지에 기록된 내용 중 적합하지 않은 내용이 적혀있다. 3. 하 : 정해진 기간 내에 제출하지 않았다. 혹은 활동지에 기록된 내용이 없다.	5	
	전시학습 확인	◉ 전시학습 확인 - 아메리카 대륙과 중국의 갈레온 무역에 따른 중국의 세계 변화를 핵심 개념과 관련된 발문을 통해 확인한다. - 발문: "갈레온 무역이 어떤 것이었나요?", "은 교역이 확대되며 중국의 세계는 어떻게 바뀌었나요?"		
	동기유발 및 사고확장	◉ 동기유발 - 사진: 이와미 은광에서 은을 제련하는 그림(그림1) - 발문: "이 그림 속 사람들이 무엇을 하고 있는 걸까요?" ◉ 사고 확장 - 발문: "이 그림은 이와미 은광에서 은을 제련하는 모습을 담은 그림입니다. 이 활동이 동아시아 은 교역에 어떤 영향을 미쳤을까요?"		
	학습목표 제시	◉ 학습 목표 - 학습 목표를 제시하고 학생들과 함께 읽는다. 1. 동아시아 은 교역망에 대해 이해하고 설명할 수 있다. 2. 동아시아 은 교역망 확산에 영향을 미친 조선의 연은분리법을 산화 · 환원 반응 실험을 통해 확인한다. 3. 동아시아 교역망과 연은분리법에 대한 조별 제작물을 만들어 발표할 수 있다.		
	수업활동 및 평가 방식 안내	◉ 블록 수업의 전반적인 활동 안내 - 앞으로 전개될 융합 수업을 차시별로 학생들에게 소개한다. 전반부 : 동아시아 교역망의 확산과 조선의 연은 분리법 후반부 : 산화 · 환원 반응을 통한 연은분리법의 원리 이해 마무리 : 조별 제작물 작성 및 발표		
전개	개념 학습	◉ 동아시아 은 교역의 흐름-명의 해금정책과 조공 무역 - 명 중심 조공 무역 조선과 일본(감합무역) - 명의 해금정책과 밀무역 성행 왜구의 침탈, 중계무역으로 번성한 류큐	19	
		◉ 조선의 은 유통과 교역의 변화 - 명과의 조공 무역, 일본과의 교역 - 연은 분리법이 개발되나 중농억상 정책으로 은광 개발 금지(사료1) - 16세기 비단 수요 증가로 한중일 중개무역 증가, 은광 개발 활발 ◉ 일본의 교역과 연은분리법 도입 - 명과의 감합무역과 조선과의 교역(3포) - 명의 해금정책과 왜구, 류큐와의 무역 - 16세기 초 연은분리법 도입(사료 2, 3)으로 은 생산량 증가하며 동아시아 은 교역 양상 변화	10	
정리	차시 학습 예고	◉ 차시 학습 예고 - 5분 쉬는 시간 후 연은분리법의 원리인 산화 · 환원 반응에 대해 배울 것임을 안내한다. ◉ 인사	1	
도입	인사 및 출석 확인	◉ 인사 및 출석 - 교사와 학생들이 서로 인사를 나누고 출결을 확인한다. ◉ 조별 자리 배치 확인 - 학생들이 모둠별로 앉아 있는지 확인한다.(4명씩 6조)	7	
	전시학습 확인(1)	◉ 전시학습 확인(본 차시, 직전 수업) - 16세기 동아시아 은 교역 과정과, 관련 기술인 연은분리법에 대해 문답법으로 확인한다.		
	동기유발 및 전시학습 확인(2)	◉ 동기유발 - 영상: '조선의 과학, 동아시아 역사를 바꾼 연은분리법'- 00:42까지 재생 - 발문: "회취법은 납이 포함된 은광석에서 녹는 점의 차이를 이용해서 납만을 산화시키고 은을 골라내는 기술입니다." - 영상 00:30에서 납은 녹는점에서 산화되어 산화 납(PbO)이 된다는 점을 추가 설명한다. - 질문 "연은회취법으로 은을 분리하는 과정에서는 어떤 화학 반응이 일어나는 것일까요?" "맞아요. 산화 환원 반응입니다. 납이 녹으며 산화 납이 되는 과정에서 납의 전자가 산소로 이동하여 납은 산화되고, 산소는 환원 되는 것이죠." ◉ 전시학습 확인(고1 통합과학 개념) - 산소와 전자의 이동으로 설명하는 산화 · 환원 개념을 퀴즈로 확인한다.		- '조선의 과학, 동아시아 역사를 바꾼 연은분리법' https://www.youtube.com/watch?v=IN2hYO2rD98 - '납' https://www.scienceall.com/%eb%82%a9lead-2/
	사고 확장	◉ 사고 확장 - 발문: "납이 산화 납이 되는 것과 같은 산화 환원 반응은 전자의 이동으로 설명할 수 있지만, 공유 결합 물질처럼(예: HCl, CO_2 등) 전자의 이동이 뚜렷하지 않은 경우에는 설명하기 어렵습니다. 그렇다면 산화 환원 반응을 좀 더 직관적으로 이해할 수 있는 방법이 있을까요?"		
	수업활동 안내	◉ 수업 활동 안내 - '산화수'가 무엇이며, 이를 구하는 방법(산화수 규칙)에 대해 배울 것임을 안내한다. - 금속의 산화 · 환원 반응 활동(금속 판화 그리기)을 진행할 것임을 안내한다.		
전개	개념 학습	◉ 산화수 규칙 설명 - 산화수의 개념을 설명한다. - 산화수 규칙을 예시(다양한 화학식)를 통해 설명하며 적용한다. ◉ 산화수의 증가 · 감소로 산화와 환원 반응 구분 - 산화수의 변화를 통해 산화와 환원 반응을 구분하는 것을 설명한다. ◉ 연은분리법(회취법)의 화학 반응식 작성과 산화수 구하기 - $2Pb + O_2 \rightarrow 2PbO$ - 연은분리법(회취법)의 화학 반응식에서 산화수를 계산한다. - 산화수의 변화를 통해 납과 산소 중 어느 것이 산화 · 환원 되는지 구분한다.	28	- 교과서 - 학습지 - 실험 준비물: 알루미늄판, 시트지, 염화 구리(II) 수용액, 핀셋, 페트리 접시, 비커, 칫솔, 실험복, 보안경, 실험용 장갑
	학습 활동	◉ 금속의 산화 · 환원 반응을 확인할 수 있는 금속 판화 작품 만들기 실험 1. 시트지에 원하는 모양을 오린 다음 가위로 오린 후 알루미늄판에 붙인다. 2. 알루미늄판을 염화 구리(II) 수용액에 완전히 담그고 반응이 일어나는 것을 관찰한다. 3. 반응이 일어나지 않으면 알루미늄판을 꺼내어 시트지를 제거한 후 물로 씻고, 칫솔로 석출된 금속을 닦아 내자. 4. 학습지에 이 반응을 화학 반응식으로 써 보고, 산화되는 것과 환원되는 것을 구분해 보자. ◉ 학습 활동 정리 - 활동지에 채워야 할 내용을 작성했는지 확인한다. - 본 차시에서 학습한 개념을 교사가 주도하여 정리하며 학습 내용을 상기시킨다. ◉ 활동지 제출		- 교과서 - 학습지 - 실험 준비물: 알루미늄판, 시트지, 염화 구리(II) 수용액, 핀셋, 페트리 접시, 비커, 칫솔, 실험복, 보안경, 실험용 장갑
		◉ 4컷 만화 그리기 - 다음 설정에 맞게 조별로 4컷 만화를 그리도록 지도한다. - 설정: 우리는 16C 일본으로 시간 여행을 떠났다. 당시 일본인들에게 연은분리법을 산화 · 환원 반응으로 설명해준다면? - 교사의 평가 기준표를 제시한다(아래 칸에 제시).	25	- 학습지
정리	학습 활동 정리 및 평가	☞ 역사 1. 제시되어 있는 키워드를 3개 이상 활용하였는가? 2. 만화의 내용이 시대적 상황을 논리적으로 드러내는가? 3. 만화의 내용이 역사적 사실에 부합하는가? ☞ 화학 1. 연은분리법의 원리에 산화 환원 반응이 있다는 것을 설명하였는가? 2. 산화 환원 반응을 화학 반응식으로 표현하였는가? 3. 산화 환원 반응을 산화수의 변화로 설명하였는가?	5	- 학습지 - 동료평가지
정리	차시 학습 예고	◉ 차시 학습 예고 〈동아시아 역사 기행〉 - 동아시아 지역에서 전개된 제국주의 열강의 침략 전쟁을 탐구한다. - 학습 주제: 아편전쟁과 중국 일본의 개항 〈화학반응의 세계〉 - 화학 전지의 발전 과정을 조사하여 실용 전지의 구조적 공통점을 추론할 수 있다. - 학습 주제: 화학 전지와 실용 전지 ◉ 인사		

활동지(B)

◎ 학생 활동지

산화 · 환원과 연은분리법(회취법) 활동지			
화학반응의 세계	단원	2. 산화 환원 반응	학년: 3
			반:
동아시아 역사 기행		2. 교류와 갈등의 현장에서 만난 역사	번호:
			이름:
수업목표	1. 동아시아 은 교역 확산에 기여한 조선의 '연은분리법'을 산화 · 환원 반응을 통해 설명할 수 있다. 2. 16세기 동아시아 은 교역망이 형성된 역사적 상황을 이해하고, 이를 조별 제작물로 제작하여 발표할 수 있다.		

1. 16세기 동아시아 조공 교역 관계를 그림으로 나타내어 봅시다.

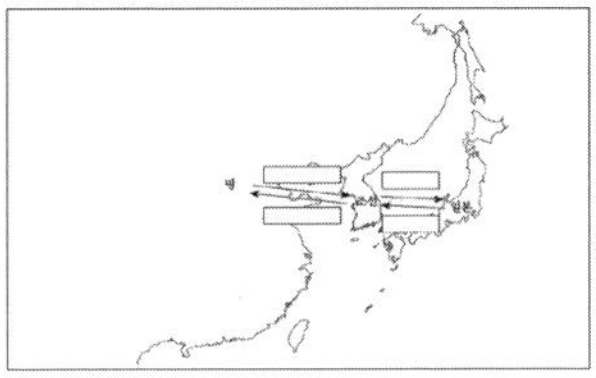

2. 류큐 왕국의 중계무역이 발달한 이유는 무엇일까요?

3. 조선에서 연은분리법(회취법)이 개발되었지만 활성화 되지 못한 이유는 무엇인가요?

4. 일본에 연은분리법(회취법)이 도입되면서 동아시아 은 교역에는 어떤 변화가 생겼나요?

5. 다음 화합물에서 원자 혹은 이온의 산화수를 구해봅시다.
(1) O_2
(2) Mg^{2+}
(3) NaH
(4) H_3PO_4
(5) CO_3^{2-}

6. 다음 광합성 반응식을 보고 산화수 변화를 쓰고, 어떤 원자가 산화/환원되었는지 동그라미로 표시하세요.

$$6CO_2(g) + 12H_2O(g) \longrightarrow C_6H_{12}O_6(s) + 6H_2O(g) + 6O_2(g)$$

① (화살표: $12H_2O(g)$ → $6O_2(g)$)
② (화살표: $6CO_2(g)$ → $C_6H_{12}O_6(s)$)

탄소의 산화수는 (증가/감소) 되었으므로 탄소는 (산화/환원) 되었고,
산소의 산화수는 (증가/감소) 되었으므로 산소는 (산화/환원) 되었고,

7. 그림은 '연은회취법'으로 납이 포함된 은광석에서 납을 분리해 순수한 은을 얻는 모습이다. 다음 물음에 답하시오.

(1) 납이 포함된 은광석을 가열하면 납은 녹는점에서 산화 납이 된다. 납이 산화 납으로 변하는 화학 반응식을 쓰시오.

(2) 산화수를 계산하고 산화수의 변화를 화살표로 표시하여, 납과 산소 중 어느 것이 산화·환원되는지 구분하시오.

8. 금속의 산화·환원 반응을 확인할 수 있는 금속 판화 작품 만들기 실험으로 만든 작품을 그려 보시오. 금속이 석출된 부분을 빗금으로 표시해 보시오.

(1) 빗금을 칠한 부분에서는 어떤 화학 반응이 일어났는가? 화학 반응식을 쓰고, 산화수의 변화로 산화되는 것과 환원되는 것을 구분해 보시오.

4컷 만화 그리기 활동지 〈우리는 16C 일본으로 시간 여행을 떠났다. 당시 일본인들에게 연은분리법을 산화 환원 반응으로 설명해준다면?〉		
만화 제목		조:
		조원:
기획 의도		
키워드	연은분리법 / 산화 환원 반응 / 은 / 중계무역	
주요 내용		

〈평가 기준〉

☞ 역사
1. 제시되어 있는 키워드를 3개 이상 활용하였는가?
2. 만화의 내용이 시대적 상황을 논리적으로 드러내는가?
3. 만화의 내용이 역사적 사실에 부합하는가?

☞ 화학
1. 연은분리법의 원리에 산화 환원 반응이 있다는 것을 설명하였는가?
2. 산화 환원 반응을 화학 반응식으로 표현하였는가?
3. 산화 환원 반응을 산화수의 변화로 설명하였는가?

◎ 교수학습자료

- 그림1. 일본 은 제련 그림

- 사료1. 조선왕조실록 연산군일기 49권, 1503년 5월 18일
양인(良人) 김감불(金甘佛)과 장례원(掌隷院) 종 김검동(金儉同)이, 납[鉛鐵]으로 은(銀)을 불리어 바치며 아뢰기를,

"납 한 근으로 은 두 돈을 불릴 수 있는데, 납은 우리 나라에서 나는 것이니, 은을 넉넉히 쓸 수 있게 되었습니다. 불리는 법은 무쇠 화로나 냄비 안에 매운재를 둘러 놓고 납을 조각조각 끊어서 그 안에 채운 다음 깨어진 질그릇으로 사방을 덮고, 숯을 위아래로 피워 녹입니다."

하니, 전교하기를,

"시험해 보라."

하였다.

- 사료2. 조선왕조실록 중종실록 91권, 1539년 8월 10일
……서종이 범한 죄는 여기에 그치지 않고, 왜노(倭奴)와 사사로이 통해서 연철(鉛鐵)을 많이 사다가 자기 집에서 불려 은(銀)으로 만드는가 하면 왜노에게 그 방법을 전습하였으니, 그 죄가 막중합니다. 철저히 조사하여 법대로 죄를 정하소서……

- 사료3. 동북아역사넷 '이와미 은광산 개발과 일본 은의 탄생'
1526년 하카다[博多] 상인 카미야 쥬테이[神屋壽禎]가 이즈모[出雲] 사기우라[鷺浦]의 동광산주 미시마 세이자에몬[三島清左衛門]와 공동으로 이와미[石見] 은광산을 개발하면서 부터다. 이와미 은광산에서 얻은 은광석은 하카다를 거쳐 조선에 운반되어 제련, 정련하였지만, 수송비와 효율성 때문에 현지에서 작업하는 것이 유리하였다. 현지에 불러들인 하카다의 종단(宗丹)·계수(桂壽) 2명의 기술자에 의해 1533년 회취법이 전래되었다.
(http://contents.nahf.or.kr/item/level.do?levelId=edeah.d_0004_0020_0010_0020)

수업 자료(C)

[그림 7-8] 교수 · 학습과정안(A), 활동지(B), 수업 자료(C) 예시(30모둠 역사와 화학 융합)

(2) 현장 교사 서면 피드백 제공

예비 교사들이 모둠별로 개발한 교수 · 학습과정안을 패들렛에 업로드하고, 이에 대해서 현장교사가 1차적으로 서면 피드백을 제공한다([그림 7-9]). 모든 모둠은 융복합을 한 2개 교과의 현장 고등학교 교사들에게 피드백을 제공받으며(〈표 7-7〉), 이를 바탕으로 기존의 교수 · 학습과정안을 수정, 보완하여 다음 차시인 융복합 수업 3주차의 포스터를 제작한다.

〈표 7-7〉 30모둠의 수업 설계에 대한 현장 교사의 서면 피드백 내용

<table>
<tr><th>요소</th><th>화학 교사 의견</th><th>역사 교사 의견</th></tr>
<tr><td>학습 목표</td><td>역사 속 연은분리법을 산화 환원 반응으로 주제 연결은 적절함. 흥미로운 주제라고 생각함.</td><td>먼저, 주제는 매우 적절하고 좋습니다. 무리하게 새로운 것을 시도하기보다 기존 수업 내용에 나와 있는 것을 교과 융합으로 정확히 이해할 수 있습니다. 동아시아사에서 회취법은 핵심 개념입니다. 하지만 저도 그 원리까지는 설명 못하는데, 화학 선생님의 도움이 있다면 확실히 알 수 있습니다.</td></tr>
<tr><td>수업 설계</td><td>지도안 내용 구성 및 단계 설명은 좋음. 전개 단계에서 어떤 활동의 조별 제작물을 만드는지 명시되어 있지 않음.
금속 판화 작품 만들기 실험은 전자 이동에 따른 산화환원반응을 보여 주는 실험인데 산화수 설명 후 실험 진행 순서가 맞는지 생각할 필요가 있음.</td><td rowspan="2">활동지에서는 지도를 통해 16세기 교역의 양상을 필기하게 되어 있는데, 지도를 더욱 적극 활용했으면 좋겠습니다. 다음 류큐 관련 내용도 지도에서 표시할 수 있게 하면 더 좋지 않을까 합니다. 그리고 활동지에 16세기를 ‘동아시아 조공 교역’ 관계라고 해석했는데, 이건 고쳐야 할 것 같습니다. 다만 조공에 교역의 뜻이 담겨 있었기 때문에 ‘동아시아의 교역 관계’와 같이 다듬어야 한다고 생각합니다.
또 활동지에는 연은분리법(회취법)을 다루는 조선과 일본의 입장을 구분하게 했는데, 실제로 이는 핵심 내용이고, 당시 과학기술에 대한 양국의 대응을 비교하며 생각할 거리도 많기 때문에 잘 했다고 생각합니다.</td></tr>
<tr><td>교수 활동</td><td>산화수 규칙 설명과 산화 환원 반응 실험(금속 판화 작품 만들기)을 28분 안에 수행할 수 있을지 의문임.
실험 전 실험 유의사항 및 실험 단계 설명 과정이 필요함.
융복합 수업에서 산화수 개념 설명이 적절한지 고민할 필요가 있으며 이 부분 대신에 학생중심활동으로 구성할 필요가 있음.
연은분리법에 관한 과학적 원리에 대해 조금 더 찾아볼 필요가 있으며 이를 어떻게 설명할 것인지 수업 단계를 구성할 필요가 있음.</td></tr>
<tr><td>교수매체 활용</td><td></td><td></td></tr>
<tr><td>평가 및 정리</td><td>4컷 만화 제작하기 활동으로 한 역사와 화학 융합 활동은 적절하면서도, 어떻게 발표활동을 시킬 것인지 구체적인 방법이 있었으면 좋겠음.</td><td></td></tr>
<tr><td>기타</td><td></td><td>수업 재미있어 보이네요. 내용과 방법을 이상적으로 접근하다가 수업을 실패한 사례가 많은데, 이 수업은 잘될 것 같습니다.</td></tr>
</table>

[그림 7-9] 온라인 게시판에 올린 수업 설계 자료와 현장 교사 피드백

(3) 융복합 페어를 위한 포스터 제작 안내

2주차의 수업이 마무리될 때, 3주차에 있을 융복합 수업 페어를 위한 안내를 한다. 융복합 수업 페어의 방식, 포스터 제작 방법, 포스터 제작에 도움이 되는 프로그램을 안내한다([그림 7-10]). 포스터는 모둠별로 동일 규격으로 제안하고, 학생들이 사용할 수 있는 서식을 패들렛에 게시한다. 예비 교사에게 제작된 파일을 온라인 게시판에 제출하게 한다. 포스터 인쇄에 사용할 예산이 지원된다면 게시판에 업로드된 모든 모둠의 파일을 취합하여 한꺼번에 인쇄한다. 예산이 부족하다면 A4 용지를 사용하여 인쇄하거나, 직접 써서 제작하는 방법도 고려해 볼 수 있다.

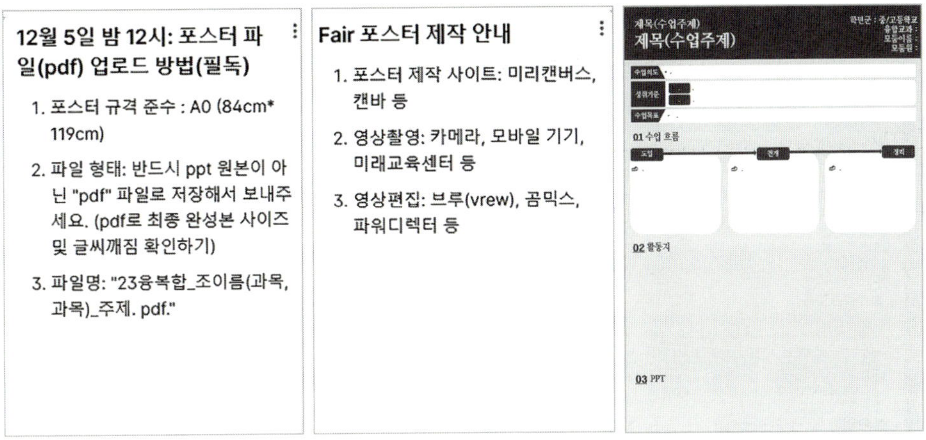

[그림 7-10] 포스터 제작을 위한 안내

4) 3주차 활동

(1) 융복합 수업 설계 나눔 페어

[그림 7-11]은 예비 교사들이 제작한 포스터의 예시이다. 38개의 포스터를 강의실 벽에 부착하고, 자신의 모둠에서 설계한 융복합 수업에 대해 소개하고 청중의 의견을 자유롭게 나누는 시간을 갖는다. 이때 많은 조가 동시에 발표를 진행하기 어렵기 때문에 [그림 7-12]처럼 시간을 배분하여 네 세션을 만들고, 한 세션마다 9~10개 팀을 배치하였다. 시간 배분표는 패들렛에 공지하였다. 각 세션은 40분간 진행되고, 그 시간 동안 예비 교사들은 포스터 앞에서 청중을 대상으로 질의응답 시간을 갖는다. 특별히 현장 교사의 대면 피드백을 위해 현장 교사 앞에서 발표하는 시간을 지정하여 주었다. 현장 교사들이 정해진 시간에 담당한 조의 융복합 수업 포스터로 찾아가 예비 교사의 수업 설계에 대해 듣고 피드백을 제공하게 된다([그림 7-13]). 예비 교사들은 각자 다른 모둠인 세 팀의 수업에 대해 소감문을 작성하여 피드백하도록 하였다([그림 7-14]).

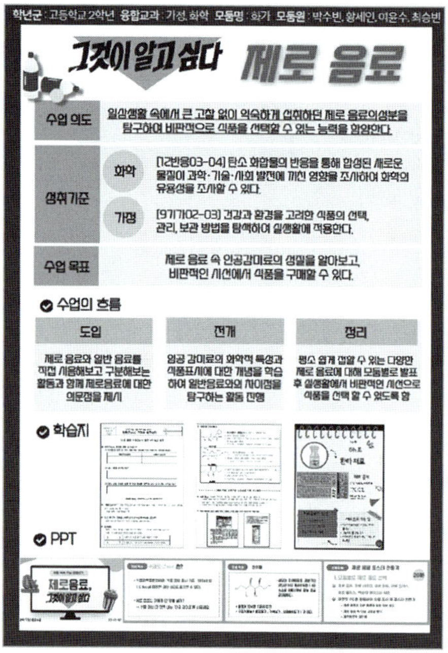

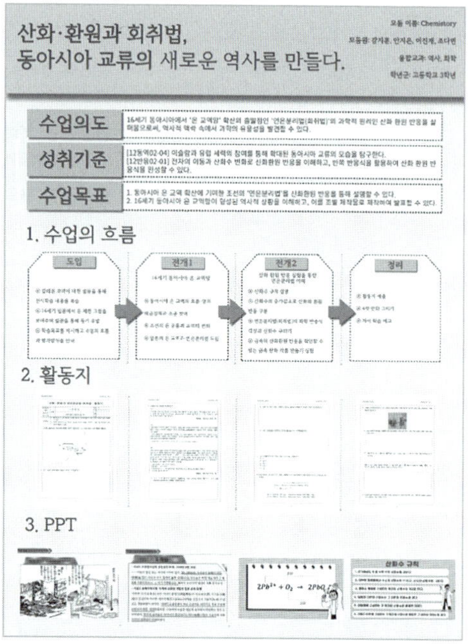

[그림 7-11] 예비 교사들이 작성한 포스터

12월 7일(목) 수업 안내

Fair 1

1. 현장교사와 함께하는 융복합 수업 Fair
   1세션: 3시 10분-3시 50분
   2세션: 3시 50분-4시 30분
   3세션: 4시 30분-5시10분
   4세션: 5시 10분-5시 50분
2. 모둠별로 해당 세션 및 시간 확인
   모둠 대표가 융복합 수업 계획 설명
   모둠원이 지도교사 피드백 내용 수렴
   이외의 모둠은 자유롭게 Fair참여
3. 개인별로 관심있는 모둠의 포스터 발표에 참여 후 소감문 작성(4개 모둠)
4. 특정 시간을 정해 모둠별 융합 수업 영상 제작 회의 가능

1세션: 3시 10분~3시 50분

3시 10분				3시 23분			3시 36분		
1. 국어+수학 (지도교수: 김○○)	9. 국어+수학 (지도교수: 이○○)	17. 수학+윤리 (지도교수: 박○○)	29. 화학+윤리 (지도교수: 윤○○)	5. 국어+역사 (지도교수: 김○○)	13. 국어+윤리 (지도교수: 박○○)	21. 역사+수학 (지도교수: 박○○)	25. 국어+화학 (지도교수: 윤○○)	33. 가정+윤리 (지도교수: 한○)	37. 물리+수학 (지도교수: 김○○)
주○○(국어) 최○○(수학)	김○○(국어) 김○○(수학)	최○○(수학) 김○○(윤리)	신○○(윤리) 김○○(화학)	주○○(국어) 김○○(역사)	김○○(국어) 신○○(윤리)	최○○(수학) 민○○(역사)	주○○(국어) 김○○(화학)	김○○(윤리) 이○○(가정)	김○○(수학) 이○○(물리)
김○○, 이○○, 최○○, 신○○	최○○, 김○○, 김○○	김○○, 이○○, 김○○, 한○○	박○○, 이○○, 박○○, 이○○	서○○, 조○○, 정○○, 서○○	이○○, 나○○, 방○○, 고○○, 민○○	김○○, 이○○, 윤○○, 전○○	전○○, 정○○, 어○○, 황○○	박○, 한○○, 윤○○, 황○○	구○, 장○○, 박○○, 고○○

2세션: 3시 50분~4시 30분

3시 50분			4시 3분			4시 16분			
국어+수학 (지도교수: 김○○)	30. 화학+역사 (지도교수: 윤○○)	18. 역사+윤리 (지도교수: 박○○)	6. 국어+역사 (지도교수: 윤○○)	14. 국어+윤리 (지도교수: 박○○)	22. 역사+수학 (지도교수: 박○○)	10. 역사+수학 (지도교수: 이○○)	26. 국어+화학 (지도교수: 윤○○)	34. 가정+역사 (지도교수: 한○)	37. 물리+윤리 (지도교수: 김○○)
주○○(국어) 최○○(수학)	김○○(역사) 김○○(화학)	김○○(윤리) 민○○(역사)	주○○(국어) 김○○(역사)	김○○(국어) 김○○(윤리)	최○○(수학) 민○○(역사)	김○○(수학) 김○○(역사)	주○○(국어) 김○○(화학)	민○○(역사) 이○○(가정)	김○○(윤리) 이○○(물리)
최○○, 정○○, 김○○, 김○○	강○○, 이○○, 안○○, 조○○	손○○, 홍○○, 박○○, 방○○	함○○, 산○○, 이○○, 김○○	김○○, 김○○, 김○○, 김○○	조○○, 신○○, 한○○, 김○○, 차○○	안○○, 윤○○, 전○○, 권○○	윤○○, 김○○, 정○○, 목○○	송○○, 손○○, 김○○, 임○○	최○○, 김○○, 이○○, 우○○

3세션: 4시 30분~5시 10분

4시 30분			4시 43분			4시 56분		
국어+윤리 (지도교수: 김○○)	7. 국어+수학 (지도교수: 이○○)	27. 수학+화학 (지도교수: 윤○○)	11. 역사+수학 (지도교수: 이○○)	15. 국어+윤리 (지도교수: 박○○)	35. 화학+가정 (지도교수: 한○)	19. 국어+역사 (지도교수: 박○○)	23. 역사+윤리 (지도교수: 박○○)	31. 국어+가정 (지도교수: 한○)
주○○(국어) 산○○(윤리)	김○○(국어) 김○○(수학)	최○○(수학) 김○○(화학)	김○○(수학) 김○○(역사)	김○○(국어) 김○○(윤리)	김○○(화학) 이○○(가정)	김○○(국어) 민○○(역사)	신○○(윤리) 김○○(역사)	주○○(국어) 이○○(가정)
김○○, 조○○, 아○○, 김○○	정○○, 홍○○, 박○○, 제갈○, 박○○	박○○, 안○○, 최○○, 홍○○	임○○, 김○○, 조○○, 문○○	오○○, 이○○, 원○○, 강○○	여○○, 최○○, 황○○, 박○○,	박○○, 곽○○, 전○○, 김○, 유○	우○○, 김○○, 박○○, 최○○	오○○, 김○○, 조○○, 김권○○

4세션: 5시 10분~5시 50분

5시 10분			5시 23분			5시 36분		
국어+윤리 (지도교수: 김○○)	8. 국어+수학 (지도교수: 이○○)	16. 수학+윤리 (지도교수: 박○○)	12. 수학+윤리 (지도교수: 이○○)	20. 국어+역사 (지도교수: 박○○)	28. 수학+화학 (지도교수: 윤○○)	24. 역사+윤리 (지도교수: 박○○)	32. 가정+수학 (지도교수: 한○)	36. 국어+물리 (지도교수: 김○○)
주○○(국어) 신○○(윤리)	김○○(국어) 김○○(수학)	최○○(수학) 김○○(윤리)	김○○(수학) 신○○(윤리)	김○○(국어) 민○○(역사)	최○○(수학) 김○○(화학)	신○○(윤리) 김○○(역사)	김○○(수학) 이○○(가정)	김○○(국어) 이○○(물리)
이○○, 전○○, 이○○, 최○○, 박○○	양○○, 허○○, 윤○○, 조○○	정○○, 강○○, 김○○, 최○○, 박○○	구○○, 박○○, 이○○, 김○○	조○○, 강○○, 김○○, 서○○	이○, 최○○, 이○○, 안○○,	박○○, 이○○, 김○○, 이○○	황○○, 김○○, 심○○, 노○○	윤○○, 백○○, 이○○, 오○○

[그림 7-12] 페어 진행 시간 안내

[그림 7-13] 페어 진행 모습

참관 모둠	(18)모둠	융합 교과	(역사 + 윤리)
수업 주제	광해군의 일화를 통하여, 역사적 지식과 도덕적 민감성을 바탕으로 학생의 도덕적 판단력을 함양하고자 함		
광해군의 업적과 관련한 생활기록부를 작성하는 활동을 통해 역사적 사실을 통한 도덕적 민감성을 길러보는 기회를 가질 수 있는 것이 좋았다. 특히 광해군 관련해서는 평소에 영화를 통해 많이 접해본 주제이기도 하면서 동시에 영화로 인해 긍정적인 측면만 접해본 왕이기에 광해군의 부정적인 측면에 대해 생각해볼 수 있던 게 좋았다. 역할놀이 활동을 통해 과거 왕에 대한 역할놀이를 해본다는 것 자체도 학생들의 흥미를 이끌어내기에 매우 적절했다고 생각한다. 인지 정의 행동의 도덕성 3요소가 역사적 지식과 함께 적절하게 통합된 매우 인상적인 수업 계획이었다.			

참관 모둠	(15)모둠	융합 교과	(국어 + 윤리)
수업 주제	문학 작품(자전거 도둑)을 통해 성찰하는 자세를 지닐 수 있도록 한다.		
자전거 도둑이라는 중학생들이 교과서를 통해 흔히 접하게 되는 문학과 도덕적 성찰을 엮은 것은 매우 적절한 융합이었다고 생각한다. 다만 성찰카드를 작성하는 활동이 학생들의 흥미를 이끌어낼 수 있는 활동인지는 확신이 안 섰다. 또한 자전거 도둑을 읽고 성찰해보는 것은 국어 교과에 이미 담겨져 있는 내용인 것 같아, 언뜻 보면 융복합보다는 그저 국어 심화 학습같이 보이기도 한다. 그러나 도덕 교과의 성찰 단원이 워낙 재밌게, 창의적이게 풀어내기 쉽지 않은 단원이라 할 수 있는 나름 최대한의 노력을 했다고 생각한다.			

참관 모둠	(12)모둠	융합 교과	(수학 + 윤리)
수업 주제	고통과 쾌락의 근원 및 양상을 탐구하여 그래프 해석의 유용성을 알고, 쾌락에 지혜롭게 대처하는 자세를 갖출 수 있도록 한다.		
제일 엮이기 어려워 보이는 수학과 윤리를 공리주의의 쾌락 계산 및 한계점과 이를 나타내주는 그래프를 통해 잘 융합한 것 같다. 단순히 말로만 설명하는 것보다 그래프를 통해 보면 더 직관적으로 이해가 잘 되는데, 윤리적으로 어려운 주제인 쾌락과 행복의 관계를 그래프를 통해 보다 직관적으로 볼 수 있으니 학생들의 이해가 더 손쉬울 것이라 생각한다. 다만 활동에 있어서 양적 쾌락에 대한 자신의 한계 사례를 그래프로 그리는 것은 수치화하기 힘들기에 학생들에게 쉽지 않은 주제로 보인다.			

참관 모둠	(34)모둠	융합 교과	(윤리 + 가정)
수업 주제	과거와 현대 의복 접합		
가정의 의생활 파트와 역사의 조선 후기 파트를 융합하여 과거와 현대의 문화적 요소를 접합시켜 주제를 선택하였는데, 이를 크라우드 펀딩 사이트에 게재하게 구상한 점이 매우 인상깊었다. 학생들이 직접 펀딩을 하게끔 하여 더욱 흥미를 갖고 열정적으로 임할 수 있을 것이라 기대하게 되는 수업인 것 같다. 단순히 과거와 현대 의생활문화에 대해 아는 것에서 끝나는 것이 아닌 적극적인 활동으로 이끌어 학생 중심 수업으로 이루어진 점이 매우 좋은 것 같다.			

참관 모둠	(14)모둠	융합 교과	(국어 + 윤리)
수업 주제	세대 간 언어차이		
세대 간 언어 차이로 인해 가족 간 소통이 어려운 현대 사회의 문제점을 파악하고 이에 관한 수업을 구상하였다. 활동지에 예시가 실제 사례를 토대로 문제점을 찾게 한 점이 더 학생들에게 와닿을 것 같다는 생각하였다. 활동은 역할극의 시나리오를 쓰고 실제 생활에 적용해봄 수 있도록 한 점이 인상 깊었다.			

참관 모둠	(36)모둠	융합 교과	(국어 + 물리)
수업 주제	색깔의 과학적 문학적 해석		
색깔에 초점을 두고 과학적 이론을 통해 색의 인식에 대한 개념을 토대로 시를 쓰도록 한 점이 매우 좋았다. 보통 국어 교과 시간에 시를 쓰는 활동은 문학적인 의미만 배우기에 단어에 대한 의미를 파악하기에는 어려움이 있는데, 과학적인 측면을 먼저 개념학습한 이후 진행을 하게 되면 학생들이 비유적 표현이나 상징적 언어를 찾기에 더 수월할 것 같고 다양한 사고로 이어질 수 있을 것 같아 좋은 수업 주제와 활동인 것 같다고 생각하였다.			

[그림 7-14] 예비 교사들의 페어 참관 소감문

(2) 수업 정교화 및 융복합 수업 동영상 촬영 안내

설계한 융복합 수업을 점검, 수정하여 정교화하도록 한다. 활동지와 교수 · 학습과정안, 수업 자료를 최종적으로 수정하고, 설계한 수업을 실행하도록 지도한다. 모든 팀에게 발표 기회를 준다면 좋겠으나 많은 인원 때문에 불가능하다면 모의 수업 시연을 하고, 15분 가량의 동영상을 제출하도록 안내한다.

예비 교사가 동영상 촬영이나 편집에 익숙하지 않을 수 있으므로, 촬영을 통해 수업에 대한 수업 시연을 할 수 있도록 학교 안의 촬영 장비와 편집 장비를 활용하도록 도울 수 있다. 강원대학교 사범대학 KNU미래교육센터의 원격미래교실, e콘텐츠제작실습실, 미디어제작실습실, 원격스마트교실을 활용하여 수업 실연 및 영상 촬영을 할 수 있도록 행정적 지원을 제공하였다. 또한 수업 영상 제작 및 편집에 필요한 에듀테크 툴 활용 특강을 통해 실습을 지원하였다([그림 7-15]).

[그림 7-15] 영상 촬영을 위한 장비 지원(좌)과 실습 특강 지원(우)

동영상 촬영이 끝나면 수업 시연 동영상, 교수 · 학습과정안(최종), 학습자료 등을 패들렛에 업로드하여([그림 7-16]) 교수자 및 동료가 장소와 시간 제약 없이 열람하고 평가할 수 있도록 안내하여야 한다. 수업 동영상을 업로드하거나, 용량이 커서 업로드가 안 되는 경우 유튜브 링크를 제공하도록 한다.

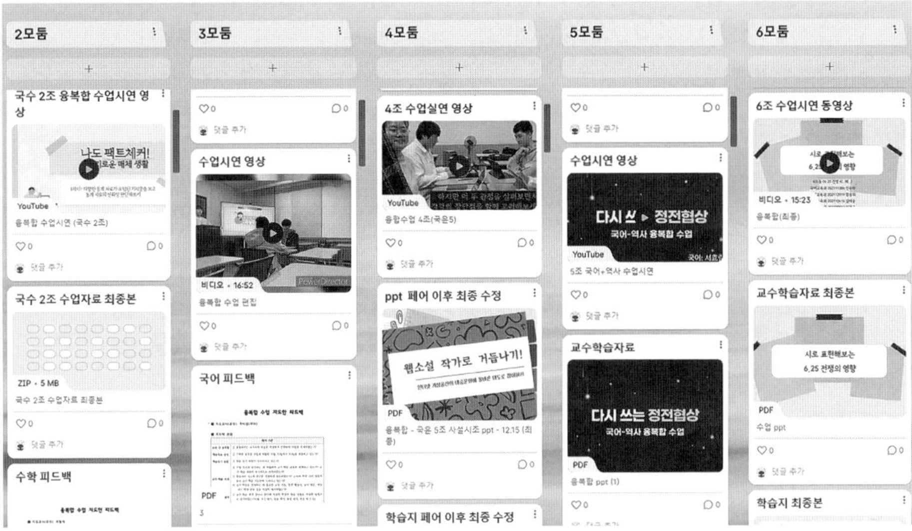

[그림 7-16] 최종 수업 자료와 수업 동영상 게시

[그림 7-17]은 우수 융복합 수업 시연 영상의 예시이다. 교사 활동과 학생 활동을 구별하여 수업이 잘 구현되도록 하였다. [그림 7-18]은 우수 융복합 수업 학습 자료 예시이다.

[그림 7-17] 우수 융복합 수업 시연 영상 예시(교사 활동(좌), 학생 활동(우))

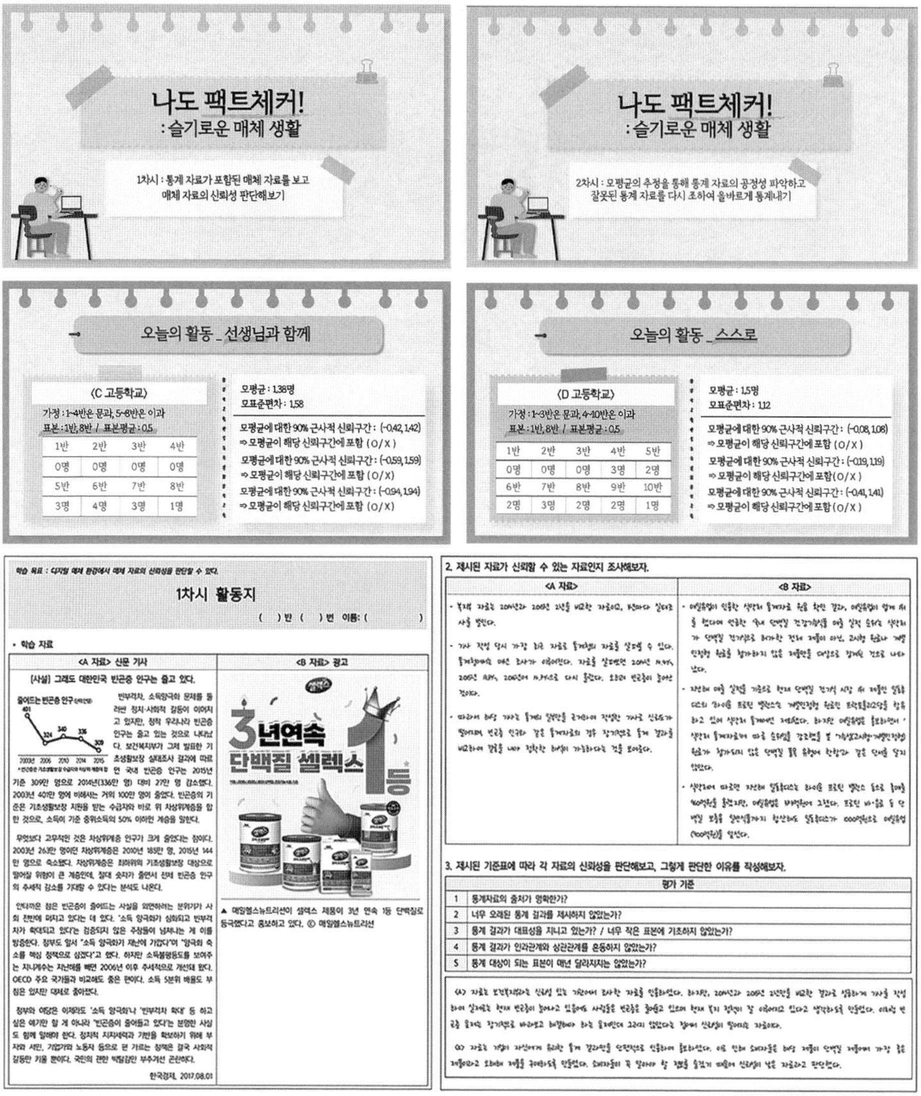

[그림 7-18] 우수 융복합 수업 학습 자료 예시(일부)

(3) 융복합 수업 평가

교수자는 예비 교사가 올린 최종 산출물을 평가하고 피드백하여야 한다. 평가 기준은 〈표 7-8〉을 사용하였다. 〈표 7-9〉는 우수 융복합 수업 선정작에 대한 교수자의 피드백 내용이다.

〈표 7-8〉 융복합 수업 산출물 평가 기준표

평가 준거		상 (3)	중 (2)	하 (1)
수업 도입	① 학습 동기 유발, 수업 안내가 적절히 이루어지고 있는가?			
수업 전개	② 핵심 개념을 학생들이 잘 이해할 수 있도록 체계적으로 제시하고 있는가? ③ 교수-학습 전략의 선택과 활용이 적절한가? ④ 발문과 그에 따른 피드백이 적절한가? ⑤ 적절하며 정확한 음성언어 및 신체언어를 사용하고 있는가? ⑥ 상황에 맞는 수업 자료를 적절히 활용하고 있는가? ⑦ 수업을 시간에 맞추어 매끄럽게 진행하며 열과 성의를 다하고 있는가?			
수업 정리	⑧ 수업 정리와 평가를 효과적으로 실시하고 있는가?			
동영상 제작	⑨ 융복합 수업이 어떻게 전개되는 것인지 명료하게 이해할 수 있도록 동영상이 제작되었는가?			

〈표 7-9〉 우수 융복합 수업 시연에 대한 교수자 평가(일부)

모둠 구분	교수자 관찰 평가 의견
2모둠 국어+수학	수업 전개 전반부에 다양한 텍스트(기사문, 광고문)를 읽고, 해당 텍스트가 활용하고 있는 통계 자료와 관련된 신뢰성을 평가해 보게 함. 국어와 수학 양 교과 학습을 심화시킬 수 있는 융복합 지점을 잘 포착했고, 이를 구체적으로 구현한 점이 돋보임. 국어과에서 새롭게 설정된 〈매체〉 영역의 교육 내용과 연결하면서 마지막 차시에서 실생활에서 접하게 되는 많은 통계적 오류를 담는 영상을 찾아서 수정하자는 아이디어가 돋보임.
18모둠 역사+윤리	전반부 설명은 역사 수업, 후반부 역할 놀이는 윤리 수업으로 구성하였음. 역할 놀이에서 의견 대립 시 조화를 이루는 법과 생활기록부 작성을 통해 평가하는 법을 적용하였음. 다만, 광해군을 평가하는 기준과 원리가 제대로 설명 안 됨. 과거 인물을 현재의 학생생활기록부 양식으로 기록해 본다는 점의 한계를 인식할 필요가 있음. 순회 지도 시 교사 이동을 카메라가 쫓아간 편집이 인상적임.
33모둠 가정+윤리	윤리적인 햄버거를 만드는 기업의 기획안을 만들어 보는 활동이 참신함. 햄버거의 영양학적 가치 부분을 재해석한 부분도 좋았음. 먹거리와 관련된 윤리 문제는 청소년들에게 매우 중요한 문제인데 쉽고 재미있게 잘 풀어냈다고 봄. 윤리적 쟁점도 다양하고 폭넓게 다루었음. 햄버거의 영양학적 가치를 선생님이 설명하기보다는 학생들이 분석하거나 생각해 볼 시간을 주면 좋았겠음. 왜 우리가 햄버거는 나쁘고 김밥은 좋은 식품이라고 생각하게 되었는지, 그 이면에는 단순히 영양학적 측면뿐만 아니라 거대 프렌차이즈 식품 기업이라는 푸드 시스템이 있다는 것을 학생들이 스스로 찾을 수 있게 해 보면 어떨지?

4주차의 시상을 위해 우수작을 선정한 절차와 원칙은 〈표 7-10〉과 같다. 여러 전공의 융합이다 보니, 절대적인 비교가 어려웠다.

〈표 7-10〉 융복합 수업 심사 및 우수작 선정 절차

절차 순서	심사 내용
1. 후보작 추천	• 지도교수별로 우수작 추천 및 선정위원회 개최
2. 선정 원칙 협의	• 시상 내역 확인, 평가방법 확인 • 패들렛에 탑재되어 있는 작품을 열람하고 30개 모둠 중에서 1차 추천함. • 대상 후보작 5점, 최우수 후보작 3점, 우수상 후보작 1점 부여하고 합산한 결과를 놓고 선정위원회 개최 • 합산 점수를 참고하되 질적으로 높은 작품에 대한 우수성 토론하고 합의함. • 수상 등급 조정하고 우수작에 들어가지 못한 작품은 장려상 선정 • 수상자 명단을 회람하고 최종 확정함.
3. 수상작 선정	• 최다 득표작인 2모둠을 대상으로 선정함. • 우수작 후보군에서 최우수상에 8모둠, 18모둠, 33모둠을 선정함. • 우수작 후보군에서 우수상에 29모둠, 38모둠을 선정하고 5모둠을 우수상에 낮은 점수를 받은 전원 합의하에 22모둠을 장려상으로 조정함. • 장려상으로 22모둠, 11모둠, 16모둠, 24모둠, 28모둠, 30모둠, 35모둠을 선정함.

5) 4주차 활동

(1) 융복합 수업 경연대회 우수 활동 모둠 발표 및 시상식 개최

수업경연대회와 시상식은 예비 교사의 동기부여 및 성취감을 위한 것으로 융복합 수업의 참여를 위한 동력이 된다. 팀원들과 그간의 노력에 대한 보상을 경험하도록 부상을 준비하는 것도 좋다. 시상식은 [그림 7-19]와 같은 순서로 진행하였으며, 시상식 장면과 상장 예시는 [그림 7-20]과 같다. 부상을 준비하여 제공하였으나, 예산이 없는 경우 생략할 수도 있다. 다만 사범대학의 협조로 미리 상장을 준비한다. 상장만으로도 충분한 성취감을 얻게 할 수 있었다.

<table>
<tr><td colspan="2">2023년 강원대학교 사범대학 융복합수업경연대회 시상식
2023년 12월 21일 15:00 교육4호관 118호</td></tr>
<tr><td>1부
수상자 발표 및 시상</td><td>대상 1팀, 최우수상 3팀, 우수상 3팀, 장려상 7팀</td></tr>
<tr><td>2부
대상, 최우수상 작품 발표</td><td>• 최우수1: 8모둠(국어+수학, 도도독도)
• 최우수2: 18모둠(역사+윤리, 낭랑 18세 광해군)
• 최우수3: 33모둠(가정+윤리, 버거킹)
• 대상: 2모둠(국어+수학, 국수말이)</td></tr>
</table>

[그림 7-19] 시상식 순서와 수상작 예시

[그림 7-20] 시상식 장면과 상장 예시

(2) 융복합 교육 프로그램에 대한 성찰과 평가

시상식 후에 대상과 최우수상을 받은 모둠의 융복합 수업 설계와 소감을 발표하는 시간을 가진다([그림 7-21]). 예비 교사들에게는 우수작의 발표를 들으면서, 자신의 모둠의 설계와 비교할 수 있는 시간이 될 수 있다. 우수작 발표자의 수업을 마친 소감(〈표 7-11〉)을 통해 교수자들은 수업에 대한 예비 교사들의 생각을 알 수 있을 것이다. 이 시간은 참여한 교수와 예비 교사가 모두 의미 있게 융복합 수업을 마무리하는 시간이 된다.

04 수업을 마친 후

긍정적인 점

- 국어와 수학 과목의 융합이 잘 일어남.
- 무분별한 정보를 수용하기 더욱 쉬워진 현재의 학생들에게 충분히 가르칠 필요가 있는 내용
- 이론 학습에서 더 나아가 실생활에서 활용할 수 있다는 실용성 확보
- 전반적으로 수업 구성이 체계적이고, 학습 활동에 수업 의도가 잘 반영됨.

개선할 점

- 국어적 관점에서의 통계 자료의 신뢰성을 판단하는 기준에 대한 개선 필요
- 수학적 관점에서 자료의 신뢰성을 판단할 수 있는 기준 정하는 것 필요
  예) 신뢰도 90%인 신뢰구간에는 모평균이 들어가지 않고 신뢰도가 95%이상인 신뢰구간부터 모평균이 들어간다면 이는 그 자체만으로 신뢰성이 있다고 할 수 있는가?

어려웠던 점

- 학생들에게 학습 자료로 제공하기 위해 왜곡된 통계 자료가 사용된 다양한 매체 자료 수집의 어려움.
- 국어적 관점에서 고등학교 2학년 학생들을 대상으로, 매체 자료에 사용된 통계 자료의 신뢰성을 판단하는 기준을 구체적으로 어디부터 어디까지, 어떻게, 얼마나 제시해야 할지에 대한 정립의 어려움.
- 학생들이 신뢰도 개념 학습, 통그라미 즉 공학적 도구 익히기, 자료조사 하기, 신뢰성 판단하고 발표하기까지 많은 시간이 소요될 것 같음. 한 차시에 모든 걸 하기엔 시간이 조금 부족했을 것 같음.

[그림 7-21] 우수 수업 설계 발표

〈표 7-11〉 우수 융복합 수업 수상 학생 소감 발표 내용

모둠구분	수상작 학생 소감 내용
2모둠 국어+수학	한 달이라는 시간 동안 이것을 기획하고 발표하고 또 시연 촬영해서 편집하기까지가 좀 촉박하다고 느끼기도 했는데요. 다행히 좋은 조원들을 만나서 힘들었지만 좋은 결과 얻을 수 있어서 굉장히 뿌듯합니다. 사실 수학이랑 국어라는 과목이 서로 상반된 과목이라고 생각을 해서 융복합을 어떻게 해야 될지 고민이 많았는데 그래도 이번 경험을 통해서 융복합에 대한 이해도도 높아지고 다양한 아이디어를 얻을 수 있었습니다. 처음에 할 때는 무엇을 해야 좋을까라는 고민이 많았는데, 다른 과목을 만나서 이야기하다 보니까 현장에서 사용할 수 있는 얘기들이 많이 나와서 실제로 교사가 되어서 사용할 수 있으면 좋겠다라는 시간이 되어 유익했습니다.
8모둠 국어+수학	독도가 역사적 제재가 아닌가라는 경향이 강하다고 생각해서 국어 수학 융합에 알맞을까 의구심이 많았는데, 그래도 해 보니까 국어랑 수학적으로 접근할 수 있는 제재인 것 같더라구요. 독도 아이디어는 해 보고 싶었던 범교과 교육과정이었기도 했고 아무래도 수학이라는 게 이과라는 성향이 너무 강하다 보니까 도전해 보고 싶어서 국어 문과를 선택해 봤는데 생각보다 힘들었고. 그래도 재미있었고 좀 의미가 있었던 것 같습니다.
18모둠 역사+윤리	이런 식으로 크게 진행되는 건지는 잘 몰랐는데, 생각보다 스케일이 크고 현장 교사분들에게 직접 피드백도 받고 저희끼리도 몰랐던 지식을 공유하면서 좀 더 풍부한 수업이 나올 수 있어서 너무 뜻깊은 활동이었습니다. 저에게는 아직 낯선 윤리와 융복합 수업을 하게 됐다는 것에 대해서 굉장히 뿌듯하고 상까지 받게 되어 뭔가 뿌듯합니다. 많은 사람이 융복합을 하면서 점점 성장하는 모습을 느낄 수 있었습니다. 저는 귀찮고 어려운 활동일 줄 알았는데 막상 해 보니까 매우 흥미롭고 여러 학생의 다양한 아이디어가 많이 신박하더라고요. 그래서 나중에 교사가 되어서도 그런 방법들을 많이 써 보고 싶다는 생각이 들었습니다.

(3) 교수자들의 성찰

모든 수업이 끝난 후 교수자들은 협의회를 통해 실행을 성찰하고 개선 방안을 논의하는 시간을 가질 수 있다. 예비 교사의 성장에 대한 보람과 기쁨을 공유하고, 서로의 노고를 격려하는 시간을 가짐으로써 더 나은 융복합 교사 교육을 위한 충전의 시간이 될 수 있을 것이다.

학습 과제

- 우리 대학에서 융복합 수업을 시도하게 된다면 학과 수준에서, 대학 수준에서 어떤 사전 협의를 해야 할지 조건을 찾아 발표해 보자.
- 우리 대학에서 실행할 수 있는 융복합 수업 계획을 세워 보자.

제8장

학교 현장의 융복합 수업은 어떻게 운영할까

학교 현장에서는 이전부터 혁신학교의 특색 있는 학교 단위 교육과정 설계나 STEAM 교육이 강조되면서 교과 내 혹은 교과 간 통합 교육을 시도한다든지, 학교 자율시간을 운영한다든지 등 다양한 이유와 목적에 따라 융복합 수업을 실천하는 사례들이 늘고 있다. 교육 현장의 융복합 교육 실천과 교사 교육에서의 융복합 교육이 쌍방향으로 상호작용해서 융복합 수업의 이론과 방법을 고도화할 필요가 있다. 이 장에서는 학교 현장에서 이루어지는 융복합 수업 사례들을 소개하여 예비 교사 교육에서도 참조하고, 복수의 교과가 협력해야 하는 교과 간 융복합 수업이 학교 현장에서 가능하려면 어떤 단계를 거치면서 준비해야 하는지, 어떤 여건이 뒷받침되어야 하는지 알아보고자 한다.

학습 목표

- 학교 현장의 융복합 수업 실천 사례는 어떤 것이 있는지 이해한다.
- 교과 간 융복합 수업을 위해 어떤 절차를 거쳐야 하는지 이해한다.
- 교과 간 융복합 수업을 위해 필요한 여건은 무엇인지 이해한다.

1. 학교 현장의 융복합 수업 사례

교육 현장에서 시도되는 융복합 수업은 2개 이상의 교과가 협력하여 융복합을 시도한 경우와 하나의 교과 안에서 융복합을 시도한 경우로 나누어 볼 수 있다. 전자는 융복합 수업이 이루어지는 시간에 따라 교과 시간, 창의적 체험 활동 시간, 방과 후 수업 시간으로 구분해서 사례들을 살펴볼 수 있다. 후자는 교과 교사가 학습의 소재나 교수 · 학습 방법을 다양화하기 위해 다른 교과를 적극적으로 끌어들이는 수업이다. 후자는 이 책에서 소개하는 융복합 수업과는 거리가 있으나 교과 교사가 자신의 수업을 혁신할 방편으로 다른 교과의 요소를 접목하려는 노력의 결과로, 주목할 만하다고 판단하여 소개하고자 한다. 다음 표의 순서에 따라 교육 현장에서 이루어지는 실천 사례들을 알아보자.

구분	교과 간 융복합	교과 내 융복합
교과 수업 시간	✓	✓
교과+창의적 체험 활동 시간	✓	
방과 후 수업 시간	✓	

1) 교과 간 융복합

(1) 교과 시간에 이루어지는 융복합

① 사회적 이슈를 중심으로: 가정, 생활과 윤리(고등학교 교사)와 화학(사범대학 교수)의 코티칭 사례

최근 고등학교에서는 고교학점제가 도입되면서 수업량 유연화에 따른 학교 자율적 교육과정을 운영하고 있다. 각 학교에서는 17주 동안 이루어지는 한 과목의 한 학기 교육과정 운영 중 한 주는 학교마다 특색 있게 교과목을 운영할 수 있다. 이 시간을 활용해 여러 교과가 융복합 수업을 하기도 하는데, 다음과 같이 '환경 호르몬'과 같은 사회적 이슈에 대해 고등학교 가정, 도덕 교사뿐만 아니라 사범대학의 화학 전공 교수의 코티칭을 통해 융복합 수업을 진행한 사례가 있다.

〈표 8-1〉에서 보듯, 이 사례는 〈가정〉, 〈생활과 윤리〉, 〈화학〉 과목의 성취기준을 재구성하여 환경 호르몬의 물리적, 화학적 성질이 분자 구조와 관계가 있음을 이해하고(화학), 환경 호르몬에 노출된 소비자가 책임 있는 소비 생활을 하게 하며(가정), 환경 호르몬과 관련된 윤리적 문제를 비판적으로 다루는 학습 내용(생활과 윤리)을 마련하였다.

〈표 8-1〉 〈가정〉, 〈생활과 윤리〉, 〈화학〉 성취기준을 '환경 호르몬' 관련 내용으로 재구조화한 사례

<table>
<tr><th>학교급</th><td>고등학교</td><th>학년(군)</th><td>1학년</td><th>인원</th><td>20명</td></tr>
<tr><th>과목</th><td>가정, 생활과 윤리, 화학</td><th>담당교사</th><td colspan="3">△(가정 교사), ○(생활과 윤리 교사), □(화학 전공 교수)</td></tr>
<tr><th>강좌명</th><td colspan="5">환경 호르몬의 역습, 당신은 안전하십니까?</td></tr>
<tr><th>생활과 윤리</th><td colspan="2">[12생윤03-01]
직업의 의의를 행복의 관점에서 이해하고, 다양한 직업군에 따른 직업윤리를 제시할 수 있으며 공동체 발전을 위한 청렴한 삶의 필요성을 설명할 수 있다.
[12생윤05-02]
의식주 생활과 관련된 윤리적 문제를 제시하고, 이를 윤리적 관점에서 비판할 수 있으며 윤리적 소비 실천의 필요성을 설명할 수 있다.</td><th>재구조화한 성취기준</th><td colspan="2">통합
[12화학Ⅰ03-07]
환경 호르몬의 물리적, 화학적 성질이 분자 구조와 관계가 있음을 설명할 수 있다.

[12기가02/03통합]
환경 호르몬에 노출된 소비자 구매 행동을 분석하고 개인과 가족의 소비가 사회 및 환경에 미치는 영향을 파악하여 지속 가능한 소비 생활을 실천한다.</td></tr>
</table>

<table>
<tr><td>가정</td><td>[12가정02-01]
소비 시장의 동향과 소비자 구매 행동을 비판적으로 분석하여 책임 있는 소비생활 방안을 탐색하고 실천한다.
[12가정03-03]
개인과 가족의 소비가 사회 및 환경에 미치는 영향을 분석하여 지속 가능한 소비생활을 실천한다.</td><td rowspan="2"></td><td rowspan="2">[12생윤03/05통합]
환경 호르몬과 관련된 윤리적 문제들을 제시하고, 이를 윤리적 관점에서 비판할 수 있으며 기업가의 직업윤리와 개인들의 윤리적 소비 실천의 필요성을 설명할 수 있다.</td></tr>
<tr><td>화학</td><td>[12화학Ⅰ03-07]
물리적, 화학적 성질이 분자 구조와 관계가 있음을 설명할 수 있다.</td></tr>
</table>

〈표 8-2〉와 같이 총 6차시로 수업을 전개하는데, 1차시에는 가정 교사가 가족의 건강을 위협할 수 있는 환경 호르몬에 대해 알아보는 수업을 하고 이어서 대학의 실험실에서 카드 영수증 등에서 환경 호르몬을 검출하는 실험을 해, 학생들이 환경 호르몬이 우리 주변에 가까이 존재함을 실감하게 한다. 1~3차시 수업은 연속성을 가질 수 있도록 대학교에서 실시해 사범대학부설고등학교 학생들이 환경 호르몬에 대한 이해와 실험 수업이 이어지도록 했다. 실험을 통해 학생들은 자신이 환경 호르몬에 직접 노출되어 있다는 것을 절감한 뒤, 4~5차시 〈생활과 윤리〉 시간에 이러한 위험성에 대응하는 환경 단체 설립을 구상해 보고, 6차시에는 이 프로젝트 수행의 과정과 결과를 담은 보고서를 작성하는 것으로 마무리하게 된다(〈표 8-3〉 참조).

이 사례는 교과 간 융복합 수업을 통해 학생이 실생활에서 노출되는 문제적 상황에 대한 해결력을 기르게 한 의의가 있고, 특히 대학의 전문가와 실험 기자재를 활용하여 고등학교 교육과 연계했다는 점에서 청소년들의 성장에 지역 공동체가 협력한 사례라고 할 만하다.

〈표 8-2〉〈가정〉, 〈생활과 윤리〉, 〈화학〉 융복합 수업의 전개 양상

차시	1차시	2-3차시	4-5차시	6차시
활동 주제	나와 가족의 건강을 해치는 환경 호르몬	과학 수사대 '범인을 찾아라'	환경 단체 설립 활동	소감문 및 활동 보고서 작성
수업 방법	환경 호르몬 이론 강의	환경 호르몬 검출 실험	환경 관련 활동 수행	보고서 작성
담당	가정 교사	화학 전공 교수	생활과 윤리 교사	가정/생활과 윤리 교사
장소	대학교		사범대부설고	

〈표 8-3〉〈가정〉, 〈생활과 윤리〉, 〈화학〉 융복합 수업의 차시별 주요 내용

<table>
<tr><th colspan="5">1차시</th></tr>
<tr><td>학습 목표</td><td colspan="4">• 환경 호르몬의 위험성에 대해 구체적으로 설명할 수 있다.
• 납, 프탈레이트, 비스페놀A, 카드뮴, 수은이 인체에 미치는 영향력을 설명할 수 있다.</td></tr>
<tr><td rowspan="4">교수·학습 활동</td><td>학습단계</td><td>교사</td><td>학생</td><td>수업도구</td></tr>
<tr><td>도입</td><td>• 프로젝트 활동 소개(수업 의도 및 주제 소개)
• 모둠 구성
• 학습지 배부</td><td rowspan="2">[개별활동]
• 강의 듣고 학습지에 필기하기
[모둠활동]
• 조사할 환경 호르몬 선정하기
• 해당 환경 호르몬 함유 제품 조사하기
• 해당 호르몬이 인체에 미치는 영향 조사하기
• 내용 정리하여 발표하기</td><td rowspan="3">읽기자료, 동영상 및 PPT, 학습지</td></tr>
<tr><td>전개</td><td>• 환경 호르몬의 종류 설명
• 환경 호르몬이 인체에 미치는 영향 설명
• 모둠별 활동 안내</td></tr>
<tr><td>정리</td><td>• 다음 차시 활동 장소 및 내용 안내</td><td>• ㅇㅇ대학교로 이동</td></tr>
</table>

<table>
<tr><th colspan="5">2-3차시</th></tr>
<tr><td>학습 목표</td><td colspan="4">• 환경 호르몬의 분자구조를 그림을 통해 설명할 수 있다.
• 염화철 수용액을 통해 영수증에서 비스페놀A를 검출할 수 있다.</td></tr>
<tr><td rowspan="4">교수·학습 활동</td><td>학습단계</td><td>교사</td><td>학생</td><td>수업도구</td></tr>
<tr><td>도입</td><td>• 수업주제 및 실험의 취지 설명
• 모둠 구성
• 학습지 배부</td><td rowspan="2">[개별활동]
• 강의 듣고 학습지에 필기하기

[모둠활동]
• 실험계획서 작성하기
• 모둠별 실험도구 확인하기
• 영수증 잘게 찢어 에탄올에 넣기
• 염화철 수용액을 통해 비스페놀A가 포함된 영수증 확인하기
• 실험보고서 작성하기
• 실험 소감문 발표하기</td><td rowspan="3">읽기자료, 사진자료 및 PPT, 학습지</td></tr>
<tr><td>전개</td><td>• 환경 호르몬의 분자구조 설명
• 여성호르몬의 분자구조와 비스페놀A의 분자구조의 유사성 설명
• 환경 호르몬 검출 방식 설명
• 모둠별 실험과정 및 활동 안내</td></tr>
<tr><td>정리</td><td>• 다음 차시 활동 내용 안내</td><td>• 고등학교로 이동</td></tr>
<tr><th colspan="5">4-5차시</th></tr>
<tr><td>학습 목표</td><td colspan="4">• 환경 호르몬의 위험성을 인식하고 이에 대응하는 환경단체를 구상할 수 있다.
• 기존 정책이나 기업의 제품을 비판적으로 바라보고 제안서를 작성할 수 있다.</td></tr>
<tr><td rowspan="4">교수·학습 활동</td><td>학습단계</td><td>교사</td><td>학생</td><td>수업도구</td></tr>
<tr><td>도입</td><td>• 수업주제 및 활동 내용 실행
• 모둠 구성
• 학습지 배부</td><td rowspan="2">[개별활동]
• 환경단체 선정하기
• 단체의 목표 설정하기
• 단체 이름으로 정부와 기업에게 제출할 제안서 작성하기
• 대중들에게 환경 호르몬의 위험성을 알릴 수 있는 활동 선정하기
• 현수막 제작, 카드뉴스 제작, 캠페인 자료 제작하기
• 모둠별 단체 활동 발표하기
• 활동 소감문 작성하기</td><td rowspan="3">사진자료 및 PPT, 학습지, 현수막 제작도구, 종이, 색연필, 사인펜</td></tr>
<tr><td>전개</td><td>• 환경단체의 사례 소개
• 정부 및 기업에게 제안서를 작성하는 방법 설명
• 대중들에게 환경 호르몬의 위험성을 알렸던 사례 소개
• 모둠별 활동 안내</td></tr>
<tr><td>정리</td><td>• 활동 내용 정리</td><td>• 활동 소감문 제출하기</td></tr>
</table>

② 주제를 중심으로: 혁신학교의 수업 혁신 사례

혁신학교로 지정된 학교에서는 특색 있는 학교 교육과정을 운영하는 경우가 많다. 〈표 8-4〉는 경기도의 한 혁신 중학교의 사례로 '실학의 시대'라는 주제하에 국어, 역사, 미술, 과학 교과의 관련 단원 학습이 연결되도록 하였고, 특히 실학 용어와 실학 사상에서 나온 사자성어 및 계산법을 이해하는 한문과 수학이 결합되는 수업이 포함되는 사례이다(이형빈, 2015). 〈표 8-1〉의 [환경 호르몬의 역습 ~] 수업이 '환경 호르몬'과 관련하여 각 교과의 특징이 드러나는 학습 활동을 구안하여 사회적 이슈와 각 교과가 긴밀하게 연결되도록 한 수업이었다면, 다음 사례는 조선 후기 실학 시대와 관련된 각 교과의 내용을 비슷한 시기에 공부하게 하여 학습 효과를 배가하는 방식으로, 주제(실학 시대)에 대한 교과의 내용들이 느슨하게 연결되는 방식이라고 하겠다. 2장에서 살펴본 포가티의 구분에 의하면 거미줄형이라고 할 수 있다.

〈표 8-4〉 주제 중심의 교과 간 융복합 수업 사례

- 주제: 실학의 시대를 만나다.
- 수업 목표
  (1) 고전문학 작품을 통해 그 시대를 살았던 사람들의 삶을 이해한다.
  (2) 역사적 사실과 맞닿아 있는 주제를 중심으로 한 교과 통합 활동을 통해 우리 삶의 뿌리가 되는 역사를 깨닫는다.
  (3) 과거와 현재의 대화를 통해 그 시대를 고민한 지식인의 내면을 들여다보고, 오늘날 현실의 문제에 대한 개혁안을 직접 작성하여 발표한다.
- 교과별 세부 목표

교과	교육과정 목표	관련 단원	수업
역사	조선 후기 실학의 등장 배경 및 개혁 사상을 이해한다. 과거와 현재의 대화를 통해, 오늘의 문제에 대한 개혁안을 작성한다.	Ⅳ. 조선 후기의 사회 변동	조선 후기 실학을 이해하고, 우리 사회의 문제점을 찾아 그 대안을 제시하기
한문+수학	한자에 담긴 실학사상과 그 당시에 쓰인 수학의 원리를 이해하고, 현대의 수학과 비교한다.	Ⅲ. 사물의 이치를 깨달으며	실학 용어와 실학사상에서 나온 한자 성어 및 계산법 이해하기

교과	교육과정 목표	관련 단원	수업
국어	박제가의 『북학의』와 박지원의 『양반전』을 감상하고 그 시대 지식인의 모습을 이해한다. 이 시대의 실학과 나의 삶에 대한 한 편의 글을 쓴다.	7. 고전과 그 시대 (1) 북학의	문학작품 감상하고 역사적 사실을 이해한 후 '이 시대의 실학과 나의 삶'에 대해 토론과 글쓰기 하기
미술	조선 후기 풍속화 감상을 통해 그 시대의 생활상 및 변화를 이해한다. 우리 시대의 풍속화를 제작한다.	6. 풍속화 감상	조선 후기 풍속화를 감상한 후 이 시대의 풍속화 제작하기
과학	홍대용의 천문학 이론과 현대 천문학 이론을 비교하며 이해한다.	5. 태양계	조선 시대 천문학의 특징을 이해하기

출처: 이형빈, 2015: 92

앞과 같은 융복합 수업이 이루어지게 된 데에는 여러 교과 교사들의 고민과 그 결과로 교과 간 협력이 있었기 때문이었다. 18세기 실학자인 박제가가 청의 풍속과 제도를 살피고 돌아와 쓴 견문록인 『북학의』를 제대로 이해하기 위해서는 실학사상에 대한 이해가 필요하다. 이 때문에 국어 교사는 역사 교사와 협의하여 실학사상을 배운 이후에 조선 후기 문학작품을 배우도록 시기를 조정했다. 또한 역사 교사들은 교과서의 어려운 한자 어휘 때문에 겪는 수업의 어려움을 해소하고자 한문 교사와 협력하여 한문 시간에 실사구시(實事求是), 이용후생(利用厚生) 같은 실학사상이 담긴 한자어를 다루도록 하였다. 이러한 교과 간 협력을 지켜보던 수학, 과학, 미술 교과 교사들도 합류하여 수학 교사는 조선 후기 실학자들이 개발한 계산법과 현대 수학의 계산법을 비교하는 활동을, 과학 교사는 실학자들이 탐구한 천문 원리를 현대 과학의 원리와 비교하도록 하고, 미술 교사는 조선 후기 풍속화를 이해하고 감상하는 활동으로 결합하게 된 것이다(이형빈, 2015: 94).

이러한 융복합 수업을 통해 학습자는 조선 후기의 실학사상 등장의 배경과 해당 사상에 대한 이해를 바탕으로, 관련된 한자어에 대해 이해한 뒤 『북학의』를 읽어 국어 교과의 내용을 보다 심층적으로 이해할 수 있게 된다. 나아가 조선 후기 선조들이 남긴 예술작품과 학문적 성취를 이해하고 현재의 관점에서 비교하는 학습을 함으로

써 보다 폭넓게 실학의 시대를 이해하고 우리 시대를 돌아보는 깊이 있는 학습을 하게 된다.

③ 교과들의 공통 학습 요소를 중심으로: '통일'과 '보고서 쓰기' 사례

각 교과가 다루는 학습 요소 중에는 여러 교과가 공통적으로 다루는 요소나 기능이 존재한다. 이를 중심으로 교과들은 자연스럽게 연결된다. 〈표 8-5〉는 도덕과 국어과에서 '통일'이라는 주제를 공통적으로 다루고 있음에 기반한 융복합 사례이고, 〈표 8-6〉은 여러 교과가 '보고서 쓰기'라는 기능을 공통적으로 다루고 있음에 기반한 융복합 사례이다.

〈표 8-5〉와 같이 '통일'과 관련하여 중학교 1학년 도덕 교과에서는 통일에 대해 검토하도록 하고, 국어 교과에서는 남북한 언어의 이질성 문제를 다루면서 그 극복 방안에 대해 토의하는 내용을 다룬다. 이를 연결해서 가르치고 두 교과를 통합하는 활동으로 갈무리하는 융복합 수업이 가능하다. 학습자들은 국어 시간에 분단의 세월 속에서 남북한 언어가 이질화된 사태를 접하면서 도덕 시간에 통일에 대한 논의를 심화, 확장하는 경험을 할 수 있을 것으로 기대된다.

〈표 8-5〉 교과 간 공통 요소인 '통일'을 기반으로 한 융복합 수업 사례

교과	단원명	주제(통일)	내용
도덕	III. 통일과 민족 공동체 윤리	1. 통일을 해야 할까? 2. 우리는 왜 헤어졌을까? 3. 통일, 어떻게 할까요?	• 통일의 당위성을 심어 주는 교육보다는 스스로 통일 문제에 대한 논리적 판단을 할 수 있도록 한다. • 통일의 방법을 비중 있게 다루어 구체성을 갖고 통일을 바라볼 수 있도록 한다.
국어	4. 남북한 언어 차이	1. 남북한 언어의 특징 2. 남북한 언어의 동질성 회복 방안	• 남북한 언어의 특징을 영상자료와 읽기자료를 통해 확인하고 차이를 확인하도록 한다. • 남북한의 언어 동질성 회복을 위한 구체적인 방안을 토의한다.
통합활동	그림자극 만들기		• 국어과: 토론 및 시나리오 작성 • 도덕과: 그림자극 소품 제작 및 공연

출처: 유병규, 2014: 56

한편, 각 교과에서 '보고서 쓰기'는 학생들에게 수행해야 할 기능으로 공통적으로 요구한다. 〈표 8-6〉 고등학교에서는 〈화법과 작문〉, 〈생명과학II〉, 〈확률과 통계〉 과목에서 공통적으로 다루는 '보고서 쓰기'를 '조직의 중심(2장 참조)'으로 융복합 수업을 전개하였다. 〈화법과 작문〉 과목에서 학생들은 보고서의 개념과 특징, 작성 절차와 모범문 제시 및 표현 방식에 대해 학습한 뒤, 〈생명과학II〉와 〈확률과 통계〉 과목에서 요구하는 보고서 초고를 작성한다. 이후 초고에 대해 국어 교사로부터 보고서 작성의 원리에 따라 피드백을 받고, 내용이 부실할 경우 〈생명과학II〉, 〈확률과 통계〉 교사에게도 조언을 구한 뒤 최종본을 완성하도록 하였다(김은희, 2023). 이 사례는 교과가 공통적으로 요구하는 보고서 쓰기 기능과 국어과에서 가르치는 보고서 장르 지식과 보고서 작성 방법을 연계하여 학습자들이 국어 교과에서 요구하는 보고서 쓰기를 학업 맥락에서 수행하게 하고, 다른 교과에서의 보고서 쓰기의 완성도를 높일 수 있게 한 융복합 수업 사례이다.

〈표 8-6〉 '보고서 쓰기' 기능을 중심으로 한 교과 간 융복합 수업 전개

과목 및 단원	화법과 작문		보고하는 글 쓰기
과목 및 단원	생명과학II		중심원리 관련 기술에 관한 연구 보고서
과목 및 단원	확률과 통계		통계적 추정
차시	과목명	담당교사	학습 내용
1차시	화법과 작문	김**	보고하는 글의 개념과 특성, 절차
2차시	화법과 작문	김**	보고하는 글의 예시글 분석
3차시	화법과 작문	김**	보고하는 글의 표현 방법
4차시	생명과학II	최**	중심원리 관련 기술에 대한 주제 선정 및 계획 수립
5차시	생명과학II	최**	자료 조사, 분석 및 정리
6차시	생명과학II	최**	보고서 작성
7차시	화법과 작문	김**	고쳐쓰기 및 보고서 완성
8차시	확률과 통계	변**	환경 관련 동영상 시청 및 주제 선정
9차시	확률과 통계	변**	설문조사, 통계자료 수집 등 자료조사 및 분석 정리
10차시	확률과 통계	변**	보고서 작성
11차시	화법과 작문	김**	고쳐쓰기 및 보고서 완성

출처: 김은희, 2023: 44

(2) 교과 및 창의적 체험활동 시간에 이루어지는 융복합: '뮤지컬 제작 프로젝트'와 '학생회 선거를 둘러싼 교과 간 수업' 사례

융복합 수업을 교과 시간뿐만 아니라 창의적 체험활동 시간에 하면 교과의 성취기준에서 나아가 훨씬 창의적인 활동으로 구성하는 것이 가능하다. 〈표 8-7〉 사례는 혁신 중학교 학생들이 뮤지컬이라는 종합예술작품을 최종적으로 산출하고, 이를 위한 작업을 여러 교과 학습과 연계해서 수행하는 것이다. 뮤지컬 연습과 공연 등은 창의적 체험활동 시간을 활용하게 된다. 이 뮤지컬은 우리나라의 근현대사를 소재로 삼는 것으로, 역사 시간에 학습한 근현대사를 배경으로 하고, 사회 과목의 경제 단원과 연계해 주제를 정해서 시놉시스(작품의 의도와 줄거리)를 작성한다. 국어 시간에는 해당 시놉시스를 구체적인 시나리오로 풀어내고, 음악 시간에는 시나리오에 맞는 음악을 선택하거나 기존 노래의 개사 작업을 진행하며, 기술 · 가정 시간에는 각 장면을 잘 표현할 수 있는 무대 의상과 소품을 제작한다. 이때 학생들은 반별로 2팀으로 나누어 각자 부여받은 역할에 따라 한 편의 뮤지컬을 제작하는 데 기여한다. 이후 각 반별 뮤지컬 발표회를 열고, 우수 작품은 축제 때 공연한다(유병규, 2014: 124-128). 학생들은 하나의 종합예술작품 생산을 위해 관련 교과에서 배우고 수행한 다양한 내

〈표 8-7〉 뮤지컬 제작 프로젝트를 위한 교과 및 창체 융복합 사례

과목	단원	활동	평가
사회	경제 단원	경제문제 관련 수업 후 경제와 근현대사 내용으로 시놉시스 만들기	시놉시스 만들기 수행평가
역사	근현대사 단원	뮤지컬의 배경인 한국의 근현대사 이해	
국어	시나리오 단원	사회과 수업에서 만든 시놉시스를 바탕으로 구체적 장면 시나리오 작성	시나리오 작성 수행평가
음악	합창 관련 단원	뮤지컬에 사용될 노래 가사 바꿔 부르기	뮤지컬 작품 수행평가
기술 · 가정	의복 관련 단원	뮤지컬 무대 꾸미기와 뮤지컬 의상 만들기	
창의적 체험 학습	-	뮤지컬 연습 및 공연	

출처: 유병규, 2014: 124-125

용을 토대로 창의적 역량을 발휘하게 된다는 점에서, 이 사례는 학생들에게 융복합 역량과 창의성을 요하는 것이라 하겠다.

한편, 학교에서는 학생들의 자치 기구인 학생회가 꾸려지고 리더를 뽑는 선거가 이루어지는 등 학생 자치 활동이 이루어진다. 학생회 선거는 학생들이 장차 민주 시민으로 성장하는 데에 기틀이 된다고 할 수 있는데, 이를 계기로 〈표 8-8〉의 사례에서는 '민주주의와 참여'라는 주제하에 역사, 사회, 한문 교과의 융복합 수업을 전개하였다. 학생회 선거가 이루어지는 7월 일정에 맞추어 한국사 시간에는 공약의 성립 조건과 실현 가능성을 판별하는 능력 신장을 목표로, 최승로의 시무 28조와 같이 학교 발전에 필요한 구체적인 방안을 마련해 보고, 통합사회 시간에는 훌륭한 지도자 선출과 투표의 중요성을 인식하는 것을 수업 목표로 하여 선거와 관련된 여러 사항을 다루었다. 그리고 한문 시간에는 한문 고전 텍스트에서 민주시민 역량과 연결되는 선인들의 지혜와 사상을 이해하고 공감하는 수업을 전개하여 '민주주의와 참여'에 대해 시대를 넘나들면서 사유할 기회를 가졌다(곽명재, 2021).

만 18세부터 선거에 참여하게 되고 정치 지도자가 공동체 전체와 개별 구성원에게 미치는 영향이 큰 것을 고려할 때, 학생들이 분별력 있게 정치 지도자를 선택할 수

〈표 8-8〉 학생회 선거 계기의 교과 간 융복합 수업 사례

비교과 활동	교과 수업			
학생회 선거	주제	민주주의와 참여		
고1	과목	한국사	통합사회	한문
	수업 주제	최승로의 시무 28조	선거 계기 수업	선인들의 지혜와 사상
	주요 내용 및 수업 목표	• 학교 발전을 위한 구체적 방안 제시 - 공약의 성립 조건과 실현 가능한 공약 판별 능력 함양	• 역대 대통령 순서 맞춰 보기, 포퓰리즘 정치, 대통령 아이디어 평가, 대통령 공약 토론 - 훌륭한 지도자의 선출과 투표의 중요성 인식	• 참여, 실천, 주체성 관련 한문 고전 텍스트의 내용 이해, 공감, 적용 수업

출처: 곽명재, 2021: 198-200

있는 안목을 기르는 일은 중대하다. 학생들은 학교에서 치르는 선거를 통해 이를 조금씩 연습해 나가게 되는데, 학생회 선거를 계기로 여러 학문 분야의 관련 지식을 검토하고 수행해야 할 과제가 있다면 충분히 다루어지는 것이 필요하다.

(3) 방과 후 수업에서 이루어지는 융복합: 역량 강화를 위한 방과 후 프로그램

방과 후 수업 시간에는 교육과정의 성취기준에 얽매이지 않고 융복합 수업을 진행할 수 있어서 보다 확산적 학습을 도모할 수 있다. 〈표 8-9〉는 한 고등학교에서 방과 후 프로그램을 통해 학생들의 역량 강화를 위해 실시한 것으로, 탐구할 대주제를 정하고 해당 주제를 소주제로 구분한 뒤에 소주제를 다룰 때 2개 이상의 교과 교사가 코티칭(co-teaching)하는 방식으로 구성한 사례이다. '스마트폰과 인간'이라는 주제하에 1차시에서는 경제와 생명과학 교사와 함께 학생들의 기술 활용 역량 테스트를 하고 스마트폰의 구동 원리에 대해 알아본 뒤, 2차시에는 수학, 국어, 사회 교사와 함께 스마트폰 사용과 관련된 문제적 상황에 대해 탐구하고, 3차시에 사서 교사와 미래의 의사소통 방법에 대한 글을 읽고 생각을 넓힌 뒤, 물리 교사와 함께 현재의 문제적 상황을 극복할 수 있는 스마트폰 디자인 활동으로 이어지게 된다. 학생들은 교과 교육과정의 틀에서 벗어나 실세계에서 당면하는 문제에 대해 다양한 학문분과의 관점에서 사유하고 해결책을 강구하는 것(스마트폰 디자인)까지 나아가게 됨으로써 기존의 것을 답습하지 않고 새로운 해결책을 시도하는 변혁적 역량(transformative competency)(OECD, 2019)을 발휘하는 경험을 할 수 있다.

〈표 8-9〉 '스마트폰과 인간'에 대한 방과 후 융복합 수업

대주제	스마트폰과 인간		
차시	담당 교사	키우게 될 역량	탐구할 주제
1차시	경제	역량의 이해	역량의 중요성 알아보기
	경제	리터러시 역량	팀 구성을 위한 리터러시 역량 테스트
	생명 과학	기술 활용 역량	스마트폰에 대한 탐구
2차시	수학	정보처리 역량	스마트폰과 인간에 대한 다양한 자료 탐색하기
	국어	비판적 창의적 사고 역량	나의 스마트폰 감염도 알아보기
	사회	문제해결 역량	'스몸비'를 통해 바람직한 스마트폰 문화 탐구하기
3차시	사서	의사소통 역량	미래의 의사소통 방법 알아보기
	물리	심미적 역량	사람의 마음을 따뜻하게 해 줄 스마트폰 디자인하기
일시	20○○년 ○월 ○일 18:40 - 20:10 (90분간)		
장소	○○실험실		

출처: 동북고등학교 사례: 강현식, 2019

앞 사례는 학생들이 실세계에서 접할 수 있는 문제적 상황을 폭넓게 검토한 경우이고, 다음 사례는 보다 밀접하게 관련되는 두 가지를 결합해 방과 후 프로그램을 시행한 경우이다.

방과 후 수업에서는 학교 교육과정과 별도로 다양한 배움의 장을 펼칠 수 있는데 황혜진(2016)에서는 컴퓨터 프로그래밍과 수학을 연계한 방과 후 프로그램을 진행했다. 스크래치(Scratch)는 MIT Media Lab의 Lifelong Kindergarten Group에 의해 개발된 교육용 프로그래밍 언어인데, 이 프로그램을 가르치는 데에 관련된 수학 학습 내용을 연계하였다. 학생들이 이 프로그램을 배울 수 있는 교과 교육과정은 따로 존재하지 않아 방과 후 수업 시간을 이용하였고, 〈표 8-10〉과 같이 중학교 수학의 관련 내용을 연계하였다. 다음 사례는 학생들의 문제 해결력과 논리적 사고력 향상을 목표로 하였다.

〈표 8-10〉 컴퓨터 프로그래밍과 수학을 연계한 사례

차시	주제	학습 내용	수학 관련 단원
1	스크래치 시작하기	• 스크래치 가입하기 • 스크래치 프로그램 감상하기 • 스크래치 블록 알기 • 스프라이트 움직이기	
2	스크래치 경험하기	• 반복문, 조건문 배우기	
3	정다각형 그리기	• 정다각형의 성질 확인 • 정다각형을 그리는 프로그램 만들기	중학교 1학년 도형의 기초
4	UP & DOWN 게임	• 일차방정식을 이용한 비만도 계산기	중학교 1학년 정수와 유리수
5	비만도 계산기	• 정수를 활용한 UP & DOWN 게임 만들기	중학교 1학년 방정식
6	자판기 만들기	• 함수의 성질을 활용한 자판기 만들기	중학교 1학년 함수
7	나만의 창의적 스크래치	• 창의적 프로그램 만들기	

출처: 황혜진, 2016: 17-18

2) 교과 내 융복합

한 교과 안에서 다양한 이유로 다른 교과의 내용을 끌어들여 수업하려는 시도가 있다. 이 절에서는 수학을 어려워하고 외면하려는 중학생들에게 수학을 가깝게 느끼고 학습 동기를 부여하고자 하는 교사의 고민 끝에 시도된 사례를 소개하고자 한다. 수학의 학습 내용을 실생활에 보다 근접하게 하거나 학생들에게 수학 학습 동기를 부여하고자 다른 교과의 소재나 방법을 차용한 것이다.

(1) 신문 기사 속 함수 찾기: 교과의 지식을 실생활에 연결하기

[그림 8-1]은 수학 시간에 학생들이 두 가지 이상 서로 관련된 현상을 언급하는 신문 기사를 찾아와 쌍방 간의 관계를 함수와 연결해 학습한 사례이다. '함수에 대한 이해, 그래프-표-언어로의 번역, 신문 기사에 대한 학습자의 생각을 바탕으로 원인

분석, 대안 찾기, 예측 활동'으로 이어지는 수업이다(오작교 연구회, 2021: 67). 이 수업에서는 국어나 사회 시간에 주로 할 만한 신문 기사 검색과 읽고 토론하는 활동을 수학 시간에 차용하여 '함수' 학습을 하게 한 것인데, '함수'로 설명할 수 있는 현상을 실세계에 연결해서 학습하게 하는 효과가 있다. [그림 8-1]과 같이 학생 활동지를 구성해 학생들이 구해 온 신문 기사에서 함수 관계를 가질 수 있는 요소를 추출하여 수학 공부도 하고, 신문 기사의 내용에 대해 비판적 사고를 키우는 활동도 하게 한다.

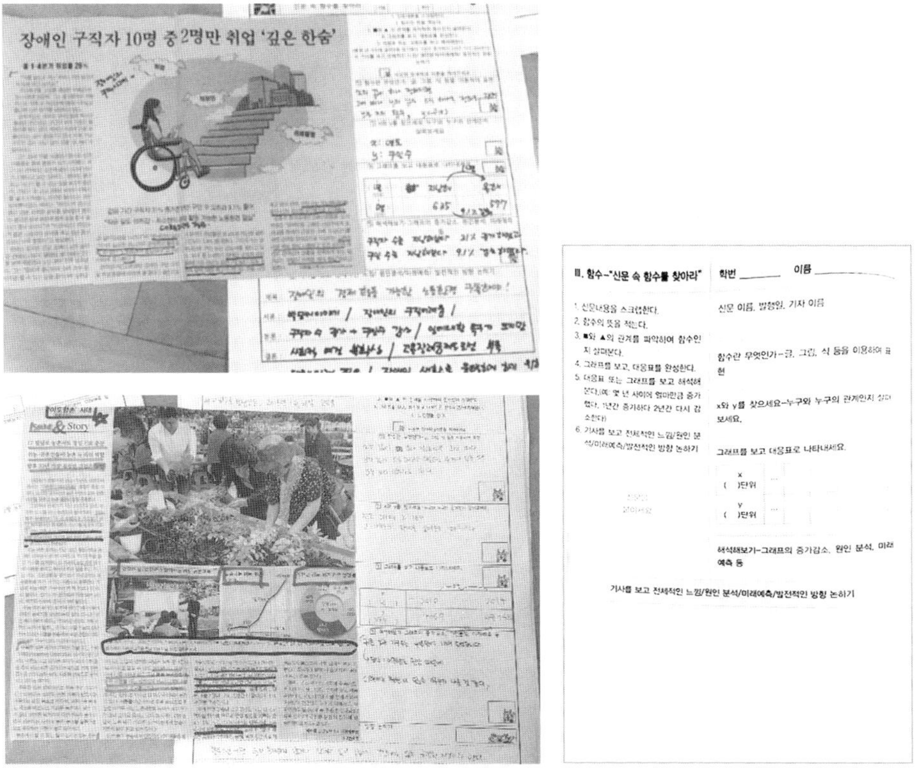

[그림 8-1] 신문 기사 속 함수 찾기 학생 활동지

(2) 수학의 의미를 '그리는' 두들링 수업: 교과에 대한 심리적 거리감 좁히기

시쳇말에 '수포자'라는 말이 있다. 학생들이 수학을 어려워하여 포기하는 경우가 많아서 나온 말이다. 수학 교사는 학생들이 가지는 수학에 대한 심리적 거리감을 좁

히고 수학과 친해지기를 바랄 것이다. [그림 8-2] 사례는 학생들로 하여금 낙서하듯 끄적거리는 두들링(doodling) 작업을 통해 미술의 요소를 끌어들여 수학에 대한 심리적 거리감을 좁히게 한 활동이다. 이런 수업은 '수학과 관계없지 않은가?' '이렇게 한다고 학생들이 수학과 친해질 수 있겠는가?'라고 반문할 수도 있겠으나 학생들은 수학을 '그리면서' 수학의 '의미'에 대해 조용히 집중하면서 환기해 보는 경험을 했을 것이다.

[그림 8-2] 수학의 의미를 '그려 내는' 두들링 활동 사례

학습 과제

- 다른 교과 전공자와 함께 자신의 교과를 다른 교과와 연계해 학습자의 학습 경험을 보다 심화, 확장할 내용을 찾아봅시다.
- 자신이 담당하는 교과 안에서 다른 교과가 다루는 내용이나 교수·학습 방법을 차용할 수 있을지 살펴봅시다. 살펴본 내용이 자신의 교과 학습을 어떻게 심화, 확장하게 할지 검토해 봅시다.
- 이 책에서 소개된 예비 교사들의 융복합 수업 우수 사례들이 학교 현장에서 실현될 수 있을지에 대해 토의해 봅시다.

2. 교과 간 융복합 수업 운영을 위한 절차

교과 간 융복합 수업은 한 교과의 교사가 원한다고 해서 이루어지지 않는다. 함께 협력할 다른 교과 교사가 필요하고, 어떤 내용을 어느 시점에서 할지, 평가를 하게 된다면 무엇을, 어떻게 해야 할지 결정해야 한다. 수업 계획 단계에서부터 융복합 수업 실시 여부를 결정하고, 융복합 수업이 여러 학급에서 실제로 이루어지는 단계에서는 교과 교사들이 협의가 필요한 부분에 대해 수시로 의사소통해야 하며, 수업이 종료된 뒤에는 수업의 운영에 대해 성찰하고, 학생 평가가 동반되었다면 학생 평가의 결과를 검토하고 결과 보고에 대해서도 협의해야 한다. 〈표 8-11〉은 융복합 수업을 계획, 운영, 성찰하는 단계에 따라 학교 교육과정 운영 시에 필요한 일을 제시하였다. 또한 각 단계에서 융복합 수업을 실시할 교과 교사들의 준비 사항이 무엇인지 제시하였다.

〈표 8-11〉 융복합 수업 시행을 위한 단계별 준비 사항

단계	학교 차원	융복합 수업 담당 교사 간 협의 사항
계획	• 학교 교육과정 운영 계획 수립(2월, 8월) - 동학년 담당 교과 교사들의 협의회 실시 (융복합할 교과 결정 및 학교 교육과정 계획에 반영하기)	• 각 교과 교육과정과 교과서 분석 • 교과 간 연계할 요소 협의 • 각 교과(또는 통합적으로) 학습 목표 수립 및 학습 내용 추출, 수업 전개 협의
운영	• 교과 간 융복합 수업의 세부 사항 조율 및 수업 실시	• 융복합 수업의 유기적 운영을 위한 시수 조정 및 세부 내용 협의 • 교재 개발(학생 활동지 포함) 및 상호 검토와 협의 • 피드백/평가에 대한 협의
성찰	• 교과 간 융복합 수업 실행 후 평가회 실시	• 수업에 대한 성찰, 평가/피드백 결과 논의, 결과 보고(학생부 기록)에 대한 협의

1) 계획 단계

학교에서는 매년 초(주로 2월)에 학교 교육과정 운영 계획을 수립하고, 주로 2월과 8월에 학기별 교육과정을 설계한다. 이때 교과 간 융복합 수업 계획도 수립할 필요가 있다. 학교에서는 학년별로 교육과정이 운영되므로 이 계획 단계에서 동 학년별로(만약 학년을 넘나드는 융복합 수업을 기획한다면 학년이 섞인 채로) 융복합할 교과들이 정해져야 하고, 교과 간의 연계할 요소들에 대한 협의가 이루어져야 한다. 동 학년을 맡고 있는 교사들 중에 서로 신뢰가 쌓여 있고 평소에 학교생활과 수업에 대한 고민을 활발히 나누는 교사들 사이에서 융복합 수업을 하게 될 가능성이 높다. 어떤 교과를 연계할지 정해졌다면, 어느 지점을 연계할지 협의해야 한다. 이를 위해서는 각 교과 교육과정과 교과서의 내용을 서로 검토해서 연계할 지점을 찾아야 한다. 어떤 주제나 사회적 이슈 혹은 교과들의 공통 요소 등 연계할 요소를 정하면서 융복합 수업에서 지향할 학습 목표, 전반적인 수업 전개와 수업 운영 방식(코티칭, 팀티칭, 팀티칭과 코티칭의 결합 등), 융복합 수업을 할 시기 등을 결정하고, 평가를 포함하는 경우라면 평가 계획도 함께 논의해야 한다.

2) 운영 단계

계획에 따라 융복합 수업을 진행하는 과정에서는 학생 활동지를 포함하여 구체적인 교육 자료(교재) 개발이 이루어져야 한다. 융복합 수업은 학교 단위의 교사들이 창의적으로 교재를 개발해서 실시해야 하기 때문에 각 교과의 교과서에 의지하기는 어려울 것이다. 교재 개발은 계획 단계에서 미리 이루어져야 하지만 수업을 진행하는 과정에서 수업 시행 첫 학급에서의 학생 반응과 수행 정도를 반영하여 운영 단계에서도 개발 및 수정이 이루어질 수 있다. 교재 개발 시에는 각 교과별 교재 혹은 교과 통합적 교재를 개발하고 교과 교사들이 서로 검토해서 학습자에게 오해를 사거나 상충되는 내용이 들어가지 않도록 검토해야 한다. 그리고 필요하다면 운영 중에 각 과목에서 필요한 시수를 늘리거나 줄이는 조정이 있을 수 있다. 또한 8장에서 살펴

보았듯 수업의 선후(先後)가 정해져야 하는 경우라면(실학사상에 대한 역사 수업 후에 국어 시간에 박제가의 〈북학의〉 읽기 사례) 교과별 진도를 살펴 적시에 교과 수업이 이루어질 수 있도록 수업 진도가 조정되어야 한다. 만약 수행 평가 등 평가가 포함되는 경우라면 각 교과 교사들은 학생들이 수업 중에 수행하게 되는 결과물들을 수집하고, 학생의 이해와 수행 정도에 대해 적절한 피드백을 제공해야 한다. 교과 교사들은 수업 운영 중에 긴밀하게 협의해야 할 사항이 발생하면 신속하게 소통하고 의사결정해야 한다.

3) 성찰 단계

교과 간 융복합 수업이 시행된 이후에는 계획에 따라 수업이 제대로 실시되었는지, 수업 시행 중에 예기치 않은 일이 발생하지는 않았는지, 발생했다면 어떤 조치가 필요했는지, 조치를 잘 취했는지 등을 점검할 필요가 있다. 또한 학습자들이 융복합 수업에서 보인 반응과 수행 정도를 되돌아보고 계획했던 수업 목표가 적절했는지, 수업 운영에서 보완되어야 할 점은 없는지 논의해야 한다. 학생평가가 있었다면 학생평가의 과정과 결과에 대해 되돌아보고 학생평가 결과 보고 방식에 대해서도 협의해야 한다. 평가 결과에서 학생들의 수행이 기대 이상인지 등을 검토해서 채점과 성적 처리, 평가결과 보고(학생부 기록)를 어떻게 해야 할지 다른 교과 교사와 협의해서 결정해야 한다. 가능하면 융복합 수업이 일회성으로 끝나지 않을 수 있도록 협력한 교사들끼리의 평가회의 회의록을 기록해 차후에 보완해야 할 점들이 차년도 교육과정 운영에 반영되거나 다른 교사들도 참고할 수 있게 하는 것이 좋다.

이상의 단계를 고려하여 융복합 수업을 하려는 교사가 준비해야 할 일들을 체크리스트 형식으로 제시해 보면 다음과 같다. 다른 교과 교사와 협력을 하는 경우든, 혼자 자기 교과 안에서 융복합을 시도하든 다음의 질문에 따라 필요한 사항을 준비할 수 있을 것이다.

〈표 8-12〉 융복합 수업을 하려는 교사가 준비해야 할 일

점검 항목	준비 정도
1. 융복합 수업을 할 교과(동료 교사)를 정했는가?	
2. 무엇을 융복합할 것인가? '조직의 중심'은 무엇인가?	
3. 융복합 수업의 교수학습 전개는 어떻게 할 것인가? 소요 시간(차시)은 어느 정도를 예상하는가?	
4. 융복합 수업에서 평가(피드백)는 어떻게 할 것인가?	
5. 교과 시간이나 창의적 체험 활동 시간 등 어느 시간을 활용할 것인가?	
6. 학기별 교육과정 계획에 융복합 수업 운영이 반영되었는가?	
7. 융복합 수업에 필요한 교재(교수 자료, 학생 활동지 등)는 개발했는가?	
8. 융복합 수업에 필요한 시간표 조정이 되었는가?	
9. 융복합 수업에 필요한 공간은 준비되었는가?	
10. 융복합 수업에 필요한 준비물을 미리 공지하거나 마련했는가?	
11. 융복합 수업 실행 후 수업을 성찰할 평가회는 계획했는가?	
12. 융복합 수업의 성과(학생들의 성취 등)를 생기부에 어떻게 기록할 것인가?	

3. 교과 간 융복합 수업 운영을 위한 여건

중등학교 교사들은 자신이 맡고 있는 교과의 수업만으로도 분주하다. 교과 간 융복합 수업은 일상적인 일을 넘어 다른 교과 교사와의 협력이 토대가 되어야 하는 것이기에 교과 교사들이 남다른 노력을 기울여야 할 일이다. 앞에서 살펴본 교과 간 융복합 수업 사례들이 지속되려면 제반 여건이 뒷받침되어야 한다. 이를 다음과 같이 제도적 차원과 교과 내적 차원, 문화적 차원으로 나누어 살펴보고자 한다.

제도적 차원	교과 내적 차원	문화적 차원
• 융복합 교육을 장려하는 교육 정책 • 학년부 체제의 학교 조직 • 융복합 교육에 대한 학교 전체 교사 대상 연수 • 시공간 확보 등 물적, 행정적 지원	• 융복합 교육 취지 공감 및 필요성 절감 • 교과별 상호보완적 목표 달성 및 부담 경감	• 수업에 대한 고민을 나누고 소통하는 문화 • 상호존중하고 협력하면서 수업 혁신을 외면하지 않는 문화

1) 제도적 차원

제도적 차원에서는, 우선 현재와 같이 교육 정책적 차원에서 융복합 수업이 장려될 필요가 있다. 현재의 교육 담론은 교과를 넘나들고 학교 안과 밖의 삶을 연결해서 학교에서 배우는 지식과 삶이 연계되는 교육을 강조한다. 또한 학교 단위의 교육과정 운영에서 학교 특성에 부합하는 특색 있는 교육과정 운영, 일정 시간 안에서 자율적 교과 교육과정 운영이 독려되는 등 복수의 교과들을 연계하는 교육을 지지하는 정책적 추동이 있다. 이러한 정책적 추동이 없으면 각 교과는 교과 안에서 가르쳐야 할 내용이 늘 조금씩 쇄신되면서 차고 넘치기 때문에 다른 교과와의 연계를 고민하기가 쉽지 않다.

둘째, 학교에서 교과 간 융복합 수업이 가능하려면 교사들 간에 수업에 대한 의사소통과 연구가 활발해야 한다. 이는 학교의 조직 구조가 학생부, 교무부, 정보부 등 행정업무의 특성에 따라 구분되는 방식이 아니라, 학년부 체제로 조직되어 있을 때보다 원활하게 이루어질 수 있다(유병규, 2014). 교사들이 행정업무 중심의 부서로 나누어져 있으면 수업과 학생에 대한 대화는 줄어들 수 있다. 그러나 학년별 학교 조직은 교사들이 학년별 학생 지도와 학년 교육과정 운영과 관련된 협의를 보다 활발하게 할 수 있는 토대가 된다. 학년부 조직에서 교사들은 학년의 교육과정 운영에 대한 협의, 학생 지도에 대한 협의를 하게 되면서 교과 간 융복합 수업에 대한 협의도 상대적으로 수월하게 할 수 있게 된다.

셋째, 교과 간 융복합 수업은 일부 교사들이 담당하는 것이 아니다. 학교의 교사 전체가 융복합 교육에 대해 이해하고 공감할 때, 그중에서 협력이 가능한 교사들이 연계가 가능한 교육 지점을 발견하여 융복합 수업으로 구현할 수 있게 된다. 그렇기 때문에 학교의 전(全) 교사를 대상으로 하는 융복합 수업에 대한 연수가 있어야 한다. 이 연수에서는 교과를 가로지르는 간학문적 개념이나 빅 아이디어에 대한 안내, 여러 교과에서 다루고 있는 교육 내용(교육과정)에 대한 안내가 이루어져야 한다.

넷째, 융복합 수업이 가능하도록 하려면 때에 따라서는 시간표를 조정하거나 공간을 별도로 확보하는 등 행정적 조치가 필요하다. 또한 앞의 [환경 호르몬의 역습~] 수업 사례에서 보듯 실험에 필요한 비용 지원이 뒤따라야 할 수도 있다. 이러한 행정적, 재정적 지원이 적극적으로 뒷받침되어야 융복합 수업을 기획할 수 있게 된다.

2) 교과 내적 차원

각 교과가 융복합 수업의 필요를 절감하고 융복합할 계기가 교과 내적으로 있어야 융복합 수업은 이루어질 수 있다. 교과 내적 차원에서는, 첫째 교사들이 융복합 수업의 취지에 공감하고, 자신의 교과목 안에서 융복합 교육이 필요한 지점이 있다는 것을 절감하여 기꺼이 다른 교과와의 접점을 찾는 노력이 있을 때 융복합 수업이 가능하다. 국어 시간에 고전 소설『박씨전』을 다룰 때 병자호란 전후의 조선 후기의 시대상을 이해하면 도움을 받을 수 있다. 역사 시간에는『박씨전』을 병자호란 전후의 조선 후기 사회상을 이해하는 참고 자료로 활용할 수 있다. 이렇게 각 교과는 다른 교과가 다루는 내용을 활용할 때 지식과 지식이 통합되어 실질적인 학습 목표에 도달할 수 있는 지점이 있을 수 있다. 다른 교과와의 접점 찾기에 대한 교사의 고민이 있고, 이것이 동 학년 교사들 내에서(또는 학년을 넘어 다른 교과 교사들과) 공유되어 교육 내용에서 연계점을 찾게 되면 융복합 수업을 시도할 수 있게 될 것이다.

둘째, 이렇게 교과 교사가 다른 교과와의 공통 접점을 찾아 수업을 진행함으로써 수업 준비의 부담을 줄일 수 있고, 학습자는 역사 따로 국어 따로가 아니라 둘을 연결해서 보다 깊은 이해에 도달하면서 학습량은 상대적으로 줄이는 혜택을 누릴 수 있게 된다. 교과 간 융복합 수업에서 교사들은 타 교과 교사와 수업 부담을 나눌 수 있고, 학습자도 학습량은 줄이고 심화된 학습 경험을 하는 혜택이 있다면 교과 간 융복합 수업은 계속 시도될 수 있을 것이다.

3) 문화적 차원

융복합 수업이 이루어지려면 학교의 교사 공동체가 조성하는 문화적 차원의 여건도 필요하다. 첫째, 교사들끼리 자신이 하고 있는 수업에 대한 고민을 토로하고 소통하는 문화가 있어야 한다. 교사의 학교생활에서 많은 부분을 차지하는 수업에 대한 저마다의 고민을 개방적으로 공유하는 문화가 있을 때 교과 간 융복합 수업이 성사될 가능성이 높다. 현재 학교 내의 전문적 학습 공동체, 수업 연구회 등 학교 단위의 교사 학습이 권장되고 있는데 이런 모임에서 수업에 대한 논의가 활발해진다면 교과 간 융복합 수업은 상대적으로 수월하게 시도될 수 있을 것이다.

둘째, 교사들 간에 서로 신뢰하고 존중하는 문화가 있고 새로운 교육 방법을 시도하는 데 적극적으로 협력하는 문화가 있을 때 융복합 수업은 시도될 것이다. 교무실에는 저경력 교사, 고경력 교사 등 다양한 세대의 교사들이 섞여 있게 마련인데, 융복합 수업과 같은 새로운 교육 방법은 일부 교사만의 일이라고 인식되면 혁신적 수업이 시도되거나 지속되기 어려울 것이다. 학교에는 늘 새로운 학생들이 들어오고 학생의 변화도 감지될 터인데, 학생의 변화에 따라 새로운 교육 방법을 교사들이 함께 적용하려는 문화가 뒷받침되면 융복합 수업을 시도하기 수월할 것이다.

학습 과제

- 학교 현장에서 융복합 수업을 하고자 할 때 걸림돌이 될 수 있는 것은 어떤 것이 있을지 예상해 봅시다.
- 앞에서 예상한 어려움을 극복할 수 있는 방법에 대해 토의해 봅시다.

제4부

융복합 수업의 성과 둘러보기

융복합 수업을 시작하는 교육자를 위한 지침서

융복합 수업의 설계와 실행

제9장

예비 교사들은 융복합 수업에 대해 어떻게 생각할까

새로운 교육 방법의 시도가 실제 교육의 맥락에 구현되려면 교사의 역할이 결정적이다. 그런 의미에서 미래의 교사인 예비 교사들이 융복합 수업 설계와 시연 경험 속에서 무엇을 느끼고, 배우는지, 그리고 그 과정에서 교과에 대해 어떤 생각을 하게 되는지는 중요하고, 이를 확인하는 작업이 필요하다. 이러한 확인은 예비 교사를 대상으로 융복합 수업 경험을 둘러싼 자신의 생각을 물어봄으로써 가능해진다. 이 장에서는 융복합 수업을 설계하고 시연하는 경험이 예비 교사들에게 어떤 깨달음이나 배움, 어려움으로 다가가는지, 그 속에서 교과에 대해 어떤 생각을 하는지 분석한 내용을 소개하고자 한다. 예비 교사들이 융복합 수업 경험 속에서 성장했다고 느끼는 점, 어렵다고 느끼는 점은 무엇인지, 그리고 자신의 교과와 타 교과의 특징이나 역할이 무엇이라고 생각했는지 들여다 본다.

학습 목표

- 전공이 다른 예비 교사들이 융복합 수업을 설계하고 시연하는 과정에서 느끼는 가능성과 어려움이 무엇인지 이해한다.
- 융복합 수업 설계와 시연 경험을 한 예비 교사들이 드러낸 교과에 대한 인식이 무엇인지 이해한다.

1. 융복합 수업의 가능성과 어려움[1)]

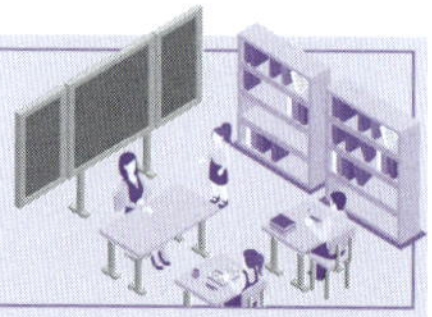

이 절에서는 2017년 2학기에 4개 전공(국어, 수학, 물리, 화학)의 예비 교사들이 융복합 수업을 설계하고 시연하는 과정에서 얻게 된 점, 어려웠던 점에 대해 설문하고 초점집단을 꾸려 심층면담한 결과를 제시하고자 한다.

〈표 9-1〉과 같이 융복합 수업 설계와 시연을 경험한 94명의 예비 교사에게 '융복합 교수 경험에서 어려웠던 점, 얻게 된 점(융복합 수업 설계, 실행, 모둠원과의 공동작업 각각에서)'을 설문했다. 그리고 가장 좋은 평가를 받은 조와 융복합 설계를 어려워했던 조의 구성원들 중 자원을 받아 8명의 초점집단을 구성하고 심층면담을 실시했다. 설문 문항은 연구자의 선입견을 줄이고 예비 교사들의 자유로운 의견에 대한 응답을 얻기 위해 서술형으로 구성하였다.

〈표 9-1〉 설문과 심층면담에 참여한 예비 교사의 배경

전공	설문응답자 수(%)	면담 참여자	성별	학년
국어교육	37(39.4)	예비 교사 1	여	2
		예비 교사 2	남	2
수학교육	34(36.2)	예비 교사 3	여	3
		예비 교사 4	남	3
물리교육	10(10.6)	예비 교사 5	남	3
		예비 교사 6	남	3
화학교육	13(13.8)	예비 교사 7	남	3
		예비 교사 8	남	3

1) 이 절의 내용은 김희경, 김영란, 김선희, 윤희숙(2018)의 논문을 재구성함.

설문의 응답과 면담 내용을 전사한 질적 자료들은 연구자들이 반복적으로 검토하면서 유사한 속성이 있는 것들을 하나의 코드로 묶은 후, 그 의미를 대표할 수 있는 단어나 문구로 명칭을 부여하여 범주화하였다. 자료 분석 과정에서 삼각 검증, 참여자 검토 과정을 거쳐 분석 결과의 타당성을 확보하고자 하였다.

1) 융복합 수업 설계 및 시연의 장점과 가능성

융복합 수업 경험에 대하여 예비 교사들이 수업 설계와 실행 시, 모둠원과의 공동 작업에서 얻게 된 점으로 응답한 내용은 〈표 9-2〉와 같다. 예비 교사들의 응답은 크게 융복합 교수 측면과 일반적인 교수 측면으로 분류할 수 있었다.

〈표 9-2〉 프로그램 시행 후 예비 교사들이 얻게 된 점에 대한 응답

<table>
<tr><th rowspan="2">구분</th><th colspan="2">수업 설계</th><th colspan="2">수업의 실행</th><th colspan="2">모둠원과의 공동작업</th></tr>
<tr><th>유형</th><th>빈도(%)</th><th>유형</th><th>빈도(%)</th><th>유형</th><th>빈도(%)</th></tr>
<tr><td rowspan="2">융복합 교수</td><td>융복합 수업에 대한 이해와 성찰</td><td>20(21.3)</td><td>융복합 수업 실행 경험 및 이해 개선</td><td>23(24.5)</td><td>타 교과에 대한 정보 습득 및 이해</td><td>29(30.9)</td></tr>
<tr><td>타 교과와 연계 및 다양한 관점 인식</td><td>20(21.3)</td><td>타 교과 수업에 대한 이해</td><td>5(5.3)</td><td>문제에 대한 다양한 관점 인식</td><td>5(5.3)</td></tr>
<tr><td rowspan="3">일반 교수</td><td>수업 설계에 대한 성찰과 훈련</td><td>26(27.7)</td><td>수업시연의 경험 및 어려움 인식</td><td>28(29.8)</td><td rowspan="3"></td><td rowspan="3"></td></tr>
<tr><td>지도안 작성 연습</td><td>17(18.1)</td><td rowspan="2">효과적인 수업에 대한 성찰 및 이해</td><td rowspan="2">18(19.1)</td></tr>
<tr><td>교육과정 파악</td><td>4(4.3)</td></tr>
<tr><td rowspan="2">기타</td><td rowspan="2">새로운 시도 경험</td><td rowspan="2">10(10.6)</td><td rowspan="2"></td><td rowspan="2"></td><td>협동의 경험 및 협업능력 향상</td><td>35(37.2)</td></tr>
<tr><td>의사소통의 경험 및 성찰</td><td>22(23.4)</td></tr>
<tr><td colspan="2">무응답</td><td>8(8.5)</td><td>무응답</td><td>23(23.4)</td><td>무응답</td><td>15(16.0)</td></tr>
</table>

예비 교사들이 '융복합 수업에 대해 이해'하게 되었고, '타 교과에 대한 이해'가 확장되었다는 응답은 설계(42.6%), 실행(29.8%), 공동작업 과정(36.2%) 모두에서 나타났다. 특히 수업 설계 과정에서는 '타 교과와의 연계를 인식하고 다양한 관점이 생긴 것'을 언급한 비율이 21.3%로 실행 과정(5.3%)에서보다 높은 비율로 나타났다. 이는 설계하는 과정에서 융복합에 대한 고민을 더 많이 했기 때문으로 판단된다.

비록 융복합 수업을 설계하였지만 이 과정에서 수업 설계 및 지도안 작성, 수업 시연의 훈련 등에서 '일반적인 교수·학습 방법 훈련'이 되었다고 응답한 예비 교사의 비율도 상당하였다(45.8%). 수업의 실행 과정에서도 '효과적인 수업에 대한 고민과 깨달음' '수업 시연의 경험 습득 및 어려움 인식' 등 일반적인 교수·학습과 관련된 효용이 있었다고 인식하였다(48.9%). 이는 각 전공의 예비 교사가 2, 3학년으로 수업을 설계한 경험이 없거나 많지 않은 상태에서 융복합 수업 설계를 경험하였기 때문으로 보인다.

모둠원과의 공동 작업에서는 '협동 경험을 통한 협업 능력의 향상'(37.2%)과 '의사소통의 경험과 이에 대한 성찰'(23.4%)을 얻게 된 점으로 언급한 비율이 매우 높았다. 협업 능력과 의사소통 역량이 미래 사회에 중요한 역량이라는 점에서 이러한 인식은 매우 긍정적인 결과로 해석된다.

전반적으로 예비 교사들은 융복합 수업의 설계와 실행의 경험이 융복합 수업에 대한 인식을 개선하고, 예비 교사로서 수업 설계와 실행에 대한 능력, 협업과 의사소통 능력을 배양하는 데 도움이 된 것으로 평가하였음을 알 수 있었다. 초점 집단 심층 면담에서는 예비 교사들이 구체적으로 어떻게 이러한 경험을 긍정적으로 평가하는지에 대하여 살펴볼 수 있었으며, 주요한 주제는 다음과 같다.

(1) 성공 경험을 통한 융복합 교수 실행에 대한 동기 및 효능감 향상

예비 교사들이 밝힌 융복합 수업 시연 경험의 장점으로는 성공 경험과 실천 의지의 향상을 들 수 있다. 즉, 융복합 수업에 대한 실행을 통해 성공 가능성을 직접 체험하였고, 이로 인해 융복합 수업에 대한 실천 의지가 높아졌다는 것이다. 특히 학생들의 노력에 대한 긍정적 피드백 전략의 하나로 참여 교수들이 심사를 통해 우수 수업에 대해 시상했는데 이 기회를 통해 자신감이 상승했다는 것이다.

> 상도 받고 하니까 이게 우리가 생각한 게 맞았구나 해서 자신감이 상승하긴 했어요. 그런 부분에서. (예비 교사 8)

> 아, 이게 겪으면 굉장히 도움이 되거든요. 아, 이제 이렇게 하면 되는구나. (예비 교사 1)

예비 교사들은 융복합 수업을 통해 그들 스스로 흥미, 보람, 사고력 향상 등의 경험을 했기 때문에 현장에 교사로 임용이 된 후에도 자신의 수업에서 융복합 수업을 시도할 것이라 응답하였다.

> 일반수업보다 훨씬 더 재밌는 것 같아요. (예비 교사 5)

> 저는 (학생들의) 과목에 대한 흥미가 조금 높아질 것 같아요. 예를 들면, 저는 약간 사회랑 국어 같은 과목을 되게 싫어했었는데 과학은 되게 좋아했거든요. 사회 과목을 그렇게 좋아하지 않았는데 과학이랑 섞으니까 또 재미가 생겨서 사회 과목에 대해 배우는 게 더 많아질 것 같고, 또 공부할 때도 사회 과목은 집중이 잘 안 되고 그랬었는데, 과학이랑 또 섞으면 집중도 잘될 것 같고 또 흥미도 높아지니까 배우는 것도 잘 배울 것 같고. 그럴 것 같아요. 그래서 하는 게 좀 좋을 것 같아요. (예비 교사 7)

> 저는 사고력이 되게 많이 확장될 것 같았어요. 배경지식도 그렇고, 문제 풀다 보면 중학교 때 막 문제 풀면은 (중략) 되게 싫었거든요. 굉장히 싫었는데, 약간 이걸 왜 갑자기 여기에 끼어드는 거야? 이런 식으로 되게 터무니없다고 생각했는데, 지금 보니까 그런 거에 다 원리가 숨어 있었던 거잖아요. (예비 교사 8)

특히 예비 교사 8의 경우 고등학교 이후로 학습에 대한 열의가 부족했고 교사가 되고 싶은 의지도 강하지 않았으나 융복합 수업 시연에서 스스로 관심이 많은 시사 관련 내용을 과학과 융합시킬 수 있는 경험을 통해 교사에 대한 동기가 높아졌다고 응답하였다. 즉, 분절적인 교과 수업에 흥미를 느끼지 못하다가 융복합 수업의 접근 방식에 동기 유발이 되어 교직에 대한 동기까지 높아진 경우로 볼 수 있었다.

> 꼭 하고 싶어요. 저 같은 경우에는 저는 공부에 대해서 막 그렇게 열의를 가지고 했던 게 중학생 때 이후로 없었거든요. 약간 아 좀… 공부에 대해서 회의를 되게 많이 느꼈어 가지고. (중략) 선생님 원래 하려고 했던 것도 아니라서 약간 이런 거에 대해서 이거는 그냥 시간 때우기? 약간 졸업장 받고 나서 할 일 막 이런 식으로 생각했다가, 제가 직접 지도안을 짜 보는데 저는 정치나 시사에 관심이 많아 가지고 그런 제가 흥미 있는 쪽으로 좀 빠지고 싶다, 이렇게 애들한테 얘기를 해 가지고 가습기 살균제를 하게 된 건데, 해 보니까 제가 흥미가 있어야 아이들에게 확실하게 더 알려 줄 수 있겠다는 자신감이 생기고, 그리고 아이들도 그런 게 꼭 필요하다고 생각을 해서 제가 만약 선생님이 된다고 하면 시사 문제나 여러 가지 사회문제에 대해서 과학적으로 풀어나가는 그런 선생님이 되고 싶었어요. 저는 너무 보람을 느꼈어요. 처음으로 이런 거에 대해서. (예비 교사 8)

(2) 융복합 교육에 대한 인식의 확장

예비 교사들은 융복합의 성공 경험 중 특히 다른 계열 간 융복합이 가능하다는 것에 주목하였다. 예비 교사 3, 7의 경우는 이과 계열 전공으로 기존의 융합에 대해 수학과 과학까지의 융합으로 좁은 범위에서 생각하고 있었고, 예비 교사 2는 문과 계열 전공자로서 문과 계열 내의 융합만 고려하고 있었으나, 프로그램에서의 성공 경험을 통해 융합의 범위에 대한 넓어진 인식을 가질 수 있었음을 이야기하였다. 특히 예비 교사 7은 이러한 인식의 확장으로 다른 강의 시간에도 자발적으로 국사와 화학을 융합한 교수 · 학습과정안을 설계하고 시연하는 긍정적 실천으로까지 연결되었다.

> 수학이랑 과학은 섞을 수 있는데 국어랑 섞을 수 있을까? 하는 그게 일단 저희 주제 정할 때도 제일 고민이 많았었던 거고, 다 할 수 있을까라고 엄청 많이 고민을 하긴 했

었는데 하다 보니까 방법이 있더라고요. 그래서 그 점이 좀 신선했고 새로워서 약간 제 생각을 바꾼 것 같아요. 문과랑 이과랑 섞을 수 없다를 섞을 수 있다로 바꿔 줘서 그래서 제가 화학 교재 연구 및 지도법 강좌에서 국사까지도 한번 생각해 본 것이었고… (예비 교사 7)

수학은 그래도 숫자와 관련되고 과학이니까 화학이랑 물리 이런 것밖에 못 엮겠지 섞어 봤자 그런 거겠지 했는데 국어랑 섞어 가지고 처음에 막막했다고 쓰긴 했는데 막상 해 보니까 잘 되더라고요. 그리고 마지막에 실제 교사분 오셔 가지고 말씀하시는 것 들어 보니까 다른 교과도 되게 많이 한다고 경험담 듣고 하니까 나도 여기선 3개밖에 안했지만 사례 같은 것 찾아보면 더 많이도 하고 그러더라고요. 아, 정말 가면 많은 경험도 할 수 있겠구나라는 생각도 들고 내가 너무 한정적으로 사고하고 있었구나라는 생각도 들고 하더라고요. (예비 교사 3)

융복합 수업이라는 존재를 알게 되면서 아, 이게 진짜 실제 수업에서 가능한 일이라는 것을 제가 깨달았고, 그리고 저는 국어 사회 역사 이런 문과쪽 과목만 생각했었는데 이번에 수학 과학이랑 한번 해 보니까 아, 이과 과목들이랑도 뭔가 해 볼 수 있겠구나라는 생각이 들어서 나중에 제가 현장에 나가게 되더라도 어떤 과목이라도 다 해보자 하면은 할 수도 있을 것 같은 그런 생각을 했어요. (예비 교사 2)

융복합 수업의 경우 기존 분절적 수업과 다르게 교과를 어우르는 복합적인 지식과 안목이 필요하기 때문에 다른 교사와의 협력이 중요하다. 예비 교사들은 융복합 수업을 실제로 해 보면서 동료와의 협력의 중요성에 대해 인식하게 되었음을 응답하였다. 예비 교사 6의 경우 기존의 조별 과제에 대한 부정적 인식과 다르게 이번 과제를 통해 '혼자 하는 것보다 배우고 하는 것이 좋았고' '재미있었다'고 응답하였으며, 예비 교사 7은 다른 지도법 강의 시간에 개별적으로 융복합 수업을 시도해 보면서 역시 다른 예비 교사와 협력했을 때보다 '더 어려웠다'고 응답하였다.

음… 저는 조별 과제를 딱히 해 본 적이 없어 가지고 제대로 된 건 처음 해 봤는데, 처음에는 뭐 다들 조별 과제면 안 좋다고 그런 인식이 더 많은 것 같아서 걱정을 했는데 재밌더라고요. 많은 것도 알게 되고. 뭐 의견 조율할 때는 내가 말을 하고 싶어도 다른 사람이 이걸 하고 싶으면 약간 비켜 주는 것도 있어야 되고 뭐 말을 많이 하는 것도 나쁘지 않은 것 같아요. 의견을 표시하는 것도 나쁘지 않고 다른 사람하고 조별 활동을 하면서 혼자 하는 것보다는 이것저것 배우고 하는 게 좋았던 것 같습니다. (예비 교사 6)

이 수업 시연이 아, 이 융합 수업을 하고 나서는 자신감이 막 솟았다가 화학 지도법 때 제가 수업을 진짜 해 보니까, 개인으로 또 해 보니까, 생각과는 또 다르게 너무 어렵더라고요. (예비 교사 7)

(3) 융복합 수업에 대한 실행 전문성 향상

융복합 수업 설계와 실행 프로그램은 그동안 사범대 교육과정의 문제점으로 제기되어 왔던 이론 중심 교과교육 강의에 대한 비판과 문제 인식(김갑성, 2011)에 대응하는 예비 교사의 실행 기반 전문성 향상 가능성을 찾을 수 있었다. 예비 교사 8의 경우 기존의 교과교육 강의에서 이론식 강의와 실습을 병행했음에도 불구하고 자신의 전문성이 향상된다고 느끼지 못하였으나(이론과 실습이 단순히 이어진다고 해서 유의미한 연결이 이루어지긴 어렵기 때문이다), 융복합 수업의 설계와 시연을 주도적으로 수행해 보면서 구체적인 실행에 대한 '시각'과 이해가 늘었다고 응답하였다.

융합 수업에서는 틀도 약간 저희가 융통성 있게 이렇게 할 수 있는 거고. 그리고 직접 우리가 학생한테 가르쳤을 때 어떻게 생각했을까, 어떻게 생각할까 이렇게 생각하니까 짜임새가 되게 잘 맞춰지게 만들어야 하니까 좀 그런 거에 대한 시각이 많이 는 거예요. 어떻게 수업을 짜야 하는가에 대해서 시각이 되게 많이 늘었고. (예비 교사 8)

다른 사람들 다른 과와 같이 지도안을 짤 때 어떠한 점에 초점을 두고 어떠한 점에서 이제 다른 과목들이 이어져 나가야 되는지, 어떻게 자연스럽게 흘러가는지 그러한 부분을 이제 좀 알게 되었죠. (예비 교사 1)

이렇게 모둠별로 모여서 활동하는 그런 것도 다 좋았어서 확실히 활동하고 하는 게 더 애들한테 기억이 잘 남는다는 걸 느꼈고, 수준에 맞는 수업이 가장 재밌는 것이라고 생각이 들었어요. (예비 교사 5)

예비 교사 5의 응답에서도 기존에는 활동 중심과 이론 중심 차이에 대해 큰 선호가 없었으나 이번 경험을 계기로 실제로 자신들이 활동 중심 과정을 수행해 본 후 이러한 수업 방식에 대한 선호도가 커졌으며 어떤 장점이 있는지 잘 알 수 있었다고 응답하였다.

2) 융복합 수업 설계 및 시연의 장애물과 한계

융복합 수업을 구현하는 과정에서 예비 교사들이 겪었던 '어려웠던 점'에 대한 예비 교사의 설문 응답은 〈표 9-3〉과 같으며, 융복합 교수 차원과 일반적인 교수 차원, 협력의 차원으로 나누어 볼 수 있다.

〈표 9-3〉 프로그램 시행 후 예비 교사들의 어려웠던 점에 대한 응답

<table>
<tr><th rowspan="2">구분</th><th colspan="2">수업 설계</th><th colspan="2">수업의 실행</th><th colspan="2">모둠원과의 공동작업</th></tr>
<tr><th>유형</th><th>빈도(%)</th><th>유형</th><th>빈도(%)</th><th>유형</th><th>빈도(%)</th></tr>
<tr><td rowspan="3">융복합 교수</td><td>조직의 중심 찾기</td><td>35(37.2)</td><td>자연스러운 융복합 수업 구현</td><td>15(16.0)</td><td rowspan="3">타 교과에 대한 이해 부족</td><td rowspan="3">6(6.4)</td></tr>
<tr><td>융복합 주제 선정</td><td>18(19.1)</td><td>타 교과 내용 시연</td><td>13(13.8)</td></tr>
<tr><td>타 교과에 대한 이해 부족</td><td>6(6.4)</td><td>시연교사 선정</td><td>4(4.3)</td></tr>
<tr><td rowspan="2">일반 교수</td><td rowspan="2">구체적인 내용 구성</td><td rowspan="2">16(17.0)</td><td>구체적인 수업 시연 상황에 대한 고민</td><td>25(26.6)</td><td rowspan="2"></td><td rowspan="2"></td></tr>
<tr><td>동영상 촬영</td><td>6(6.4)</td></tr>
<tr><td rowspan="4">협력</td><td rowspan="4">참여도의 부족</td><td rowspan="4">5(5.3)</td><td rowspan="4">협력하기</td><td rowspan="4">5(5.3)</td><td>모임시간 조율</td><td>32(34.0)</td></tr>
<tr><td>의견 조율</td><td>20(21.3)</td></tr>
<tr><td>책임감, 참여도 부족</td><td>11(11.7)</td></tr>
<tr><td>역할 분담, 협업</td><td>7(7.4)</td></tr>
<tr><td rowspan="2">기타</td><td>시간의 부족</td><td>4(4.3)</td><td rowspan="2"></td><td rowspan="2"></td><td rowspan="2">어려움 없음</td><td rowspan="2">4(4.3)</td></tr>
<tr><td>새로운 시도</td><td>8(8.5)</td></tr>
<tr><td colspan="2">무응답</td><td>7(7.4)</td><td>무응답</td><td>27(28.7)</td><td>무응답</td><td>23(24.5)</td></tr>
</table>

융복합 교수 차원에서 설계 단계에서는 '조직의 중심 찾기(37.2%)'나 융복합 '주제 선정(19.1%)'에서, 실행 단계에서는 '자연스러운 융복합 수업의 구현(16.0%)'이라는 점에서 어려움이 있었음을 확인할 수 있었다. '타 교과 내용에 대한 이해 부족(6.4%)'과 그로 인한 '타 교과 내용 시연의 어려움(13.8%)'에 대한 응답은 전자가 후자의 원인으로 볼 수 있으며, 융복합 과정에서 예비 교사들이 필연적으로 직면하는 어려움이었을 것으로 보인다.

일반적인 수업 차원에서 '구체적인 내용 구성(17.0%)'이나 '구체적인 수업 시연 상황에서 발생하는 어려움(26.6%)'에 대한 인식도 상당한 비율을 차지하였다. 이런 점에

서 자신의 전공 분야에서 기본적인 수업 계획과 실행 능력이 바탕이 된 후에 융복합 수업의 설계와 실행을 시도하는 것이 예비 교사의 어려움을 경감할 수 있을 것이다.

협력 차원에서의 어려움은 모둠원과의 공동작업 과정에서 많이 나타났으며, '모임 시간 조율'이 34.0%로 가장 높은 빈도를 보였다. 전공이 다르다 보니 시간표가 같지 않아 공통의 공강 시간을 찾기 어려웠다는 점, 추석 연휴와 시험 기간 등의 이유로 모임이 용이하지 않았다는 점 등이 원인으로 언급되었다. 또한 '의견 조율의 어려움(21.3%)'도 많이 언급되었는데, 타 전공에 대한 이해가 부족하고 관점이 다르다 보니 상대방의 말을 이해하고, 받아들이는 과정에 어려움이 존재한 것으로 보인다. 참여도가 낮고, 무책임한 모둠원으로 인한 불만을 언급한 응답도 일부 있었다. 융복합 과정에서 다른 전공과 함께 작업함으로써 필연적으로 겪게 되는 어려움을 역량 성장의 발전적 기회로 활용할 수 있도록 세밀한 지원이 필요해 보인다. 특히 초점 집단 심층 면담에서는 융복합 수업 구현의 어려운 점과 관련하여 예비 교사들이 좀 더 구체적으로 문제점을 지적하였으며 주요한 주제는 다음과 같다.

(1) 동료 예비 교사와 협력 작업의 어려움

교과 간 융복합을 위해서는 서로 다른 교과를 맡은 여러 명의 교사들 간의 협력이 필수적이다. 예비 교사들도 서로 다른 교과를 전공하는 예비 교사들의 협력적 상호작용이 융복합 수업을 설계하고 시연하는 과정에서 가장 중요한 요소였음을 지적하였다. 시간 조율(예비 교사 7)과 같은 기본적인 문제부터 팀원 간의 정서적 유대와 협력(예비 교사 8), 상호작용 스타일(예비 교사 6) 등이 공동작업 과정에서 매우 중요하였음을 밝혔다.

> 정말 팀을 잘 만난 것 같은 게 팀원들도 '그런 거에 대해서 그쪽으로 풀어 나갈 수 있네요.' 이러면서 격려를 되게 많이 해 줬어요. 친구들한테는 약간 생소한 지문일 수도 있고 생소한 주제일 수도 있는데 그런 거에 대해서 '아, 이거 좀 아닌 것 같아요.'보다는 '이렇게 하면 어떻게 되는 거예요?'라고 물어봐 줘서 되게 좋았던 것 같아요. 팀원이 중요한 것 같습니다. (예비 교사 8)

> 일단 서로 상호작용하고 말하는 게 재밌긴 한데, 이게 또 들어 보니까 구성원에 따라서 많이 달라지는 것 같아서 […] 같이하는 사람들이 좋으면 꼭 하고 싶은데 뭐, ○○이네 같은 조 만나면 힘드니까. 일단 사람이 좋으면 할 것 같아요. (예비 교사 6)

> 거의 모든 사람이 조 모둠 활동 중에서 아쉬웠던 점이나 어려웠던 점에서 시간 조율이 어렵다고. 그게 제일 어려웠던 것 같아요. 시간이 다들 안 맞으니까. (예비 교사 7)

(2) 기존 융복합 자료 적용의 한계

수업 설계 초기에 예비 교사들에게 제공되었던 기존의 융합 수업 예시 자료나 이론적 안내는 학생들이 크게 활용하지 않았다고 응답하였다.

> 아, 우리보다 완벽한 거라는 생각이 들어서 이거에 맞춰야 되나 하는 강박감이 생겨서 저는 아예 보지도 않았어요. 저는 항상 그런 게 생겨 가지고 안 보는 게 나아서 그냥 안 봤어요. (예비 교사 7)

> 자료를 참고하면 그걸 그냥 그대로 따라가게 될 것 같아서 저희가 완전 처음에 보는 거다 보니까. 그래서 자료를 보는 거는 그냥 교수님들이 앞에 나가서 설명해 주실 때만 봤고, 이제 웬만하면 저희 걸로 해 보려다 보니까 자료를 덜 참고했던 것 같아요. (예비 교사 2)

예비 교사들은 완성된 기존 자료는 자신들이 활용할 여지가 없는 것으로 인식하였으며 참고하는 것 자체가 '베끼는 것'으로 이어질 것을 우려하였다. 즉, 아직 교수·학습자료를 융통성 있게 변형하는 능력이 충분하지 않은 예비 교사들에게 필요한 것은 완성된 사례들보다는 전체 설계 과정을 안내하는 가이드라인, 변형 가능한 융통성 있는 자료들이었다.

(3) 교육과정이 주는 제한

예비 교사들은 교육과정을 벗어나면 안 된다는 '압박감' 때문에 주제 설정에 어려움을 겪었다고 하였다. 특히 교육과정 중심 접근은 주제를 설정하는 데 한계로 작용하였다. 이는 기존 교육과정이 심화된 융복합을 염두에 두고 설계된 것이 아니기 때문에 교육과정의 위계와 구성을 변형하지 않고 다른 교과 간 융복합을 하는 데에는 한계가 있기 때문이다.

> 저희도 처음에는 과학 교육과정에 나와 있는 걸 해야 한다는 그런 압박감 때문에 많이 찾아봐서 한 4개 정도만 골라 봤는데, 예를 들어서 화학의 열역학으로 지수함수를 배운다든가 이런 거에 대해서 융합을 해 보자라고 해도 어떻게 보면 너무 당연한 거였어요. 너무 당연한 거고 지수함수를 모르는 상태에서 열역학을 알 수가 없는 거고. 그러니까 약간 과학이 수학의 응용학문이라는 느낌이 너무 강해서 이거는 융복합이라는 의미가 퇴색되는 것 같다는 느낌이 되게 많이 들었어요. 그래서 이슈 중심으로 찾아야 국어랑도 잘 맞기도 하고 또 이슈 중심으로 찾아야 학생들이 더 다가가기 쉬울 거라고 생각했어요. (예비 교사 8)

> 교육과정을 벗어나면 그다음 시험이라든가 아니면 이후에 학생들이 만약에 고등학교에서 융합 수업을 했는데 교육과정에 벗어난 내용을 해서 지금 저희는 사회적으로 수능이라든가 그런 쪽에 약간 집중이 돼 있잖아요. 그런 게 중요하게 인식이 돼 있고, 만약에 교육과정을 벗어나게 수업을 했다가 이게 수능 쪽에서 항의 같은 게 들어올까 봐 무서워서 못할 것 같아요. (예비 교사 7)

(4) 융복합 수업에 필요한 전공 지식의 부족

예비 교사들은 융복합 수업을 설계하기 위해 필요한 융복합적 지식과 개별 전공 지식 모두 부족한 점을 문제점으로 지적하였다. 먼저 예비 교사들은 융복합 수업을 위해 갖추어야 할 전문성으로 개별 전공 지식에 대한 온전한 이해를 강조하였다.

> 주제를 정할 때 애초에 그 각 과목에서라도 뭔가 완전한 지식이 있었으면 좋겠다고 생각했어요. (중략) 지식이 조금 부족한 부분도 있었고, 교과서에 대해서 모든 걸 다 알고 있는 상황이 아니라서 우리 3과목을 통해서 하나의 공통된 주제를 찾아보자 이게 좀 안됐던 것 같아요. (예비 교사 2)

또한, 융복합 수업을 설계하기 위해서는 여러 교과에 대한 이해가 필요함을 지적하였다. 다음 예비 교사 4의 응답처럼 융복합 대상이 된 모든 교과의 지식이 완전해야 융복합 수업이 나올 수 있지만, 현실적으로 어려웠다고 응답하였다.

> 융복합을 하려면 내가 가르치려는 주제에 대한 과학적인 내용도 어느 정도 이제 다 알고 있어야 되고 국어에 관한 내용도 알고 있어야지. 이걸 어떻게 해서 주제를 뭐로 정할 것 같았는데, 주제를 정하고 수학은 어떻게 할까만 생각한 거예요. 여기서 과학은 어떻게 할까 국어는 어떻게 할까만 하다 보니까 공통 목표를 잡긴 어렵고. 셋 다 자기 목표를 넣어서 해 보자로 끝나게 된 것 같아요. 그거를 잘 하려면 한 사람 안에 지식이 다 있어야지 명확하게 다 나오지 않을까. (예비 교사 4)

예비 교사들의 응답에 의하면, 융복합 수업은 한 예비 교사가 모든 과목에 대해 지식이 있거나, 자신의 교과에 대한 지식이 명확한 이들이 협업이 잘 되었을 때 가능하다고 인식하고 있다. 하지만 예비 교사들의 경우 융복합적 지식이나 여러 교과를 아우르는 빅 아이디어에 대한 이해도 부족하였고, 자신의 전공 교과에 대해서도 한계를 느끼기 때문에 어려움을 겪었다고 볼 수 있다. 이러한 문제점은 다음 예비 교사 8의 응답에서도 나타난다. 교육과정에 대한 전반적인 이해가 부족하였기 때문에 융복합적 주제를 선정한 후에도 어려움을 겪고 있었다.

> 적절한 교육과정인지에 대해서 처음 주제 선정했을 때 이 주제를 가지고 해도 적절한가? 우리가 지금 가는 방향성이 이게 이 수업의 방향성에 맞는 건가? 이게 되게 처음에 어려웠고요. (예비 교사 8)

이밖에도 예비 교사들은 융복합 모형으로 제시되었던 포가티(Fogarty, 2009)의 10개의 모형에 대한 이해가 어려웠다거나(예비 교사 3), 예비 교사 7과 예비 교사 1처럼 융복합 수업을 위한 교수 · 학습과정안에 대한 작성이 어려웠음을 토로하였다. 개별 교과에서 학습한 지도안 작성 방법의 차이점이 존재하였기 때문에 융복합 설계를 위해서는 지도안의 구조와 내용 요소에 대한 합의된 가이드라인이 필요한 것으로 나타났다.

> 진짜 (포가티의) 어떤 모형으로 할까 우린 어떤 모형이 제일 어울릴까? 계속 읽었어요, 그거를. 근데 뭔지 읽어도 읽어도 모르겠는 거예요. 설명하신 거 피드백도 해 놨는데 뭔지 읽어도 모르겠고, 이게 맞는 건가 싶기도 하고… (예비 교사 3)

> 지도안이라는 거는 제가 다 끝냈다라고 생각하고 만든 게 지도안인 거고… 중간중간 피드백을, 아, 이건 어떨까요? 저건 어떨까요? 이런 식으로 얘기할 사람이 좀 필요했던 것 같아요. 저희끼리만으로는 좀 부족해서… (예비 교사 7)

> 다들 각자 학과에서 받은 지도안을 작성하는 방법으로 하다 보니까 그거에 대해서 맞지 않는 부분도 있었고, 그리고 학과마다 차이가 있는데 그걸 다 같이 하려다 보니까 거기에 대해서도 약간의 착오가 있기도 하니까… 그거를 좀 한꺼번에 융합지도안을 짜는 방법을 따로 설명해 주시는 부분이 있었으면 훨씬 좋았을 거라고… (예비 교사 1)

요컨대, 예비 교사들은 설문에서 융복합 교육의 장점으로 협업 능력의 향상과 다른 교과에 대한 이해 향상을 가장 높게 응답하였으며 면담에서는 융복합 수업에 대한 효능감과 인식의 향상을 보여 주었다. 융복합 설계 과정에서는 상당한 시간이 소요되며, 특히 모둠원끼리의 시간 조율이 큰 어려움으로 인식되었다. 또한 융복합적 주제 찾기가 응답에서 가장 빈도가 높았던 어려움이었는데 이는 타 교과 내용에 대한 이해가 부족하고, 교육과정 내용 중심의 접근의 한계가 작용하였기 때문인 것으로 보인다.

이상의 결과를 바탕으로 예비 교사를 위한 융복합 교육과정에 대한 시사점을 도출해 보면 다음과 같다. 융복합 교육 역량을 가진 교사를 양성하기 위해서는, 첫째, 융복합 교육을 위한 예비 교사 협업 공동체의 지원이 필요하다. 중등교육에서 융복합 수업이 성공적이려면 교과 간 교사들의 긍정적 협업 과정이 가능해야 하고, 이를 위한 교사 공동체가 활성화될 필요가 있다. 초등과 달리 중등에서는 교과마다 다른 교사가 가르치기 때문에 한 교사의 노력으로는 실제적인 융복합 수업이 이루어지기 어렵다. 따라서 융복합 수업을 설계하고 실행하는 과정은 장기적인 협업이 요구되기 때문에 교과 간 장벽이 큰 중등학교 교사들의 문화 속에서는 쉽지 않은 일이다. 본 연구에 참여한 예비 교사들도 처음에는 다른 전공 교과 학생들과 협업하는 것이 어려울 것으로 생각되었다고 밝혀 융복합 수업을 실시하기 전 심리적 장벽이 컸음을 보여주었다. 또한 실제로도 시간 조율이나 내용 지식의 이해 부족 등의 이유로 다른 예비 교사와의 협업을 가장 큰 어려움으로 인식했다. 융복합 교육을 수행하기 위해서는 우선적으로 교과 간 장벽을 극복해야 하며 예비 교사 단계에서 협업의 경험과 공동체 활동을 경험하는 것이 필요할 것으로 생각된다.

둘째, 융복합 수업은 설계와 실행에 상대적으로 큰 노력이 요구되기 때문에 교사의 실행 의지가 중요하다. 이를 위해 예비 교사 단계부터 성공 경험의 축적을 통하여 융복합 수업에 대한 교사의 실천 의지 향상의 기회가 지속적으로 제공되는 것이 중요하다. 프로그램 초반의 미니 강의에서 학교 현장의 요구와 교육 동향 등에 대해 설명할 뿐 아니라 선배 예비 교사나 현장 교사들의 경험을 제공함으로써 융복합 프로그램이 실현 가능하고 교사나 학생들의 요구에 적합한 프로그램임을 예비 교사들이 인식하게 할 필요가 있다.

셋째, 융복합 수업에 대한 다양한 해석과 이론이 가능하기 때문에 예비 교사들의 실행 초기에는 불확실성을 줄여 주고 성공 경험을 높일 수 있도록 강의를 운영하는 교수자의 일관된 지침과 피드백이 필요하다. 즉, 처음부터 예비 교사에게 모든 선택을 맡기기보다는 예비 교사의 수준 안에서 점차적으로 개방성을 확장시킬 필요가 있다. 교사들이 현장에서 부딪히는 교수 불확실성(Cha & Ham, 2012)은 교수 활동이 어떤 효과로 나타날지 확신이 어려운 경우를 말하는데, 융복합 교육의 시도와 같이 혁신적 교수 활동의 경우 이러한 교수 불확실성이 높을 수밖에 없다. 이러한 불확실성에 부딪힐 때 교사들은 불확실성을 감소시키기 위해 전통적인 교수법으로 돌아가는 경향을 보이므로 예비 교사들의 초기 경험에서는 이러한 불확실성을 줄여 주는 방안이 중요하다. 특히 교사 교육 프로그램을 여러 전공의 교수들이나 교사들이 팀티칭으로 운영할 경우 이들 간의 합의된 시각과 이해를 바탕으로 한 명료한 운영 과정이 예비 교사들의 어려움을 줄여 줄 수 있다.

넷째, 예비 교사들에게 교과를 가로지르는 간학문적 개념이나 빅 아이디어에 대한 안내가 중요하다. 예비 교사들은 융복합 수업 설계 과정에서 조직의 중심을 찾는 과정을 가장 어려워하였는데, 이는 자신의 전공이 아닌 교과에서 어떤 내용이 다루어지는지에 대한 이해가 부족(곽영순, 이재봉, 이양락, 2017)할 뿐 아니라 교과를 가로지르는 공통 개념이나 빅 아이디어에 대한 이해가 없기 때문이다. 따라서 사범대 교육과정에서는 각 교과 내의 교육과정에 대한 이해뿐 아니라 현행 교육과정에서 다루는 교과 간 공통 개념이나 역량이 어떻게 구조화되어 있는지에 대한 이해를 바탕으로 교과 내 교육과정을 이해하는 과정이 중요하게 다루어질 필요가 있다.

이 밖에도 융복합 교육을 위한 프로그램 운영을 위해서는 대학 내 융복합 강의 운영에 필요한 행정적, 물적 지원이 중요하였다. 여러 전공 예비 교사들이 모일 수 있는 강의 시간표 운영이나 대형 토론 강의실과 수업 촬영실 사용 등 기존 강의와 다른 시도에 적절한 지원이 필수적이다. 마지막으로 예비 교사들이 '융복합 수업을 하면 수능에 피해가 간다고 항의를 받을 것 같다'고 우려한 지점은 저자들에게 비슷한 고민을 주었다. 융복합 교수 역량을 교사 임용 제도에 전혀 반영하지 않는 현 시스템에서 예비 교사들에게 융복합 교수 역량이 중요하다는 주장은 모순에 가깝다. 현장에서 중요한 교사 전문성이 있다면 이를 적절하게 임용 제도에 반영하는 방법을 모색해야 할 것이다.

2. 다른 전공을 바라보는 예비 교사들의 시선

1) 수학 교과에 대한 인식[2)]

이 절에서는 예비 교사들이 수학 교과에 대해 가지는 인식을 조사한 결과를 제시하고자 한다. 2018년 2학기에 융복합 수업 설계와 시연에 참여한 수학(36명), 과학(물리, 화학)(23명), 국어(5명) 전공 예비 교사를 대상으로 융복합 수업 경험 전, 후에 다음과 같이 수학의 특성과 융복합 수업에서 수학의 역할에 대해 설문했다. 설문의 두 번째 질문은 융복합 수업을 처음 시도하는 타 교과 예비 교사들이 수학의 특성과 역할을 구분하여 진술하기 어려울 수 있음을 감안하여 수학 예비 교사에게만 실시하였다.

사전	1. 다른 교과와 구별되는 수학 교과의 특성은 무엇이라 생각하는지 쓰시오.(예를 들어, 무엇이 교과의 성격을 좌우하는지, 그 교과의 지식을 구성하는 방법은 무엇인지, 교과가 다루는 내용이나 방법이 어떤 것인지 등) 2. 여러 교과가 융복합되는 수업 상황에서 수학이 어떤 역할을 담당할 것으로 생각하는지 쓰시오. (수학 전공만)
사후	1. 융복합 수업에서 다른 교과 전공자와 협업하면서 수학 교과의 특성은 무엇이라 생각하게 되었습니까? 2. 여러 교과가 융복합되는 수업 상황에서 수학 교과가 어떤 역할을 담당하였는지 쓰시오. (수학 전공만)

예비 교사들의 응답은 언어 네트워크 방법으로 NetMiner 4.0을 활용하여 클라우드 분석을 하였다. 언어 네트워크 분석은 언어적 응답을 양적으로 시각화하여 보여줄 수 있고, 도식화된 내용을 해석하여 질적인 정보를 추출할 수 있다. 클라우드는

2) 이 절은 김선희(2020)의 연구 내용을 재구성함.

응답에 나타난 단어들의 모임으로 글자 크기가 클수록 응답에 많이 나타난 단어였음을 뜻한다. 그리고 단어와 단어 쌍 사이의 관계를 도출하기 위해 단어와 단어가 출현하는 범위인 window size는 2, 생성되는 단어와 단어 쌍의 반복 횟수를 뜻하는 link frequency는 2로 설정하고 이를 도식화하였다. 단어와 단어 사이의 관계를 나타내는 도식은 관련성 높은 단어를 어구로 나타낼 수 있게 함으로써 그 의미를 더 심층적으로 해석할 수 있게 한다.

(1) 선행연구에 나타난 수학의 특성

수학은 다른 교과와 대조되는 여러 특성이 있다. 이는 수학의 학문적 성격을 말해 주기도 하고, 수학을 학습하는 과정에서 무엇을 강조해야 하는지를 알려 주기도 한다.

수학의 특성은 첫 번째로 추상성을 꼽을 수 있다. 추상성은 어떤 구체물의 집합에서 이질적 속성을 제거하고 동질적인 속성만을 끄집어내는 특성이다. 필통, 벽돌, 선물상자 등이 가진 여러 가지 속성 중 색깔, 물질 등의 이질적인 속성을 제거하면 직육면체라는 개념을 얻을 수 있고, 세 사람, 책 세 권, 연필 세 자루 등에서 쓰임새, 색깔, 모양 등의 이질적인 속성을 제거하고 집합의 크기라는 동질적인 속성을 뽑아내면 3이라는 개념이 생긴다. 수학이 실생활과 점차 동떨어져 발전하는 것은 이러한 추상성을 추구하기 때문이다. 수학을 추상성의 학문으로만 보면 융복합 교육의 가능성을 저해할 수 있다(주미경 외, 2012).

두 번째 특성인 이상성은 사고 대상의 겉모양에 의존하기보다는 최적의 사고가 가능하도록 본질적 요소만 고려하여 바람직한 형태로 단순화하여 생각하는 것이다. 직사각형 모양의 땅의 넓이를 구할 때, 땅 모양을 직사각형으로 이상화하여 넓이 공식을 사용할 수 있다. 따라서 이상성과 추상성은 밀접한 관련이 있다고 할 수 있다.

수학의 세 번째 특성인 형식성은 더 나은 의사소통 수단을 얻기 위한 언어적 활동으로, 어떤 현상에서 추상적 방법을 통하여 필요한 원리나 규칙을 발견하고, 더 편리한 격식, 틀 등을 만들어 가는 과정에서 나타난다. 형식성을 통해 알고리즘 개발이 촉진되고 효율적인 사고가 가능해진다. 또한 최소한의 언어로 최대한의 의미를 표현하려는 간결성이 나타난다(황혜정 외, 2019).

넷째, 수학은 인간 생활의 필요로 생겨났으며 또 발전했다는 점에서 실용성을 언급할 수 있다. 주변에 있는 물건의 개수를 세고 측정하는 활동으로부터 수 개념이 생겨났고, 강을 건너지 않고도 강의 너비를 측정하고, 산에 오르지 않아도 산의 높이를 측정하는 등 수학은 실용적인 특성을 갖는다.

다섯째 수학의 특성은 기초적인 내용을 기반으로 그 위에 다른 내용을 첨가하여 발전, 통합된 새로운 내용을 일관성 있게 이어 나가는 계통성이다. 수학은 어느 교과보다도 계통성이 강하며(강옥기 외, 2010, p.5), 계통성은 수학 교육과정 구성에서 핵심적 역할을 한다.

여섯째, 직관성은 다소 불분명하지만 전체를 감지할 수 있는 사고로, 이론과 구체를 맺어 주거나 구체에서 논리의 방향을 암시한다. 이에 반해 일곱째 특성인 논리성은 계통성을 지원하는 규칙으로, 수학 내용을 모순 없이 체계화하여 질서 있는 구조를 갖추게 한다. 직관성은 수학의 발견과 발명 과정에서, 논리성은 정당화 과정에서 두드러진다. 수학 학습에서 직관과 논리는 모두 중요하지만, 논리성이 더 부각된다. 논리성은 추론을 통하여 얻을 수 있기 때문에 정신 도야의 측면에서 수학을 강조한다면 논리성이 두드러지게 된다.

추상성, 이상성, 형식성, 계통성, 직관성, 논리성은 수학 자체의 특성이면서도 학생들이 사고를 통해 경험할 수 있다. 수학이 이러한 특성을 갖는다고 교사가 명시적으로 언급하지 않더라도 수학적 경험이 쌓이면서 점차 인식하게 되는 특성이라 볼 수 있다. 반면 실용성은 교육과정의 방향이나 교수 · 학습 방법에 명시된 특성으로, 학생들이 수학을 배워야 한다는 학습 동기를 유발하거나 수학을 적용하는 문제 등에서 등장한다. 따라서 실용성은 문제 해결과 긴밀하게 관련되며, 그 외의 특성은 수학적 사고를 통해 잘 드러난다고 할 수 있다.

한편, 수학의 고유한 특성과 달리 다른 교과와 수학이 통합되었을 때 수학의 역할은 무엇인지에 대한 고찰은 융복합 수업을 설계할 때 중요한 정보가 될 수 있다. 융복합 교육의 대표적인 예라 할 수 있는 STEM(Science, Technology, Engineering, Mathematics) 교육이 미국, 호주 등의 국가에서 추진되고 있는데, 마틴노빅

(Martinovic, 2019)은 수학, 물리학, 공학자들의 특성을 비교하면서 수학은 밀도 높고 엄밀한 언어를 사용해서 추론을 설명하고 모델을 사용하며 불필요한 반복을 제거하는 경향이 있다고 하였다. 하지만 STEM 교육과정에 수학이 포함될 때 도구 교과로서 전락한다는 점을 지적하였다. 융복합 수업에서 수학이 실제로 어떤 역할을 담당하는지, 그래서 융복합 교육이 아닌 환경에서 수학 본연의 교육은 융복합 교육과 어떻게 달라야 하는지에 대해 예비 교사들이 인식하고 성찰하는 것은 필요한 일이다.

(2) 융복합 수업 경험 전후에 나타난 예비 교사들의 인식 변화

① 수학의 특성에 대한 인식 변화

가. 수학 예비 교사

수학 예비 교사들이 융복합 수업 설계 및 시연 전후에 언급한 수학의 특성을 도식화하면 [그림 9-1]과 같다. 클라우드는 많이 등장한 단어가 무엇인지를 글씨 크기를 통해 보여 주며, 네트워크는 단어와 단어 사이의 연결을 보여 준다. 네트워크에서 글씨 크기와 화살표의 굵기는 연결이 많이 나타난 단어 사이의 관계를 나타낸다.

융복합 수업을 하기 전 36명의 수학 예비 교사들이 수학의 특성에 대해 제시한 의견을 189개 단어로 분석하였다. 수학의 특성을 말할 때 가장 많이 등장한 단어는 논리적(17회), 지식(11회), 증명(11회), 사고(10회)의 순서였다. 논리성이라는 수학의 특성을 수학 예비 교사들이 가장 많이 인식한 것이다. 단어와 단어 사이의 관계는 논리적-사실, 논리적-사고, 기본-수학, 사실-증명, 과정-지식이 주로 등장하였다. 이 중 논리적-사고가 가장 두드러지게 많이 나타났는데, 예비 교사들의 응답을 추출하면 다음과 같다. 수학이라는 학문이 성립함에 있어서 그리고 수학 교과를 학습하는 데 있어서 논리적인 사고가 필요하다는 의견이었다.

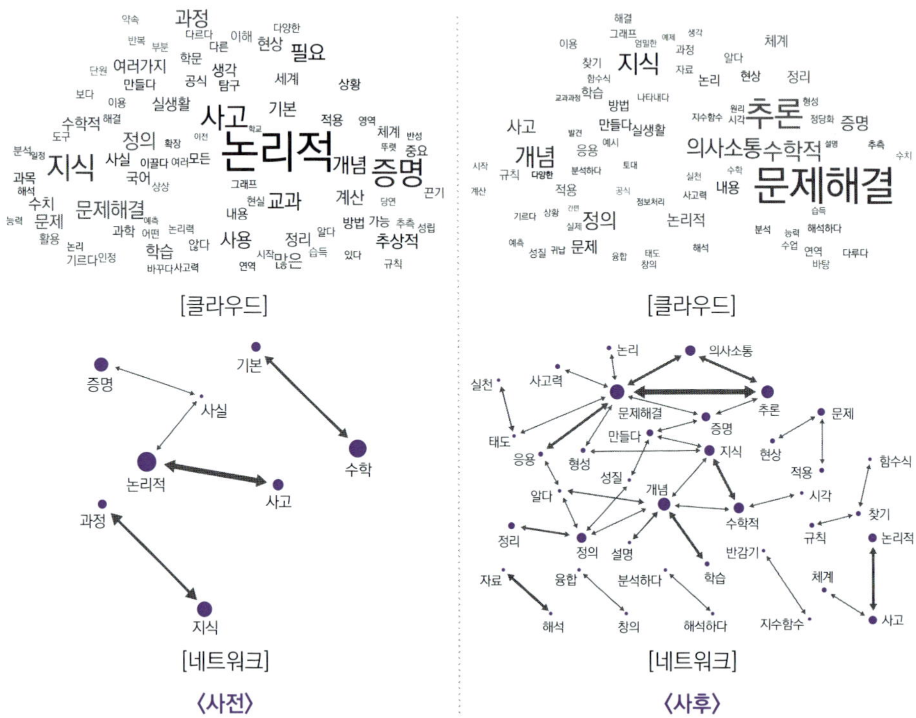

[그림 9-1] 수학 예비 교사가 인식한 수학의 특성

- 수학 교과는 논리로 이루어진 학문이다. 논리적으로 참으로 여겨지는 사실로부터 논리적인 사고와 절차를 걸쳐 새로운 영역, 사실을 확장해 가는 학문으로 논리적인 사고, 추측과 반성, 그리고 끈기가 중요한 교과이다.
- 수학은 다른 교과보다 논리적인 성격을 갖고 있다. 당연하다고 생각되는 내용도 엄밀한 증명을 통해 보여야 한다. 또한 그 증명을 하기 위해서는 때로는 창의적인 사고를 이용하여 증명을 끌어내야 한다. 그러므로 수학적 문제를 해결하기 위해서는 많은 끈기와 노력이 필요하다. 하위의 지식을 알고 상위의 지식을 배운다. 실생활의 문제에서 시작하고 나아가서 학문적인 수학, 가장 기본이 되는 약속 아래에서 여러 가지를 증명한다.

융복합 수업 설계와 시연 경험을 한 후 수학 예비 교사들이 인식한 수학의 특성에는 변화가 있었다. 151개의 단어를 분석한 결과, 가장 많이 등장한 단어는 문제 해결(30회), 추론(21회), 개념(15회), 지식(14회), 의사소통(11회), 정의(11회)였다. 사전에는 '논리성'이 두드러졌지만 사후에는 문제 해결이 크게 부각되었다. 이는 융복합 수업에서 학생들이 탐구해야 할 주제가 수학 자체인 경우보다 상황이나 이슈를 중심으로 진행되기 때문에 수학 개념과 원리 자체의 탐구보다는 수학 내용을 도구로 활용되는 경우가 많았던 탓으로 보인다. 사후에 단어와 단어 사이의 관계를 살펴본 결과, 문제 해결-의사소통-추론의 연결이 두드러졌고, 논리적-사고, 수학적-지식, 개념-학습, 추론-증명 등의 단어 간의 연결이 나타났다. 수학 예비 교사들은 사후에 수학의 특성으로 문제 해결을 많이 언급하였는데, 그 구체적인 내용은 다음과 같다.

- 수학은 1. 자료를 다루는 방식, 문제를 해결하는 데 필요한 수학적 지식, 일상생활의 정보를 가공하고 수학적 개념을 이용해 나타냄, 2. 실생활에서 수학적으로 바로 보고 문제 해결하는, 3. 문제 해결 역량 의사소통 역량이 길러질 수 있다.
- 수학적 사고력과 문제 해결 능력 논리가 길러진다.
- 정의를 이용하여 문제에 적용하고 해결하고 분석해 나아가는 방법
- 문제를 풀고 해결을 위해 정의하고 응용한다.

[그림 9-1]을 볼 때 사전에 비해 사후에 네트워크가 상당히 복잡해져서 기존에 인식하고 있던 수학의 특성에서 나아가 융복합 수업 후 수학의 특성이 더 다양하게 인식되었음을 알 수 있다. 특히 사후 네트워크에서는 문제 해결과 관련하여 의사소통, 추론이 연결되어 있음을 볼 수 있다. 문제 해결, 추론, 의사소통은 2009 개정 수학과 교육과정에서 수학적 과정으로, 2015 개정 및 2022 개정 수학과 교육과정에서는 교과 역량으로 명시된 것이라는 점에서, 융복합 수업을 설계하고 시연하는 경험을 한 수학 예비 교사들은 수학의 특성을 역량 중심으로 인식한 것으로 보인다.

수학 예비 교사들이 인식한 수학의 특성을 사전, 사후에 비교하기 위해 2 mode 네트워크 분석을 실시한 결과는 [그림 9-2]와 같다. 공통된 응답으로 등장한 용어는 개

념, 정의, 문제 해결 등으로 가운데 나열되어 있다. 사전에는 '수치, 추상적' 등의 특징이 나타났으나 사후에는 '응용, 의사소통, 추론, 자료, 그래프' 등 더 구체적이고 실질적인 수학의 활용 내용이 나타난 것을 볼 수 있다.

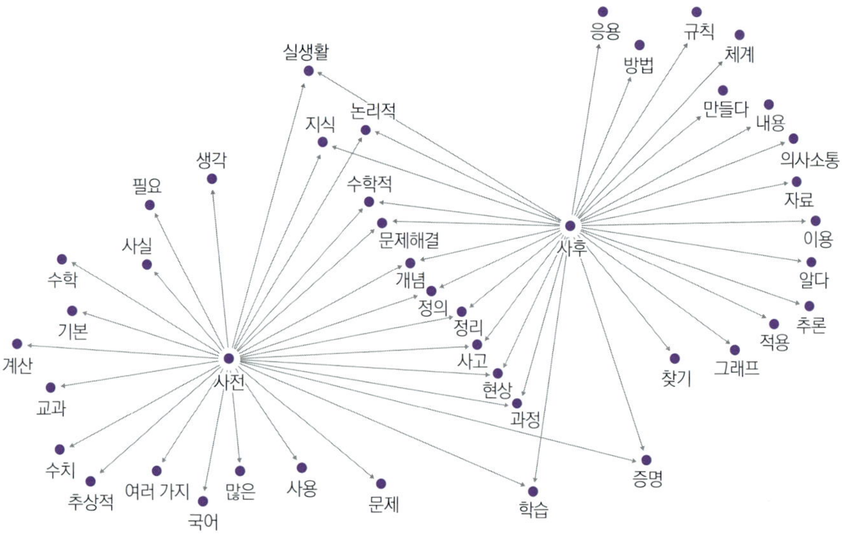

[그림 9-2] 수학 예비 교사의 수학의 특성에 대한 사전-사후 인식

[그림 9-1]과 [그림 9-2]에서 수학 예비 교사들이 사전, 사후에 인식한 수학의 특성이 다른 것을 볼 수 있다. 수학 자체만의 특성을 고려한다면 논리성이 두드러졌으나 융복합 수업에서는 실용성을 강조한 문제해결이 수학 예비 교사들에게 수학의 특성으로 인식되었음을 알 수 있다. 이는 주미경 외(2012)의 연구에서 제안되었듯 수학교과의 융복합 교육이 실세계에 수학을 활용하고 문제를 해결할 수 있는 능력 향상을 위해 이루어져야 한다는 것을 수학 예비 교사들이 실증적으로 보여 준 것이다.

나. 타 교과 예비 교사

28명의 국어와 과학 예비 교사들의 수학의 특성에 대한 인식 변화를 살펴본다. [그림 9-3]은 국어와 과학 예비 교사들이 융복합 수업 설계 및 시연 전후에 수학의 특성으로 언급한 것을 도식화한 것이다. 클라우드에서 두드러진 차이는 잘 드러나지 않았으나 네트워크에서는 사후에 수학의 특성을 더 다양하게 인식한 것으로 볼 수 있다.

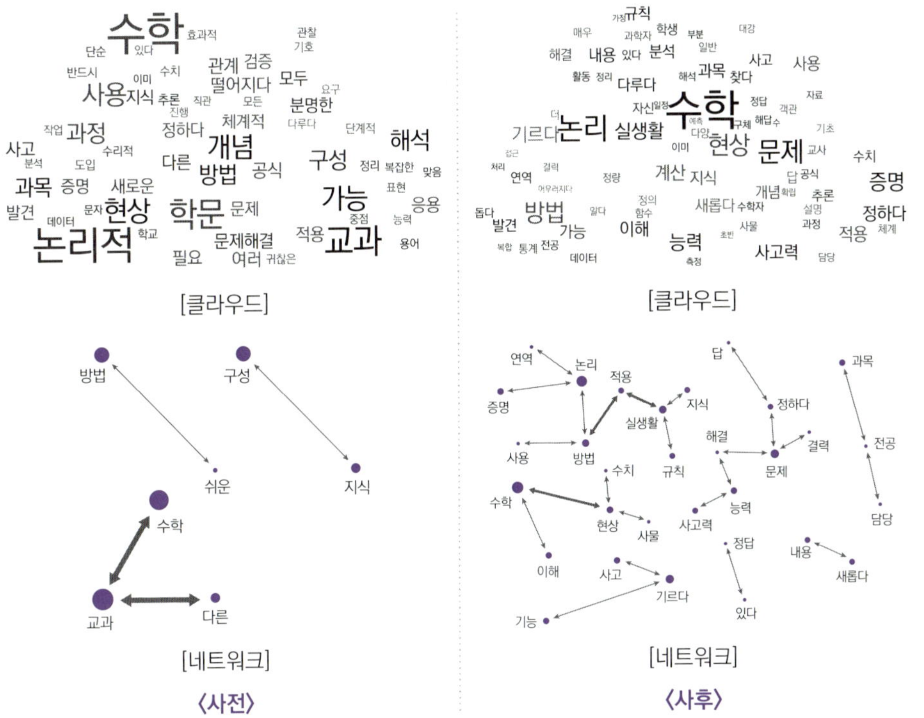

[그림 9-3] 타 교과 예비 교사가 인식한 수학의 특성

국어, 과학 예비 교사들이 융복합 수업 설계 및 시연 전에 수학의 특성으로 응답한 126개의 단어를 살펴보면, 논리(7회), 학문(6회), 개념(4회), 공식(4회), 문제(4회), 사용(4회), 현상(4회) 등의 단어가 많이 등장하였다. 논리성이 강조된 것은 수학 예비 교사들의 사전 응답과 유사하지만 그 빈도는 낮은 편이다. 개념, 공식, 문제 등이 사

용된 것은 수학을 내용 중심으로 파악한 것으로 보인다. 단어와 단어 사이의 관계로 수학-다른-교과, 지식-구성, 쉬운-방법 등이 네트워크에서 나타났으나 의미 있는 내용으로 제시되지 못한 것을 볼 수 있다. 타 교과 예비 교사들이 융복합 수업 설계 및 시연 전에 수학의 특성으로 응답한 예시는 다음과 같다. 각자 서로 다른 관점에서 수학을 보고 있었으며 일반적인 경향은 나타나지 않았다.

- 다양한 변인 간 관계를 발견하고 이를 공식으로 만들어 내는 작업이 다른 교과와 구별되는 지점이라 생각한다.
- 정답이 정해져 있기에 틀리고 맞고가 분명한 과목이며, 논리적으로 체계적인 사고를 키우는 데 도움을 주는 학문이다.
- 추상적 개념의 객관화. 문자, 기호를 사용
- 과학적 현상을 정확하고 명료하게 표기한다(규칙성을 간단하게 나타냄). 더 나아가 숫자 간의 관계성을 알려 하고 나타내려 함.
- 숫자를 중심으로 숫자들의 관계를 정리한 과목
- 수학은 증명하는 일에 중점을 둔 것 같다.
- 수학이라는 교과 자체를 공부하는 것도 있지만 기본적인 사고능력을 길러 주는 교과이다. 수학 교과 자체도 다른 교과의 학습을 위해서는 필요한 기초 교과이다.
- 수학은 자연계열의 학문에서 가장 기본이 되는 과목이다. 절대불변의 원리 등으로 지식이 구성된다.
- 이상적이다. 학교에서 배운 것을 생각해 보면 실생활과 동떨어진 것 같다.
- 답이 명확하게 하나로 떨어진다. 답을 찾아가는 과정을 여러 면으로 찾아볼 수 있다.

융복합 수업 시연 및 설계 후 타 교과 예비 교사들이 인식하는 수학의 특성은 더 다양해졌다. 수학의 특성을 말할 수 있는 단어의 수가 늘어나고 논리(11회), 문제(9회), 방법(8회), 현상(8회) 등이 언급되는 빈도도 높아졌다. 네트워크 도식을 보면, 현상-수학, 실생활-활용, 활용-방법, 문제-해결, 해결-능력 등이 두드러졌다. 사후에 타 교과 예비 교사들의 응답 내용을 보면, 수학의 특성을 논리성뿐 아니라 문제해결, 증명, 실용성, 수량화, 규칙성, 사고력 등 다양한 측면에서 인식한 것을 볼 수 있다. 구체적인 내용은 다음과 같다.

- 정해진 정답이 있으며 정답에 도달하는 방법에 대해 다양한 측면에서 다가가는 방법을 취하는 것 같다. 같은 계산을 반복하여 자신의 식으로 만드는 방법을 쓰는 것 같다. 수학적이고 논리적인 사고를 기르도록 도와준다.
- 증명을 통해 명제가 성립하는지 알아본다. 이미 진리인 사실을 정리하거나 증명해 낸다.
- 과학에서는 대강 다룬 것을 좀 더 논리적으로 그리고 상세하게 다룬다. 논리 연역적 방법을 통해서 논리적인 방법을 사용할 수 있게 도와준다.
- 여러 현상이 발생하는 이유를 수학적 정량적으로 계산하고 가정을 통해 추론한다. 학생들 주위에서 일어나는 현상들을 수학적으로 잘 설명할 수 있다.
- 기초적인 내용에서부터 증명하고, 확인하여 더 구체화되거나 새로운 내용을 일반화시키는 것. 장미의 꽃잎처럼 중심 내용에서 새로운 증명 과정을 통해 덧붙여져서 크게 보면 하나의 체계가 어우러지게 연결되는 것 같다. 논리적이고 체계적인 사고를 길러 줄 수 있다. 실생활에서 규칙성, 그리고 수학을 찾아낼 수 있는 분석력도 길러 준다.
- 늘 답이 정해진 문제만 있다고 생각했는데 수학에서도 통계 같은 경우 미래 예측과 같은 정해지지 않은 문제도 다룬다는 것을 알게 되었다. 학생들의 논리력, 추리력, 사고력을 길러 줄 수 있다고는 생각했는데, 모둠원과 함께하는 활동도 있어 협동심도 길러 줄 수 있다는 생각이 들었다.

타 교과 예비 교사들이 언급한 수학의 특성 변화를 사전, 사후에 비교해 보기 위해, 2 mode 네트워크 분석을 시행한 결과는 [그림 9-4]와 같다. 사전에만 응답한 단어는 소수인 데 반해 사후에만 응답한 단어의 수가 더 많아 융복합 수업 시연 및 설계를 통해 타 교과 예비 교사들도 수학의 특성을 더 다양하게 인식하고 있음을 알 수 있다. 그뿐만 아니라 사전에서는 그리 유의미한 단어가 등장하지 않았는데, 사후에서는 수학 교육에서 많이 언급되는 '증명, 추론, 해결, 규칙, 계산, 발견, 적용' 등의 단어가 많이 등장한 것을 볼 수 있다.

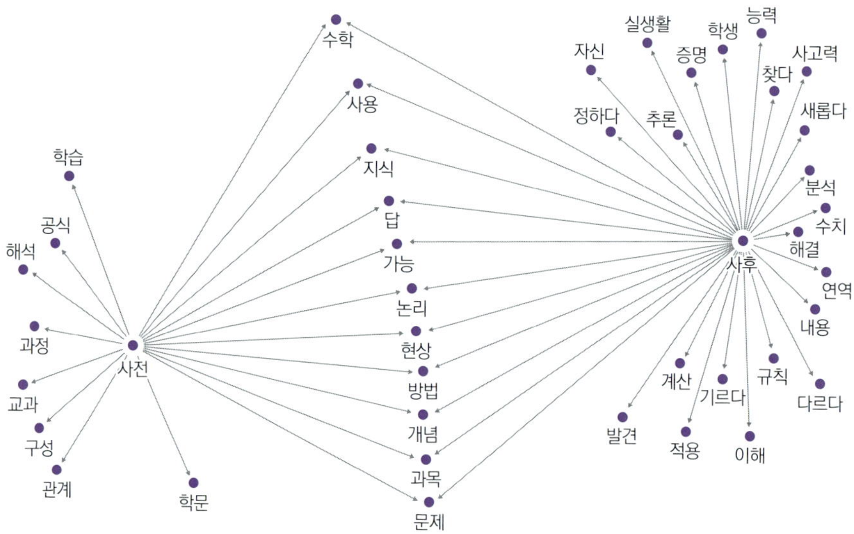

[그림 9-4] 타 교과 예비 교사의 수학의 특성에 대한 사전-사후 인식

타 교과 예비 교사들은 융복합 수업 설계 및 시연 이전에는 수학의 특성을 두루뭉술하게 언급하는 경향이 있었으나 사후에는 정교한 수학교육 용어를 사용하여 설명할 수 있었다.

다. 수학 예비 교사와 타 교과 예비 교사의 인식 비교

수학 예비 교사와 타 교과 예비 교사들이 인식하는 수학의 특성에 대한 차이를 알아보기 위해 [그림 9-5]와 같이 2 mode 네트워크 분석을 실시하였다.

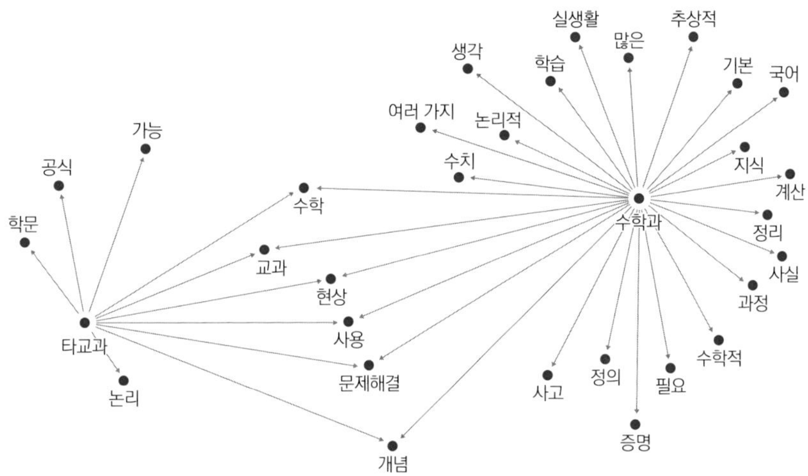

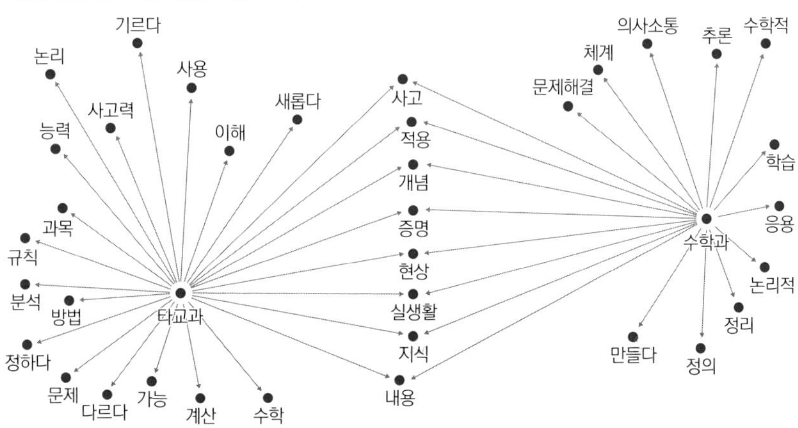

[그림 9-5] 수학 예비 교사와 타 교과 예비 교사들이 인식한 수학의 특성 차이

[그림 9-5]에는 융복합 수업 설계 및 시연 전에 수학과와 타 교과, 시연 후의 수학과와 타 교과 예비 교사들이 인식한 수학의 특성이 제시되어 있다. 사전에 타 교과 예비 교사들은 '학문, 공식, 논리' 등과 같은 수학의 특성을 지목하였고([그림 9-5]의 왼쪽 파란 점), 수학과 예비 교사들은 '수치, 생각, 실생활, 추상적, 계산, 사실, 증명, 정의, 사고' 등과 같은 특성을 지목하였고([그림 9-5]의 오른쪽 파란 점), 공통된 내용으로는 '개념, 현상, 문제 해결' 등이 있었다([그림 9-5]의 가운데 파란 점). 융복합 수업 설계 후에는 공통된 내용에 '사고, 적용, 증명, 지식, 실생활' 등이 추가되면서 더 많은 공통점을 보였다. 또한 수학과 예비 교사들은 '의사소통, 추론'과 같은 역량을 추가로 언급하였고, 타 교과 예비 교사들은 '규칙, 분석, 계산' 등 수학의 구체적인 특성을 더 드러내었다. 요컨대 융복합 수업 설계 및 시연 전에는 수학과 예비 교사들이 인식하는 수학의 특성이 더 다양했으나 사후에는 타 교과 예비 교사들이 인식하는 수학의 특성이 더 다양해졌음을 볼 수 있다. 더구나 이론적 배경에서 논의된 수학의 특성이라고 알려진 바를 타 교과 예비 교사들이 스스로 인식하여 답했다는 점에서 융복합 수업을 통한 타 교과 예비 교사의 인식 변화를 볼 수 있다. 코티칭을 통해 예비 교사들은 서로의 교과 특성을 이해하게 되었으며 이를 통해 타 교과의 이해라는 예비 교사들의 학습이 일어난 것을 볼 수 있다.

② 융복합 수업에서 수학의 역할

융복합 수업에서는 여러 교과의 내용이나 기능이 학습될 수 있다. 융복합 수업에서 수학이 어떤 역할을 할 수 있을지에 대해 수학 예비 교사들이 답한 내용을 분석해 본다. [그림 9-6]은 사전, 사후에 수학 예비 교사들이 융복합 수업에서 수학의 역할에 대해 응답한 내용을 언어 네트워크 분석에 의해 도식화한 것이다.

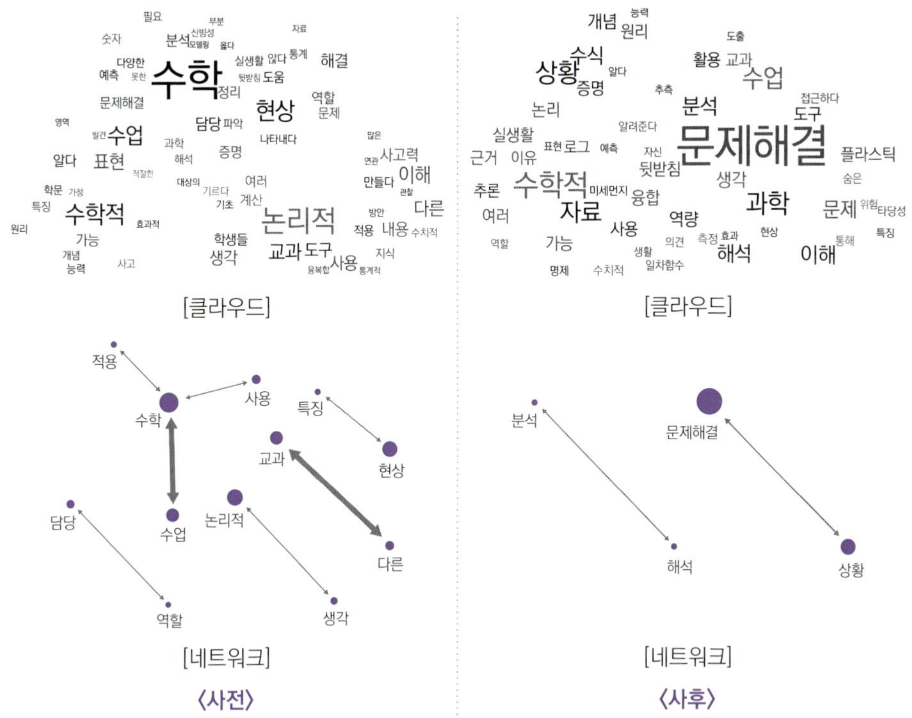

[그림 9-6] 융복합 수업에서 수학 교과의 역할에 대한 수학 예비 교사의 인식

융복합 수업 설계 및 시연 전에 수학 예비 교사들이 답한 147개 단어를 분석한 결과, 수학이라는 용어를 제외하고는 논리적(9회), 현상(7회), 수업(6회), 교과(6회) 등으로 구체적인 특성을 나타내는 단어가 등장하지 않았다. 융복합 수업에 대한 이해와 경험이 부족해 수학이 어떤 역할을 할 수 있을지 가늠하기 어려웠던 것으로 보인다. 이는 일선에 있는 수학 교사들도 미리 예측하기 어려운 내용일 수 있다. 네트워크 분석에서는 수학-수업, 다른-교과, 특징-현상, 논리적-사고 등의 단어 쌍이 나타나서 수학이 어떤 역할을 하게 될지 명료하지 않았다.

융복합 수업을 실제로 설계하고 시연한 후에 수학이 어떤 역할을 했는지는 문제해결이 8회로 가장 많이 등장하였고, 과학(4회), 상황(4회), 수업(4회), 자료(4회) 등의 빈도로 많이 등장하였다. 그리고 네트워크 분석 결과, 답변이 매우 단순명료하게 정리되었는데 상황-문제해결, 분석-해석의 역할을 한다는 것이 나타났다. 사후에 수학 예비 교사들이 융복합 수업에서 수학의 역할로 응답한 구체적인 내용을 추출하면 다음과 같다.

- 자료를 보고 해석하는 능력. 자료의 특징을 알아내는 법.
- 문제 해결을 하기 위한 수단으로 사용하였다.
- 일상생활에서 일어나는 상황을 수학적으로 증명한다.
- 수학적으로 표나 그래프로 나타내어 보고, 수식으로 표현하며 분석 및 해석하는 역할.
- 문제 해결 과정을 수학적으로 이해하고, 얼마큼의 해결이 가능한지 수치적으로 확인할 수 있게 한다.
- 현상에 내포된 원리를 수학적으로 해석해 직접 측정하지 않더라도 예상할 수 있는 기능을 맡았다.

한편 융복합 수업에서 수학의 특성과 역할에 대한 수학 예비 교사들의 인식 차이를 살펴보고자 [그림 9-7]과 같이 2-mode 네트워크 분석을 실시하였다.

사전보다 사후에 수학의 특성과 융복합 수업에서 그 역할의 관계가 더 많이 연결된 것을 볼 수 있다. 이는 수학의 특성이 어떠하다는 것과 그 특성이 융복합 수업에서 어떻게 작용할지 추상적으로 생각한 것이 융복합 수학 수업 설계 및 시연 후 유기적으로 관련됨을 나타내는 것으로 해석할 수 있다. 즉, 수학의 특성으로 인식되었던 것이 융복합 수업 설계 및 시연에서 수학이 담당한 역할에 많이 작용하여, 사후 수학 예비 교사들의 응답으로 나타난 것이다.

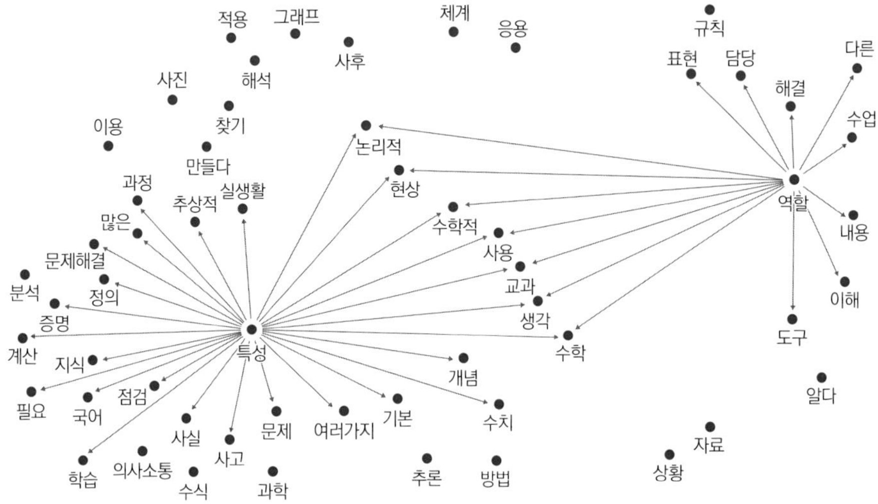

〈사전〉

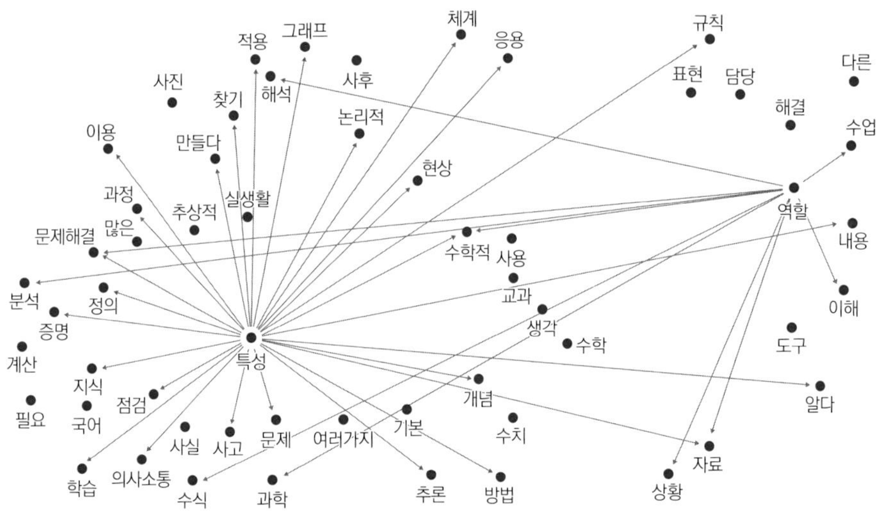

〈사후〉

[그림 9-7] 수학의 특성과 융복합 수업에서 수학의 역할에 대한 사전·사후 수학 예비 교사의 인식

요컨대, 융복합 수업 설계 및 시연 전에 수학이 가진 여러 특성을 수학 예비 교사들에게 기술하게 하였을 때는 논리성이라는 특성이 두드러졌으나 융복합 수업을 타 교과 예비 교사들과 설계하고 시연한 후에는 '문제 해결'이라는 특성이 크게 나타났

다. 수학이 무엇인가에 대한 고민을 교육 상황에서 했을 때, 고유의 학문적 특성보다는 교육의 방향이자 목표로서 특성을 인식하게 된 것으로 보인다. 특히 문제해결, 추론, 의사소통의 관련성이 부각됨에 따라 융복합 수업은 역량 중심의 교육으로 나아갈 때 필요한 교육이라는 시사점 또한 예비 교사들의 경험으로부터 등장하였다.

한편 국어와 과학 예비 교사들은 중등학교 시절 경험한 수학의 특성을 사전에 언급하였으나 일관된 경향이나 특징이 나타나지 않았다. 그러나 융복합 수업 설계 및 시연 후에는 수학의 의미 있는 특성을 다양하게 언급함으로써 수학이라는 타 교과에 대한 이해가 증가되었음을 보여 주었다. 수학 예비 교사와 타 교과 예비 교사가 인식한 수학의 특성을 비교해 보면, 수학 예비 교사는 융복합 수업 설계 및 시연 후에 수학의 특성을 몇 가지 특성으로 수렴시키는 경향이 있었지만, 타 교과 예비 교사들은 의미 있는 내용을 발산적으로 인식하게 된 것을 볼 수 있었다. 이는 조별로 다룬 수학 내용과 방법이 다르므로, 융복합 수업에서 타 교과 예비 교사들이 서로 다른 수학을 경험하였기 때문으로도 해석할 수 있다.

수학과 타 교과가 통합되는 융복합 수업에서 수학 교과가 어떤 역할을 할지에 대하여 수학 예비 교사들이 응답한 결과를 보면, 융복합 수업을 설계하기 전의 예측은 가늠하기 어려운 역할을 언급한 것이었으나 융복합 수업 설계 및 시연 후에는 상황-문제 해결, 분석-해석이라는 명확한 내용이 형성됨을 볼 수 있었다. 융복합 수업의 주제들이 대체로 문제 해결 상황에서 주어지고 그 문제를 해결하는 데 있어 수학이 가진 역할이 크기 때문에 이러한 특성이 나타난 것으로 보인다. 또한 분석-해석은 상황을 설명하고 정리하고 표현할 때 수학이 활용될 수 있다는 모델링 관점을 보여 준 것이라 할 수 있다. 수학의 언어인 식, 표, 그래프 등이 현상을 간결하게 정리해 주고, 수학적 표현으로 나타내었을 때 새로운 해석이 가능해져서 실험에 나타나지 않은 결과를 예상하거나 가시적이지 않은 내용을 설명해 줄 수 있음을 수학 예비 교사들은 인식한 것이다.

수학의 특성과 융복합 수업에서 수학의 역할은 다소 중복되는 개념이 될 수 있으나 융복합 수업에서 수학의 역할이 어디로부터 도출된 것인지를 살펴보고자 할 때 수학의 특성에 근거할 수 있다. 이러한 관계가 사전 설문에서는 나타나지 않았으나 사후에는 수학의 특성을 역할로 삼은 것이 네트워크 분석에서 나타났다. 이를 볼 때 융복합 수업을 하기 전 교사들은 수학의 특성이 무엇인지 자신의 생각을 정리해 보는 것이 융복합 수업에서 수학을 어떻게 활용할지에 대한 갈피를 잡는 데 도움이 되었음을 시사한다.

2) 국어 교과에 대한 인식[3)]

이 절에서는 국어 교과에 대해 예비 교사들이 어떤 인식을 하는지를 국어 예비 교사와 타 교과 예비 교사로 집단을 나누어 살펴본 결과를 소개하고자 한다. 2021년과 2022년 2학기에 국어, 수학, 윤리, 물리, 화학, 역사 전공 예비 교사들을 대상으로 융복합 수업 설계와 시연 경험을 한 뒤, 다음과 같은 질문에 대해 열린 반응을 수집하였다.

> **Q.** 융복합 수업에서 타 교과 전공자와 협업하면서, 각 교과의 특징은 무엇이라 생각하게 되었습니까? (타 교과와 구별되는 특징-각 교과가 다루는 내용이나 방법, 각 교과의 지식이 만들어지는 방법, 학교 교육에서 각 교과가 학생들에게 길러 줄 수 있는 역량 등)

수집된 응답은 [연도전공일련번호]로 태깅하고, 국어 교과의 특징을 드러내는 의미 단위로 나누어 개념을 추출하여 코드를 부여하고 각 개념들을 묶을 수 있는 범주로 분류하였다.

(1) 국어 예비 교사

국어 예비 교사들의 인식은 〈표 9-4〉와 같이 많은 개념으로 추출되었고, 이 개념들은 다시 10가지 범주로 묶을 수 있었다. 이 범주들은 여러 층위에서 형성될 수 있는 국어 교과의 특징 중 예비 교사들이 주목한 지점을 드러내는 것이다.

---

3) 이 절은 김영란, 방상호(2023)의 연구 내용을 재구성함.

〈표 9-4〉 국어 예비 교사 응답에서 도출된 국어 교과 특징의 개념과 범주

범주	개념
① 언어/말과 글을 통한 의사소통 관련 내용 중점	인간이 살아가는 데 필수적인 지식인 언어에 집중, 언어 자체에 중심축을 둠, 읽기/쓰기/듣기/말하기 등 사람 간 의사소통에 집중, 생각을 말과 글로 전달하는 데 집중, 말과 글로 의사소통/텍스트 읽기 등 언어를 통해 사회와 소통하는 것 중점, 타인과의 원활한 의사소통 방법을 알려주는 것, 언어를 통한 소통, 개인과 개인/개인과 사회/사회와 사회 간 의사소통 중시, 화법 시 방법과 방향의 이정표 역할 하는 학문, 텍스트를 읽고 쓰고 듣고 말하는 것 다룸, 듣기/말하기/쓰기/문학/문법/매체 활동 다룸, 말하고/듣고/읽고/쓰고/감상하는 내용 다룸, 태도에 대해 학습 시 특정 사회 집단 내 의사소통을 원활히 하는 데 목적을 둠, 실제 언어사용에 필요한 태도와 기능 학습
② 정의적 영역의 성장 및 문화 중점	텍스트를 어떤 태도로 수용해야 하는지 다룸, 문학 텍스트를 통한 정서적 감화, 올바른 가치관 정립, 문학 활동의 생활화로 인간다운 삶 가꾸고 공동체 문화 발전에 기여하는 태도 함양, 자아 성찰 중요
③ 국어 교과 역량	사회적 존재로서 원만한 의사소통 역량 함양, 국어교과역량함양(비판적/창의적 사고역량, 자료정보 활용 역량, 의사소통 역량, 공동체 대인관계 역량, 문화향유 역량, 자기성찰계발 역량), 개인적/사회적 측면의 의사소통 능력과 사고능력 함양, 의사소통 능력 함양, 의사소통 역량/심미적 감상/창의적 사고 역량 중점, 의사소통에 필요한 전략과 기술 역량 함양, 독해력과 문학적 상상력 요구
⑧[4] 학습의 기반이 되는 교과	범용성, 모든 교과 학습의 도구이자 기반(국어 교과의 내용 학습을 바탕으로 다른 교과에서 직접 활용하면 더 의미 있는 국어 교과 학습 가능), 다른 교과 학습의 기본 능력, 모든 과목의 기반, 다른 교과 학습에 필요한 토의/토론/정리/발표 등 근본적이고 기본적인 교과
④ 타 교과와 융복합이 용이함	국어를 중심으로 다른 교과 활용 수업 구성 가능, 어떤 교과와도 잘 융합됨(말하기/쓰기는 모든 교과에서 다 필요함), 어떤 교과와 융복합하더라도 잘 어울리는 교과(배움의 기본이 되는 언어를 다루어 원리나 개념 설명과 표현에 국어 교과가 필요), 융합의 용이성이 뛰어남, 타 교과와 연계 시 중점 사안에 따라 메인 재료처럼 활용하거나 조미료 같은 과목, 다른 교과와 협업할 수 있는 지점 풍부

4) 범주의 번호는 국어전공과 타 교과 전공 범주에서 공통적인 부분을 우선적으로, 차이가 나는 범주를 후순으로 매겼기 때문에 순차적이지 않음.

범주	개념
⑨ 적용과 실제 중요	개념에서 적용으로 나아가며 지식 형성, 지식도 중요하나 실제에 더 많은 초점, 개념 이해를 기반으로 새로운 무언가를 만들어 내는 작업 중시하는 교과(국어적인 개념을 내면화하도록 하는 교과), 이론에서 직접 글쓰기로 나아가는 수업 필요
⑤ 실생활과의 관련성	자기표현과 타인 이해 세상 이해의 바탕에 국어 능력이 전제되므로 삶과 밀접, 생의 윤택한 국어 생활, 실생활과 밀접한 과목, 문학 작품 읽기 후 실생활로 연결 짓기 비중 큼, 실생활의 자료를 적절한 곳에 사용하는 방법을 가르침, 말하기/듣기/읽기/쓰기는 사회적 상호작용과 내면의 수양 등 삶에 필수적 역할을 함, 개념에서 삶으로 확장하는 성취기준 많음, 일상생활에 필수적인 기능과 규범 교육
⑩ 사회적 합의를 통한 지식 구성	작문 전략/토의/토론 등의 방법이 있음(지식이 만들어지는 방법), 학생의 자발적인 활동이 되도록 만드는 것 중요(지식이 만들어지는 방법), 귀납적으로 지식 구성
⑥ 열린 사고	문제에 대한 정답이 무수히 많음, 정해져 있지 않은 답을 찾아내는 것도 교수학습의 목표가 될 수 있음
⑦ 상대적으로 낮은 난도	이해하기 쉬움

먼저, 국어 전공 예비 교사들은 국어 교과가 언어(문법), 언어(말과 글)를 통한 행위(듣기/말하기/읽기/쓰기), 언어로 된 예술(문학작품)과 관련된 내용에 중점을 두는 교과라는 인식을 드러내었고, 특히 사회적 의사소통에 대해 다루는 교과라는 언급을 많이 하였다(범주①). 여기에 더해 태도나 가치관, 정서적 감화, 자아 성찰, 공동체 문화 발전에 기여하는 태도 등도 다루는 교과라는 인식을 보였다(범주②). 그리고 국어 교과에서는 주로 의사소통 역량을 요구하고 그 외 국어과 교육과정에서 정의하는 여러 가지 국어 교과 역량이나 독해력, 문학적 상상력과 같이 예비 교사가 주목하는 능력을 요구한다고 보았다(범주③).

이상의 범주들은 국어 교과의 내용 및 목표와 관련된 인식 범주들이었다면, 범주⑧과 ④는 국어 교과가 언어를 기반으로 하는 교과라는 점에 주목한 특징이라고 할 수 있다. 범주⑧은 언어가 다른 교과 학습의 기반이자 도구가 됨을 포착하고, 국어 능력이 다른 교과 학습에 기초가 되고 다른 교과 학습에서도 말하기와 쓰기를 필요로 한다는 인식을 드러낸다.

다음 ㉠은 말하기나 쓰기와 같은 언어사용을 다른 교과에서도 필요로 하기 때문에 융복합이 수월하다는 인식을 드러낸다. 즉, '학습의 기반이 되는 교과'라는 특징은 '타 교과와 융복합이 용이'하다는 특징과 연결되기도 하였다. 또한 ㉡은 국어가 중심이 되는 융복합 수업, 국어가 보조적 역할을 하는 융복합 수업이 가능하다는 인식을 드러낸다. 이 점에서는 국어 예비 교사들이 융복합 수업을 계획할 때 사용 역량을 목표로 가르치는 것과 언어사용을 수단으로 하여 가르치는 것을 구분할 수 있도록 교육할 필요가 있어 보인다.

> ㉠ 국어 교과의 특징은 조화, 즉 어떠한 교과하고도 잘 융합될 수 있는 점이 특징이라고 생각했다. 말하기(토의, 토론, 설명하기 등)나 쓰기(비판하는 글, 설명하는 글, 분석하는 글 등)는 모든 교과에 다 필요한 지점이라고 생각했기 때문이다. [21국9]
>
> ㉡ 국어는 어떤 과목에 중점을 두냐에 따라 수업을 전체적으로 이끌어 나가고 부차적으로 다른 과목을 가미할 수 있는 메인 재료처럼 활용할 수 있는 과목이기도 하고, 다른 과목의 수업이나 활동을 마무리할 수 있는 조미료 같은 과목이 될 수도 있다고 느꼈다. [21국34]

또한 국어 예비 교사들은 국어 교과는 지식이나 개념 학습에서 나아가 실제에 적용하거나 창안 또는 글쓰기와 같은 수행이 중요한 교과이고(범주⑨), 실세계와 밀접한 관련성을 맺는 교과라는 인식을 드러내었다(범주⑤). 더불어 국어 교과에서 지식이 만들어지는 방법으로 작문/토의/토론 등 사회구성원을 의식한 협의를 거치거나 학생의 활동을 토대로 하거나 귀납적 방식으로 지식을 구성하는 특징이 있다고 보았다(범주⑩).

다른 한편으로, 국어 교과에서는 정답이 하나로 수렴되지 않는 열린 사고를 필요로 하는 지점도 포착되었고(범주⑥), ㉢과 같이 수학 교과에 비해 상대적으로 이해하기 쉬운 교과라는 점도 언급되었다(범주⑦).

> ⓒ 수학의 경우, 내용이 어렵기도 하고 확실히 국어보다는 특정 상황에서 쓰이는 경우가 많다고 느꼈다. 그에 비해 국어의 경우, 수학 과목보다는 범용성이 넓고 이해하기 쉬운 과목이라는 생각이 들었다. [21국2]

이상에서 살펴본 언어/말과 글을 통한 의사소통 관련 내용 중점, 정의적 영역의 성장 및 문화 중점, 국어 교과 역량, 학습의 기반이 되는 교과, 타 교과와 융복합이 용이함, 적용과 실제 중요, 실생활과의 관련성은 국어과 교육과정이 규정하는 범위 안에 있는 인식이라고 할 수 있다. 이는 예비 교사들이 현행 교육과정에 대한 이해가 높음을 방증하는 것이기도 하다. 사회적 합의를 통한 지식 구성, 열린 사고나 상대적으로 낮은 난도는 교육과정이나 선행 연구에서는 거론되지 않았던 특징으로, 국어 예비 교사들이 타 교과와 협업하는 과정에서 부각되었을 것으로 보인다. 사회적 합의를 통한 지식 구성은 타 교과에서 지식을 다루는 데 있어서 연역적 접근을 한다거나 원리나 법칙부터 아는 것이 중요하다는 것에 비추어 포착되었을 수 있다. 열린 사고는 국어과에서 언어적 창의성을 요하는 측면이 있음과 연결해 볼 수 있고, 상대적으로 낮은 난도는 중학생들이 수학보다 국어를 쉽다고 인식하는 유세진(2010)의 연구 결과와 일맥상통한다.

(2) 타 교과 예비 교사

타 교과 예비 교사들의 국어 교과 특징에 대한 인식에서는 〈표 9-5〉와 같은 개념들이 추출되었다. 이 개념들은 범주①~⑦과 같이 국어 전공생들의 인식과 공통점을 보이기도 했고 범주⑪~⑬과 같이 차이를 보이기도 했다.

〈표 9-5〉 타 교과 예비 교사 응답에서 도출된 국어 교과 특징의 개념과 범주

범주	개념
① 언어/말과 글 관련 내용 중점	소통이 특징, 여러 가지 상황에서 토론하거나 자신의 의견을 표현하는 방법을 다룸, 의사소통을 방해하지 않도록 함, 단어나 문장 표기에 집중, 문학과 비문학을 다룸, 작품을 크게 보는 법과 나눠서 보는 법 학습, 글과 관련된 내용 다룸(토론, 글쓰기, 문학감상 등), 문학작품 감상에서 나아가 성찰 및 글쓰기 활동으로 이어짐, 작문과 관련된 방법적 지식 지도, 문법 및 언어의 기술/강의법/학생들의 독해력/문해력/어휘력
② 정의적 영역의 성장 및 문화 중점	대상을 정의하는 방법과 정의한 것에 대한 가치 논의 등 사회적 합의 중요, 문학 작품을 통한 전인격적인 발달 도모, 국어로 형성/계승되는 다양한 문화 이해 및 아름다움과 가치 내면화하여 수준 높은 문화 향유/생산
③ 국어 교과 역량	의사소통 능력 함양, 사람이랑 의사소통하는 능력, 의사소통 역량 함양, 의사소통 역량에 도움, 비판적/창의적 사고 역량 함양, 듣기/말하기/쓰기를 할 수 있고/다른 교과를 이해함에 있어 응용할 수 있는 역량 함양, 자기 생각을 정리하고 표현하는 능력 함양, 한 덩어리를 보는 다양한 관점 함양, 글쓰기/토론 등 의사소통 역량/문해력 함양, 한국어를 기초로 문학 읽기/언론에 대한 비판적 접근 등을 통해 학생의 능력 함양
④ 타 교과와 융복합이 용이함	어떤 과목과도 협업이 가능한 과목, 타 교과와 연계하기 매우 쉬움
⑤ 실생활과의 관련성	이론을 바탕으로 실천으로 이어지는 교과, 실생활의 올바른 언어 생활에 도움, 실생활과 많은 연계
⑥ 열린 사고	답안이 다채롭게 나올 수 있는 학생만의 자유로움을 펼칠 수 있는 과목, 다양한 상황/자료들을 주체적으로 해석하고 필요한 정보를 수집/분석/평가해 효과적으로 문제 해결하는 과정을 통해 지식 습득
⑦ 상대적으로 낮은 난도	학습 내용이 비교적 쉬움(학습 내용을 의미 있고 확실하게 배울 수 있는 것이 무엇일지 다루는 교과)
⑪ 교과 내용의 학년별 차이 불분명	하나의 내용에 관해 교과 분야로 나누어지고/각 학년별의 차이가 크지 않음, 교과기준이 명확치 않아 융통성 있게 변형하여 활용 가능

범주	개념
⑫ 교과 내용의 상대적 객관성	객관적인 교과(올바른 언어사용/언어적 지식/언어에 대한 태도 함양을 위한 조금 더 견고하고 객관적인 교과)
⑬ 언어로부터 파생되는 지식	국어과의 지식은 언어를 토대로 문법/화법/작문/문학으로 파생되어 만들어짐.

비전공 예비 교사들도 전공생과 비슷하게 범주①과 범주②와 같이 국어 교과가 중점을 두는 것으로 각각 언어, 말과 글 관련된 내용뿐만 아니라 가치의 문제나 전인격적 발달, 문화 이해와 향유 및 생산이 중점적으로 다루어진다는 인식을 보였다. 다만 전공생들에 비해 의사소통이라는 언급 외에 다양하게 국어 교과가 중점을 두고 있는 지점에 대해 거론하였다. 또한 범주③에서 보듯 의사소통 역량, 비판적 · 창의적 사고 역량, 응용 역량, 문학 및 언론에 대한 비판적 접근을 통한 학생 역량을 신장하는 교과로 인식되었다. 더불어 범주⑬에서 보듯 국어 교과에서 다루어지는 지식은 언어를 토대로 하여 문법/화법/작문/문학 등으로 파생되어 형성된다는 반응이 있었다.

한편, 전공생들과 마찬가지로 국어는 '타 교과와 융복합이 용이'하고, 이론에서 시작해 실천이나 실생활로 연결되는 지점이 있다는 응답, 학생에게 '열린 사고'를 요하는 교과라는 응답이 있었다. 또한 ㉣에서 보듯, 수학 교과에 비해 상대적으로 쉬운 교과라는 인식이 있었고, 그렇기 때문에 내용을 쉽게 풀어 가기보다는 의미 있고 확실하게 배울 수 있는 것이 무엇일지 다루는 교과라는 반응을 보였다. 수학은 학습 내용을 어떻게 쉽게 풀어 갈지 고민하게 되는 데에 비추어 볼 때 국어는 학습 내용을 의미 있게 배우게 하는 점이 부각된 것으로 보인다. '상대적으로 낮은 난도'는 국어 교과 내부자보다는 외부자의 시각에서 바라볼 때 더 뚜렷해지는 지점이다. 특히 수학 교과에 비해 부각되는 점으로, 선행 연구에서는 잘 규명되지 않는 특징인데 예비 교사들은 포착해 내었다.

> ㉣ 국어 교과는 수학과 다르게 학습 내용이 비교적 쉽다고 느껴져 이것을 쉽고 다양하게 풀어 갈 활동을 구상하는 교과이기보다 학습 내용을 의미 있고 확실하게 배울 수 있는 것이 무엇일지 다루는 교과라는 생각이 들었다. [21수10]

다른 한편으로 타 교과 예비 교사는 ㉤과 같이 수학에 비해 국어 교과는 학년별 차이가 크게 구분되지 않는 것이 있으며 교과의 기준이 명확하지 않아 융통성이 있는 교과라는 인식을 보인다. 여기에서는 국어 교과의 성취기준이 초, 중, 고로 올라가면서 전반적으로 내용이 구분되고 난도가 높아지는 경향이 있으나 중학교 국어와 고등학교 선택 과목의 성취기준 진술만 보면, 교육 내용이 무엇을 뜻하는지 그 난도나 위계가 불분명한 경우가 있음을 상기할 수 있다. 이에 대해서는 학계에서도 국어과 교육 내용의 위계와 체계에 대한 문제 제기가 있었다(김명순, 2008; 박기범, 2020; 서영진, 2010; 이은미, 2011; 이수진, 2019 등).

또한 윤리 전공생은 ㉥과 같이 윤리 교과가 가치에 대해 열린 토론으로 이끌어지는 것에 비해, 국어 교과는 언어적 지식이나 언어사용, 언어 태도라는 상대적으로 객관적인 배움의 대상이 있다는 측면을 주목하였다. 윤리 교과에서 가치에 대해 언제나 열린 접근을 한다면 규범이나 관습이 존재하는 언어 학습에 대해서는 상대적으로 객관적이라는 인식을 보였다.

> ㉤ 국어 교과의 특징이자 수학과의 차이로는 하나의 내용에 관하여 여러 가지 교과 분야로 나누어지고, 각 학년별의 차이가 크게 나누어져 있지 않는 것이 있는 것 같다. 또한, 교과 기준과 같은 부분이 명확하게 쓰여 있지 않은 편인 것 같아 융통성 있게 변형하여 활용하는 것 같다.

> ㉥ 이번 융복합 수업에서 국어 교과와 협업을 했었다. 같이 프로젝트를 진행해 보면서 국어교육과는 객관적인 교과라고 느꼈다. 윤리교육과의 경우는 가치를 중심으로 수업하기 때문에 정답보다 자유분방한 토론이 가능하다는 생각이 들었고 국어교육과는 학생들의 올바른 언어사용이나 언어적 지식,

언어에 대한 태도를 길러 주기 위한 조금 더 견고하고 객관적인 교과라는 생각을 하게 되었다[21윤1].

학습 과제

- 예비 교사 교육에서 교과 간 융복합 수업 설계와 시연을 하고자 할 때의 어려움을 극복할 수 있는 방법은 무엇일지 이야기해 봅시다.
  1) 다른 전공 예비 교사와의 협력 작업
  2) 기존 융복합 자료의 적용
  3) 교육과정
  4) 자신의 전공 지식
- 교과 간 융복합 수업을 설계하고 시연하게 될 때 자신의 교과가 맡게 될 역할은 어떠해야 할지 이야기해 봅시다.

융복합 수업을 시작하는 교육자를 위한 지침서

융복합 수업의 설계와 실행

제10장

융복합 수업의 성과는 무엇일까

융복합 수업의 시사점을 알리는 것은 교사 교육자의 임무이기도 하며, 이 임무는 연구 결과로 성취된다. 교사 교육자가 교육과 함께 연구를 수행해야 하는 이유는 현재의 교사 교육 프로그램을 더 발전시키고 프로그램의 효과인 교사의 역량 향상을 객관화하여 프로그램의 지속성을 검토할 필요가 있기 때문이다. 이 장에서는 예비 교사들의 융복합 수업 설계와 그 의의를 교사 교육자 관점에서 고찰하고 분석한 내용을 소개하고자 한다. 예비 교사들이 설계한 융복합 수업이 수업 혁신의 관점에서 보인 특징과 교과 교육 관점에서 융복합 수업에 들어간 각 교과의 역할을 들여다본다.

학습 목표

- 학교 수업의 혁신을 이루기 위해 예비 교사 교육에서 융복합 수업이 한 대안으로서 작동할 수 있음을 이해한다.
- 융복합 수업에서 각 교과의 역할과 특징을 이해한다.

1. 수업 혁신의 증폭제로서 융복합 수업[1]

현재 초·중등학교에서는 교육 정책 방향의 하나로 수업 혁신을 위한 노력이 이루어지고 있다. 거대한 변화를 예고하는 미래 사회에 대비하기 위해 교실의 수업 혁신은 피하기 어렵다. 융복합 수업이 이러한 수업 혁신의 증폭제로서 역할을 할 수 있을지 알아보자.

1) 수업 혁신의 의미

수업(授業, instruction)은 '교사가 교육적 의도를 가지고 하는 일체의 활동으로, 목표를 달성하기 위해 학습이 잘 이루어지도록 환경을 계획적으로 조작하는 과정'(한국교육심리학회, 2000)이다. 혁신은 '기존의 것을 바꾸어 새롭게 함'을 의미한다. 수업 혁신은 범박하게 말해 '기존의 수업을 바꾸어 새롭게 함'을 의미하는데, '무엇이 새로워지는가?' 하는 문제를 검토할 필요가 있다. 즉, 수업 혁신은 수업이론의 여러 구성 요소 중 어떤 요소에서 변화를 꾀할 것인지의 문제이기도 하다. 수업 혁신을 학습자 중심의 구성주의적 관점에서 지향해야 할 수업으로의 변화라고 한다면(서경혜, 2004), '지향하는 수업'은 〈표 10-1〉과 같이 제시할 수 있다.

1) 이 절의 내용은 김영란, 김희경, 윤희숙, 김선희(2021)의 논문을 재구성함

〈표 10-1〉 수업 혁신을 위한 관점의 변화

지양하는 수업	지향하는 수업
• 강의식 전체 수업, 교사 주도적 수업 • 학생들이 수동적인 수업, 학생들이 앉아서 듣고 정보를 받아들이고 흡수하는 수업 • 교실에서의 조용함을 칭찬하고 보상하는 수업 • 학생들이 교과서나 권장 도서를 읽게 하는 수업 • 교사가 교과 내용을 피상적인 수준에서라도 모두 가르치고자 하는 수업 • 사실의 암기에 중점을 두는 수업 • 경쟁과 성적을 중시하는 수업 • 능력별 집단으로 학생을 분류하는 수업 • 표준화 검사에 의존하는 수업	• 고차원적인 사고와 학문의 핵심 개념 및 원리의 학습을 강조 • 교사가 코칭, 증명, 시연 등의 다양한 역할을 수행하는 수업 • 개인 학습자의 감정적 요구와 다양한 인지적 스타일을 고려하는 수업 • 경험적, 귀납적, 체험적 학습을 강조하는 수업 • 학생들의 적극적이고 능동적인 학습을 강조하는 수업, 학생들이 교실을 돌아다니고 서로 이야기하고 협력적으로 학습할 수 있는 수업 • 학생들이 실제적인 텍스트를 읽게 하는 수업 • 학생들이 적은 수의 중요한 주제를 깊이 있게 탐구할 수 있도록 하는 수업 • 학생들 간의 협동적이고 협력적인 활동을 격려하는 수업 • 학생들의 선택을 허용하는 수업 • 학생들의 자기 학습에 대한 책임을 강조하는 수업 • 민주주의 원칙을 따르고 실행하는 수업 • 다양한 학생들이 학급을 구성한 수업 • 교사의 관찰이나 수행평가 등 학생의 성장에 대한 교사의 기술적 평가에 중점을 두는 수업 • 교사와 학부모 및 행정가들이 다양하고 협력적인 역할을 수행하는 수업

출처: Zemelman, Daniels, & Hyde, 1998; 서경혜, 2004: 171에서 수정하여 재인용함

〈표 10-1〉에서 지향해야 하는 수업은 학생 중심의 학습 혹은 배움 중심 수업, 참여와 협력 중심 수업, 개인의 다양성을 고려하는 수업, 성장을 돕는 평가로 집약된다. 수업 혁신은 이와 같이 '시대에 따른 이론적 관점 변화를 추수(追修)하는 바람직한 방향에서 수업이 개선되는 것'이라고 할 수 있다. 보다 구체적으로 윤양수, 원종희, 장군(2015, 이혁규 외, 2020: 222에서 재인용)은 '수업의 관행과 규범을 강제하는 제도적 기반들을 개선하고, 수업의 문법과 감각을 새롭게 바꾸는 것, 낙후한 관념과 규

범을 넘어 새로운 문법과 감각을 생산하고 발명해 가는 일', 김태은, 우연경, 이재진(2016: 67)은 '수업 철학 및 관점을 기반으로 기존의 수업과는 다르게 수업 방법과 내용을 구성하거나 평가를 실행하는 활동', 이혁규 외(2020: 223)는 '수업 실천을 지원하는 제도와 문화 속에서 교사 주도의 강의식 수업에서 벗어나겠다는 인식과 의지를 바탕으로 수업을 변화시키려는 수업 실천 활동에 참여함으로써 교육과정-수업-평가에 실질적인 변화가 나타나는 것'으로 수업 혁신의 의미를 제안한 바 있다. 수업 혁신은 어디까지나 교실에서 이루어지는 교수 · 학습의 실질적인 변화에 핵심이 있으며, 수업의 목표나 수업의 절차나 전략의 변화 또는 교사와 학생의 변화에 따라 일어날 수도 있고, 혹은 학급 환경이나 교육 맥락의 개선에 의해 유발될 수 있다. 즉, 수업 혁신은 '시대에 따른 이론적 관점 변화를 추수(追修)하는 바람직한 방향에서 기존의 수업을 바꾸어 새롭게 하는 것으로, 교사가 학생을 고려하여 수업의 목표, 절차나 전략에 개선된 변화를 이루어 내는 것'이라 할 수 있다.

2) 수업 혁신의 요소

수업은 거시적인 사회적 맥락에 영향을 받으며, 이러한 사회적 요구는 교육 맥락에 적절하게 녹아들어야 하고, 결국 교사가 수업의 목표, 수업 절차 및 전략을 개선하여야 혁신이 일어난다. 이에 따라 김태은 외(2016)는 사회적 요구가 함축된 개념인 창의 · 융합형 인재를 사회 각층의 전문가들과 교사들이 어떻게 생각하고 있는지 심층 면담, 델파이 조사, 교사 집담회를 통해 수업의 목표, 수업 절차 및 전략과 관련된 수업 혁신 요소를 추출하였다. 그 결과, 창의 · 융합형 인재는 인지적 측면에서 '창의적인 문제 해결에 필요한 전문 지식과 독창적인 사고력', 인성적 측면에서 '강한 호기심과 포기하지 않는 끈기, 소통 능력 같은 개인의 태도'를 갖는 것으로 규정되었다. 이러한 인재를 양성하는 수업 혁신의 요소는 인지적 측면에서 관점과 시야를 넓혀 생각의 방향을 달리하는 '발상의 전환, 사고의 이동', 지식의 조작 능력을 키우는 '인지적 훈련'의 두 범주, 인성적 측면에서 내적인 동기를 강화하는 '동기는 내 안에 있다'와 창의적 성향을 키우는 '배움에 임하는 자세'의 두 범주로 구분되었다. 전체 네 범주는 총 12가지 수업 혁신 요소들을 가지며 〈표 10-2〉와 같다. 혁신을 위한 수업은 이 중 하나 이상을 담고 있어야 한다.

〈표 10-2〉 창의·융합형 인재 양성을 위한 수업 혁신 요소

범주	수업 혁신 요소
발상의 전환, 사고의 이동	줌인과 줌아웃을 자유롭게(큰 틀로 보기, 전체와 본질을 보는 연습) 익숙한 것도 뒤집어 보기(낯설게 보기) 지식을 내 삶에 불러들인다(삶과 연계된 수업 내용).
인지적 훈련	주어진 문제보다 내가 발견하는 문제(문제를 찾는 훈련) 지식을 엮어 그물을 만든다(다양한 지식을 조직화하는 경험). 전혀 다른 것들의 조합, 유추와 짝짓기(이질적인 요소들의 결합)
내적 동기	재미있으면 몰입한다(몰입과 끈질김을 기르는 연습). 심심할 시간, 과정의 여유(심심함과 과정을 즐길 수 있는 시간의 제공) 나를 표현하며 나다움을 찾는다(학생들의 산출물보다 표현에 집중).
배움에 임하는 자세	마음을 여는 소통을 연습한다(소통의 경험: 협업, 협력). 실패에 너그러운 유연함을 연습한다(실패의 경험과 실패에 대한 용인). 배움은 과정이다(학습에 대한 초인지와 성찰).

출처: 김태은 외, 2016, 104-113

발상의 전환, 사고의 이동 요소 중 '줌인과 줌아웃을 자유롭게'는 여러 학문을 전체적으로 조망하고 각각이 어떤 본질을 갖고 있는지 큰 틀로 보면서 전체와 본질을 보는 연습을 말한다. '익숙한 것도 뒤집어 보기'는 이미 있는 것을 조합하고 편집함에 따라 새로운 시각이 나올 수 있으므로 낯설게 보는 창의성 계발의 시발점을 나타낸다. '지식을 내 삶에 불러들인다'는 실제 삶에서의 문제 해결과 관련하여 삶과 연계된 수업을 말한다.

인지적 훈련의 요소로 '주어진 문제보다는 내가 발견하는 문제'는 창의 · 융합형 인재가 문제 자체를 발굴하는 사람이라는 점에서 문제를 찾는 훈련을 하는 것이다. '지식을 엮어 그물을 만든다'는 정보의 홍수 속에서 수많은 지식을 연결하고 조직하여 재창출하는 연습을 할 수 있도록 다양한 지식을 조직화하는 경험을 의미한다. '전혀

다른 것들의 조합, 유추와 짝짓기'는 전혀 다른 영역이 서로 만났을 때 완전히 새로운 것을 떠올리는 것으로 이질적인 요소들을 결합시키는 것을 말한다.

내적 동기의 요소로 '재미있으면 몰입한다'는 창의성이 오랜 관찰과 고민 끝에 나오므로 몰입과 끈질김을 기르는 연습을 시키는 것이고, '심심할 시간, 과정의 여유'는 심심할 때 이런저런 궁리를 하고 생각을 떠올릴 수 있으므로 심심함과 과정을 즐길 수 있는 시간을 제공하는 것, '나를 표현하며 나다움을 찾는다'는 자신이 무엇에 관심이 있고 무엇을 좋아하는지, 어떤 생각을 확장해 나가는지 확인하기 위해 산출물보다 표현에 집중하는 것을 뜻한다.

배움에 임하는 자세의 요소로 '마음을 여는 소통을 연습한다'는 서로의 생각을 공유하고 공감하는 것과 혼자서는 알지 못한 정보를 공유하고 확장시키는 측면에서 협업과 협력을 뜻하며, '실패에 너그러운 유연함을 연습한다'는 학생의 생각이 늘 훌륭하고 좋은 것은 아니므로 실패에 대해 용인해야 한다는 것이다. 마지막으로 '배움은 과정이다'는 수업을 통해 알게 된 것뿐 아니라 아직 모르는 것, 찾아봐야 할 것 등에 대해 알게 되는 것 또한 배움이 일어난 것으로 볼 수 있으므로 학습에 대한 메타인지와 성찰이 필요하다는 것이다.

김태은 외(2016)의 수업 혁신 요소를 토대로 융복합 수업에서 다루어질 수 있는 것을 추출해 보면, 예비 교사들의 수업이 가상의 수업 상황으로 시연된다는 점에서 '배움에 대한 자세' '심심할 시간, 과정의 여유(심심함과 과정을 즐길 수 있는 시간의 제공)'를 제외하고, 〈표 10-3〉 오른쪽 셀의 질문에 답할 수 있는 내용으로 선정할 수 있다. 다음 절에서 융복합 수업이 수업 혁신의 특징으로 8가지를 가질 수 있음을 사례를 통해 보여 주고자 한다.

〈표 10-3〉 융복합 수업의 혁신 요소

김태은 외(2016)의 수업 혁신 요소	수정
줌인과 줌아웃을 자유롭게	① 학습 내용과 관련된 본질과 전체를 보게 하는가?
익숙한 것도 뒤집어 보기	② 익숙한 것을 뒤집어 보게 하는가?
지식을 내 삶에 불러들인다	③ 지식을 삶과 연계시키는가?
주어진 문제보다 내가 발견하는 문제	④ 문제를 발견하도록 이끄는가?
지식을 엮어 그물을 만든다	⑤ 다양한 지식을 연결하는가?
전혀 다른 것들의 조합, 유추와 짝짓기	⑥ 이질적인 요소들을 결합하는가?
재미있으면 몰입한다	⑦ 학습자의 흥미를 유발하여 참여를 끌어내는가?
나를 표현하며 나다움을 찾는다	⑧ 학습자의 자기표현의 장을 마련해 주는가?

3) 예비 교사의 융복합 수업 설계 중 수업 혁신 사례

강원대학교 사범대학에서 2017년과 2018년에 예비 교사들이 작성한 융복합 교수·학습과정안 15개에 대하여 수업 혁신 요소를 〈표 10-4〉와 같이 분석하였다. 둘 이상의 교과 내용을 연결하는 것이 중요한 융복합 수업의 특성상 다양한 지식을 연결하려는 특징(⑤)은 모든 사례에서 등장하였다. 학습자의 흥미를 유발하여 그들의 참여를 끌어내려는 노력(⑦)이 다음으로 많았다. 익숙한 것을 뒤집어 보게 하는 배움(②), 지식과 삶을 연계하는 수업(③)도 5개로 많이 등장한 편이다. 그 외 학습 내용에 대한 학습자의 이해에 더해 상상력을 동원해 자기표현의 장을 마련하는 사례(⑧)는 2개, 학습 내용과 관련된 전체와 본질을 짚는 수업(①), 이질적인 요소를 결합하는 활동(⑥)은 각각 1개를 발견할 수 있었다. 다만 문제를 학습자들이 발견하도록 이끄는 기획(④)은 찾아볼 수 없었다.

〈표 10-4〉 융복합 교수·학습과정안에 나타난 수업 혁신 요소

번호	조직의 중심	융복합 교과				수업 혁신 요소								
		국	수	과학		①	②	③	④	⑤	⑥	⑦	⑧	계
				물	화									
1	지구온난화(시나리오)	○	○		○					○			○	2
2	가습기 살균제	○	○		○					○				1
3	등속 운동	○	○	○						○				1
4	핵폭탄	○	○	○						○				1
5	앙부일구	○	○	○						○			○	2
6	소양강 건너기		○	○						○				1
7	한글 파괴 현상 건의문	○	○				○	○		○		○		4
8	통학 거리별 지각 횟수	○	○				○	○		○		○		4
9	세상에서 제일 잘 지워지는 지우개 모양		○	○			○			○		○		2
10	제7의 대륙		○	○	○					○				1
11	지구온난화		○	○				○		○		○		3
12	미세 플라스틱의 역습		○	○		○	○	○		○		○		5
13	사거리 교통사고		○	○			○			○		○		2
14	자동차 에어백		○	○						○		○		2
15	마라톤 코스		○		○			○		○	○	○		4
총합		7	15	10	4	1	5	5	0	15	1	8	2	

①~③, ⑤~⑧의 수업 혁신 요소가 융복합 수업에서 어떤 특징으로 나타났는지 그 사례를 다음에서 살펴본다.

(1) 학습 내용과 관련된 전체와 본질을 짚는 수업

학습 내용과 관련된 전체와 본질을 짚는 수업의 사례는 [미세 플라스틱의 역습]이었다. 이 수업은 교사가 미세 플라스틱의 뜻, 플라스틱이 물에 뜨는 원리, 종류에 따라 플라스틱이 물에 뜨는 정도가 다른 이유를 일차함수 기울기를 이용하여 설명한 뒤, 학생들이 모둠별로 집, 쓰레기장, 하수처리장, 강, 바다에서 발견되는 플라스틱 종류, 밀도, 용도를 조사하고 미세 플라스틱의 특성(소멸되지 않음)과 이동 경로를 배우게 한다. 그런 다음, '플라스틱의 여생은 바다에서 끝날까?'와 같은 핵심 질문에 봉착하게 하여, 미세 플라스틱을 제거하기 위한 인류의 각종 아이디어(미세 플라스틱 제거 선박과 로봇 활용)를 검토하고, 이 문제가 인류에게 미완의 과제임을 인식하게 하였다. 그리고 인류를 비롯한 지구상의 모든 생명체를 위해 미세 플라스틱 문제를 해소할 창의적인 아이디어를 내어 포스터로 발표하도록 하였다. 이 일련의 과정에서 학생들은 필요한 지식을 배울 뿐만 아니라 생태계 전체 맥락에서 미세 플라스틱의 이동 경로를 파악하여 전 지구적 문제에 대해 자기 나름의 대안을 수립해 봄으로써 문제해결의 지난함을 체감하게 된다. 또한 미시적으로는 미세 플라스틱 문제라는 사회적 이슈에 관한 지식을 습득함과 동시에 이것이 인류 전체에 도전이 되는 문제이고 인류가 가해자이자 피해자라는 본질과 전체적인 맥락을 짚을 수 있다.

전체와 본질을 짚는 수업은 학습 주제나 지식에만 초점을 두는 것이 아니라 그것이 사회적으로 어떤 문제와 관련되는지, 또는 지식 각각이 어떤 배경하에 도출된 것인지를 바라보게 할 수 있다. 따라서 전체와 본질을 짚는 수업을 실시하고자 한다면, 교과 지식을 교과의 틀 안에 가두지 않고 거시적 관점에서 바라보면서 지식의 태생에 대해 관심을 갖고 역사적 배경이나 흐름 속에서 다루는 내용이 어느 위치쯤인지를 바라보게 함으로써 실현 가능할 것이다.

(2) 익숙한 것을 뒤집어 보게 하는 수업

예비 교사들의 교수 · 학습과정안에서 익숙한 것을 낯설게 바라보게 하거나 다른 각도에서 바라봄으로써 새로운 면모를 발견하거나 탐구의 대상으로 전환시키는 기획도 있었다.

〈표 10-5〉 익숙한 것을 뒤집어 보게 하는 교수 · 학습과정안

조직의 중심	익숙한 것을 낯설게 바라보게 하거나 뒤집어 보게 하는 활동
한글 파괴 현상 건의문	익숙한 예능 프로그램에서 관찰할 수 있는 한글 파괴 현상을 조사, 계량화하게 함, 익숙한 대상을 객관화하여(일종의 낯설게 하기) 탐구하는 장을 마련
통학 거리별 지각 횟수	잘 고민해 보지 않는 통학 거리와 지각 빈도를 접목하여 지각 문제를 새로운 각도에서 파헤쳐 보게 함
세상에서 제일 잘 지워지는 지우개 모양	지우개 모양과 잘 지워지는 정도를 연계해 보게 하여 지우개를 낯설게 함. 익숙한 사물을 참신한 각도에서 탐구하도록 유도
미세 플라스틱의 역습	미세 플라스틱은 우리의 주변 치약에서부터 찾을 수 있음을 보이기 위해, 치약에 대한 낯설게 보기를 시도하고 치약을 분해하게 함
사거리 교통사고	교통사고를 속도와 충돌의 힘 등을 바탕으로 과실의 정도를 계량하게 함으로써 익숙한 사태를 뒤집어 보게 만듦

[한글 파괴 현상 건의문]에서는 학생들이 매우 익숙한 TV 예능 프로그램에서 관찰할 수 있는 언어 파괴 현상을 추출해서 그 현상을 계량화한다. 이로써 학생들은 예능 프로그램을 낯설게 바라보고, 의식하지 못하고 지나쳤던 올바르지 않은 언어사용 문제를 체감하게 된다. 이 과정에서 학생들은 익숙한 것을 낯설게 바라보면서 문제에 대해 탐구할 수 있다. [통학 거리별 지각 횟수]에서 학생들은 일상적으로 접할 수 있는 지각 사태를 통학 거리와의 상관관계로 접근하는 참신한 발상을 하고, 학급 친구들의 지각 횟수와 거주지 거리를 계량화해 그 관계를 밝혀내도록 하였는데, 이 과정에서 학생들은 익숙한 문제를 새로운 각도에서 파헤쳐 보게 된다. [세상에서 제일 잘 지워지는 지우개 모양]은 학생에게 친숙한 지우개를 힘, 압력, 운동에너지가 결합되는 지우는 행위에 초점을 두고 낯설게 바라보면서 탐구하게 만들었다. 그리고 [미세

플라스틱의 역습]에서는 수업을 시작할 때 치약을 분해하도록 하여 그 속에 미세 플라스틱이 있다는 점에 대해 알게 하였고, 치약을 미세 플라스틱이라는 관점에서 새롭게 볼 수 있게 하였다.

마지막으로 [사거리 교통사고]는 교통사고 상황에서 학습자에게 경찰관, 교통사고를 일으킨 운전자 역할을 부여하여, 합의금 도출 문제해결의 당사자가 되는 활동이다. 학생들은 교통사고의 과실을 따질 때 누가 어느 정도의 속도위반을 했는지, 도로교통의 규정은 어떠했는지, 그에 따른 과실의 비율은 무엇이 합리적인지 등 종종 발생하는 교통사고의 이면에 있는 문제들에 대해 지각하고 탐구하여 해결책을 수립하게 된다. 그뿐만 아니라 사람 행위의 과실과 과실 비율 설정, 그와 관련된 자동차 운행의 물리적 원리 등에 대해 배우게 된다. 흔히 뉴스에서 접하는 교통사고의 관련자가 되어 다양한 관점에서 바라보고 간접체험하며 탐구하여 문제해결에 이르는 교수 · 학습 전개로, 익숙한 것을 새로운 각도에서 파헤치는 수업이라고 할 수 있다.

융복합 수업에서 익숙한 것을 뒤집어 보는 수업은 일상에서 쉽게 접하는 대상을 문제 의식을 갖고 새로운 각도에서 바라보게 하였다. 늘 가까이 있어서 그 존재의 가치나 특징을 파악하지 못하는 것들에 대하여 이대로는 안 된다([한글 파괴 현상 건의문])는 식의 문제의식, 원인을 파악해 보자([통학 거리별 지각 횟수]), 쓸모를 극대화하기 위한 방법([세상에서 제일 잘 지워지는 지우개 모양]), 쓸모를 뒤집어 보는 실험([미세 플라스틱의 역습]), 계량화를 통한 가치 매김([사거리 교통사고])의 접근이 있었다. 이대로는 안 된다는 문제 의식은 국어 교과에서 강조하는 바른 국어 사용의 원동력이 되었고, 원인 파악과 실험, 가치 매김은 과학이나 수학 교과에서 하는 검증 활동이 적용되면서 가능했다. 즉, 교과의 성격에 따라 대상을 새롭게 뒤집어 보는 시각을 가질 때 친숙한 대상에 대해 탐구하는 융복합 수업이 될 수 있다.

(3) 지식을 삶과 연계시키는 수업

예비 교사들은 교과 지식을 다루면서 학생의 일상생활과 밀접한 개인적 맥락이나 사회적 맥락을 동원하여 지식 이해를 제고하거나 지식을 맥락 속에 적용하는 활동을 기획했다. 지식을 연계시킨 삶은 개인적, 사회적, 생태계적 맥락에서 나타났다.

〈표 10-6〉 지식을 삶과 연계시킨 교수 · 학습과정안

구분	조직의 중심	지식	삶의 맥락
개인적	통학 거리별 지각 횟수	산점도와 상관관계(수학) 보고서 작성(국어)	지각 사태
	지구 온난화	CO_2와 탄소점수제(화학) 탄소점수제와 전력 감축량의 함수 관계(수학)	에너지 절약 실천, 가정의 수도, 가스, 전기세 비용 절감
사회적	한글 파괴 현상 건의문	대푯값과 자료 해석(수학) 외래어 표기와 신조어 구성 및 건의문 작성(국어)	예능 프로그램에 적용, 방송통신위원회에 건의
	마라톤 코스	미세먼지에 따른 만성폐질환의 입원률과 사망률의 증가 원인(화학, 수학) 드론 측정으로 춘천의 미세먼지 안전 지역 정하기(수학)	춘천의 마라톤 대회 코스 기획
생태계적	미세 플라스틱의 역습	플라스틱, 부력, 밀도(과학) 밀도와 일차함수 관계(수학) 미세 플라스틱 증가량과 로봇의 플라스틱 처리량 그래프의 교점 찾기(과학, 수학)	각 가정에서 출발하여 바다에 도달한 미세 플라스틱의 여정과 향후 운명

우선 예비 교사들은 지식을 개인적 맥락에 적용하였다. [통학 거리별 지각 횟수]에서는 산점도(수학)에 대해 학습한 뒤, 반 친구들의 통학 거리별 지각 횟수를 조사하여 보고서를 작성하게 하였다. 학교생활 중 지각 사태와 통학 거리를 연계하여 산점도와 보고서 학습이 이루어지도록 한 점에서 지식을 학생에게 익숙한 개인적 맥락에 적용한 사례이다. [지구온난화]에서는 온실기체의 조성(調性), 사막화, 온난화 등의 기후 변화 및 탄소점수제에 대해 학습한 뒤, 이산화탄소 감소를 위한 학생의 개인적 실천을 과제로 부여하고 실천 전후의 각 가정의 전기세, 수도세, 가스비 사용량을 바탕으로 탄소점수를 계량하는 활동이 기획되었다. 학습한 내용의 총집결점이라고 할 수 있는 탄소점수 계량을 학생 가정의 에너지 사용량이라는 일상과 직결되도록 한 사례이다.

사회적 맥락을 활용한 사례를 보면, [한글 파괴 현상 방송 건의문]은 학생들에게 친숙한 예능 프로그램의 외래어 표기와 신조어 사용 실태를 조사해 중앙정부기관(방송통신위원회)에 건의문을 작성하는 활동으로 확장되게 하였다. 학생은 자신의 일상생활에도 관여하는 미디어 콘텐츠에 배운 지식을 적용할 뿐 아니라 공익을 위해 사회기구와 소통을 시도하게 된다. 이는 배운 지식을 개인의 일상적 삶에서 공공의 삶까지 맥락을 유효하게 확대시켜 활용한 사례이다. 또한 [마라톤 코스]는 미세먼지의 위험성과 미세먼지 측정을 학습한 뒤, 드론을 통해 여러 지역의 미세먼지를 측정하고 마라톤 대회 코스 기획까지 하게 하여, 자기 고장의 미세먼지와 마라톤 대회라는 사회적 맥락을 동원하여 학습하도록 하였다.

[미세 플라스틱의 역습]에서는 생태계 맥락에서 미세 플라스틱의 의미부터 밀도와 부력, 축적량과 반감량 등을 추정하고 미세 플라스틱의 종말까지를 예견해 보게 하였다. 이 과정에서 미세 플라스틱은 치약과 같이 우리의 일상생활과 밀접한 물건에서 비롯되지만 분해되지 못하고 바다에 최종적으로 모이게 되고, 소멸되지 않기 때문에 다시 인간을 비롯한 생명체 전체에게 되돌아올 수 있게 됨을 보인다. 학생들은 미세 플라스틱이 전 지구적 생태계에 영향을 미친다는 것을 알게 되고, 그 과정에서 수학, 과학 지식을 학습한다.

교과 교육과정의 성취기준은 대체로 탈맥락적으로 기술되는데 교사는 이를 어떻게 학습자에게 유의미하게 맥락화할 것인지 고민해야 한다. 앞의 사례들에서 예비교사들은 학생의 일상생활, 미디어 환경, 전 지구적 생태계 등 적절한 맥락을 토대로 학습 내용을 배울 수 있도록 교수 · 학습 활동을 구안하였다.

(4) 다양한 지식을 연결하는 수업

두세 교과를 융복합하는 수업 설계인 만큼 융복합 교수 · 학습과정안에서는 학생들이 다양한 지식을 연결할 수 있도록 하는 활동이 모든 사례에서 등장했다.

〈표 10-7〉 다양한 지식을 연결하는 교수 · 학습과정안

구분	조직의 중심	연결한 지식
제재나 주제 중심으로 병렬	등속 운동	등속운동 실험(물리), 등속운동에 대한 일차함수와 그래프 작성(수학), 등속운동에 대해 이해한 바를 설명문으로 작성(국어)
	핵폭탄	핵분열, 수소폭탄, 핵융합 등 핵폭탄에 대한 학습(물리), 이차함수를 활용하여 북한의 핵위협을 계량화(수학), 북핵문제 해결을 위한 군사적 조치 감행에 대한 찬반토론(국어)
	세상에서 제일 잘 지워지는 지우개 모양	삼각함수의 극한(수학), 뉴턴의 제3법칙과 힘의 상호작용(물리)
	자동차 에어백	표본비율과 모비율의 관계, 모비율 추정(수학), 에어백 속 화학 물질(화학)과 작동 원리(화학, 물리), 사고 발생 시 충격량 계량과 에어백 장착의 중요성 학습(물리)
중심/기여교과로 연계	제7의 대륙	반감기(화학)와 로그함수를 이용한 플라스틱 분해량 계량(수학)을 통해 미세 플라스틱의 심각성 인식, 효소를 이용한 플라스틱 감소 정도 계량(화학, 수학) 플라스틱 소각 시 발생 유해가스(화학) 확인 후 플라스틱 소멸의 불가능성 확인함. 이후 부력과 운동에너지 등을 이용해 플라스틱이 결국 바다에 떠다닐 수밖에 없는 원리 학습(물리)
	미세 플라스틱의 역습	플라스틱 물에 띄우기 실험(과학), 부력의 전문적, 일상적 의미 확인(국어), 다양한 종류의 플라스틱 부력 실험(과학), 밀도의 전문적, 일상적 의미 확인(국어), 밀도와 일차함수 관계 파악(수학), 플라스틱 분리 실험(과학), 미세 플라스틱 증가량과 로봇의 플라스틱 처리량 그래프의 접점 찾기(과학/수학), 미세플라스틱 문제 해결책 강구-포스터 발표(화학)
	사거리 교통사고	미분과 적분을 활용한 속도와 거리(수학), 운동량 보존을 이용한 속력의 변화 예측(물리)

구분	조직의 중심	연결한 지식
교과 병렬 후 종합적으로 융복합 과제 부여	한글 파괴 현상 건의문	대푯값과 자료 해석(수학), 예능 프로그램의 외래어 표기 오용과 신조어 남발 실태 조사에 대푯값과 자료 해석을 활용하고, 이를 근거로 건의문 작성하기(융복합 과제)
	통학 거리별 지각 횟수	산점도와 상관관계(수학), 학급 친구들의 통학 거리별 지각 횟수 조사에서 산점도와 상관관계 계량하여 보고서 작성(융복합 과제)
	지구온난화	지구온난화 원인인 온실기체를 일으키는 주요 원인인 CO_2 관련 학습(화학), CO_2와 관련 있는 탄소점수제를 전력 감축량과 관련지어 함수 관계 파악(수학), 에너지 절약 한 달 실천 후 전기세 등 각종 비용의 한 달 전후 발생 정도 비교, 토론(융복합 과제)
	지구 온난화 (시나리오)	시나리오 장르 이해, 시나리오 속 갈등과 주제 이해(국어), 엘니뇨, 사막화 등을 일으키는 각종 온실기체의 증가량과 지구의 어포던스 한계 교차 지점 예측(화학, 수학), 교차 지점을 지난 후의 지구에 대한 미래 가상 시나리오 작성(융복합 과제)
	가습기 살균제	건의문 장르 특성 이해(국어), 가습기의 살균 원리와 계면활성제의 작동 원리(화학), 표본평균의 분포(수학), 가습기 살균제 피해를 주장하는 이들이 실제로 피해를 입었을 확률이 높음을 계량화하여 증명하면서 건의문 작성(융복합 과제)
	소양강 건너기	부력 이해(물리), 입체도형의 부피 측정(수학), 부력과 물체의 부피 실험(물리), 다양한 형태의 입체도형 배로 소양강 건너기 과제(융복합 과제)
	마라톤 코스	화학평형과 반응속도를 활용하여 미세먼지에 따른 만성폐질환의 입원률과 사망률의 증가 원인 탐구(화학, 수학), 춘천의 미세먼지 측정 드론 경로 정하고 측정하여 미세먼지 안전 지역 정하기(수학), 미세먼지 낮은 지역을 연결하여 마라톤 코스 정하기(융복합 과제)
	앙부일구	앙부일구의 과학적, 수학적 원리 탐구(물리, 수학), 인터뷰 방식에 대한 학습 후 장영실과 대담자의 가상 인터뷰 작성(융복합 과제)

융복합 수업에서 다양한 지식을 연결하는 수업은 크게 세 가지로 분류할 수 있었다. 첫째, 공통의 개념이나 주제를 중심으로 교과들이 병렬적으로 연결되도록 차시를 구성한 것이다. 이는 교육과정을 통합할 때 교과 간에 공통된 제재나 주제를 중심으로 할 수 있음(곽병선, 1983; Fogarty & Pete, 2009/2015)과 궤를 같이 한다. [등속운동]은 등속운동에 관련된 물리, 수학(등속운동은 일차함수로 표현됨) 학습 후, 국어 시간에 등속운동에 관해 설명하는 글을 작성하도록 하였다. 등속운동, 일차함수, 설명문 등 각 교과의 내용을 다루되, 등속운동을 중심으로 각 교과의 학습이 연결되도록 하였다[2]. [핵폭탄] 수업은 1차시 물리 시간에 핵분열, 핵융합 등 핵폭탄과 관련된 작동 원리 학습을 하고, 2차시 수학 시간에 북핵 위협을 핵미사일의 사거리, 고도 등 이차함수를 활용해 계량하게 하며, 3, 4차시 국어 시간에 '북핵 문제에 대해 군사적 조치를 취해야 한다'는 논제에 대해 찬반 토론하도록 전개하였다. 두 사례 모두 마지막 국어 시간에 앞에서 배운 교과들에 대한 학습을 종합하도록 한 유사점이 있지만, [등속 운동]은 글쓰기를 통해 학습한 결과를 설명하도록 하여 학습 내용에 대한 이해 정도가 마지막 차시의 종합 활동에서 드러나도록 관련지었고, [핵폭탄]은 앞 차시 내용에 대한 학습 결과와 무관하게(또는 연계되어) 북핵문제에 대한 학생의 견해를 피력할 수 있는 장을 마련하였다. [세상에서 제일 잘 지워지는 지우개 모양]은 지우개의 원리를 이론적으로 알아본 후 지우개가 지우는 역할을 잘하려면 종이에 가하는 힘을 늘려야 함을 물리를 통해, 지우개와 종이의 접촉 면적을 줄여야 한다는 것을 삼각함수 극한을 통해 찾아내게 하였다. [자동차 에어백]은 자동차 에어백을 생산하는 회사들 제품 속에서 불량이 나올 확률에 대해 통계적으로 추정하는 학습을 한 후에, 자동차 에어백 속에 들어 있는 화학 물질과 그것이 충격을 받았을 때 작동하는 원리에 대해 학습하고, 교통사고 발생 시 속도, 운동 에너지 등을 계량하여 자동차 에어백 장착의 중요성을 느끼도록 하였다. 이 과정에서 수학, 화학, 물리 학습 내용이 유기적으로 연결되도록 하였다.

---

2) 등속운동에 대한 설명문 쓰기는 앞 차시의 학습 내용을 종합하는 융복합 활동의 성격도 띠지만, 이 수업의 경우 앞 차시에서 다루는 내용들도 설명문 학습과 유사한 비중으로 다루고 있어서 세 교과가 병렬적으로 연결되는 경우로 구분하였다.

둘째, 중심 교과의 학습이 이루어지는 가운데 다른 교과 학습이 기여하도록 연계한 것이다. 과학이 주로 중심 교과의 역할을 하였는데, [제7의 대륙]은 과학을 중심으로 필요한 맥락에서 수학이 동원되었고, [미세 플라스틱의 역습]은 국어 전공자가 합류하지 않았음에도 수업의 전개에서 '부력'과 '밀도'라는 과학용어에 대해 전문적 의미와 일상적 의미를 함께 짚는 활동을 가미했다. [사거리 교통사고]는 교통사고에 대해서 수학과 물리적 관점으로 접근하여 두 차량의 충돌 전 속력을 구하여 합의금 분할에 대해 의논하였는데, 합의금 비율 선정에 수학이 핵심적으로 쓰이고 물리가 속력을 구하는 데 동원되었다.

셋째, 수업 초 · 중반에 교과의 각기 다른 학습 내용을 병렬적, 등가적으로 연결하고 마지막에 앞 차시에서 배운 내용을 종합적으로 융복합하는 과제 활동으로 구성하는 경우이다. [한글 파괴 현상 건의]는 1차시에 수학을 배운 뒤에 외래어 표기법과 신조어를 학습하고 마지막 차시에서 예능 프로그램별 외래어 표기법과 신조어 사용 실태를 첫 차시에서 배운 수학의 계량화 방식을 동원해 건의문으로 작성하는 활동으로 전개된다. [통학 거리별 지각 횟수]는 첫 차시에 배운 수학 지식을 동원해 학급의 통학 거리별 지각 횟수를 조사하여 보고서를 작성하는 활동으로 전개된다. 두 경우 모두 마지막 차시에서 두 교과에서 배운 내용을 융복합하는 글쓰기 활동을 수행하는 것으로 마무리하였다. 또한 [지구 온난화]와 [가습기 살균제]는 첫 차시 국어과에서 장르에 대한 학습을 한 뒤, 과학의 원리에 대해 학습하면서 수학을 끌어들이고 마지막에 장르의 글쓰기로 학습 내용을 종합하는 흐름을 따랐다. [소양강을 건너보자]와 [마라톤 코스]는 수업의 앞부분에서 과학과 연결된 수학 학습을 한 뒤에 마지막 차시에서 앞에서 배운 내용을 종합적으로 활용하는 융복합 과제를 수행하도록 전개하였다. [앙부일구]는 앙부일구의 과학적, 수학적 원리 학습 이후에 장영실과의 가상 인터뷰 작성을 통해 배운 내용을 상상력을 동원해 종합하는 융복합 활동으로 전개하였다. 참여한 교과의 특성상 국어가 마지막에 여러 지식을 의미 있게 연결하여 학습 내용을 종합하는 데 기여하도록 한 사례가 많았다.

(5) 이질적인 요소를 결합하는 수업

이질적인 요소를 결합하는 수업 혁신 요소가 등장한 사례는 [마라톤 코스]이다. 이 수업은 학습한 내용과 성격을 달리하는 스포츠 경기 기획을 연결하는 참신성을 보였다. 1차시 과학 시간에 미세먼지는 발생 원인에 따라 유해 성분이 달라질 뿐만 아니라 증가량에 따라 폐질환에도 영향을 미침을 학습하고, 수학 시간에는 드론을 띄워 고장 곳곳의 미세먼지 측정 경로를 가늠하여 여러 지점의 미세먼지 측정을 위한 기초 자료를 생산한다. 과학과 수학의 지식이 유기적으로 연결되도록 했고 지식을 사회적 맥락에 활용할 수 있도록 하였다. 더 나아가 이러한 측정치를 바탕으로 마라톤 코스를 짜 보도록 하였다. 학생들은 미세먼지 측정량에 따라 낮은 수치를 보이는 지점을 연결하여 마라톤 코스를 정해 보게 된다. 예비 교사들이 춘천에서 마라톤 대회가 열린다는 것에 착안한 것으로 참신한 아이디어가 돋보인다. 대체로 수업이 미세먼지의 위험성을 인식하게 한 뒤, 대책 마련에 대한 학습으로 전개되기 쉬운데, 예상 외의 전개를 보이는 창의적인 수업이라고 할 수 있다. 또한 스포츠 이벤트 기획이라는 이질적인 요소를 미세먼지 측량과 결합한 것도 주목할 만하다. 다른 교수·학습과정안에서 이질적인 요소를 연결하려는 시도를 찾기 어려운 것을 감안하면 고무적이다.

이질적인 요소를 결합하는 것은 꽤 어려운 시도라고 할 수 있는데, [마라톤 코스]는 지식을 삶과 연계시키고, 다양한 지식을 연결하는 데에 이질적인 요소까지 결합하였다. 이 수업을 설계한 예비 교사들은 지역의 마라톤 대회에 착안하여 수업을 설계하였다. 이질적인 요소를 결합하는 것은 수업 혁신을 꾀하는 교사에게 상당한 창의성을 요구하며 이러한 창의성을 표출하는 데에는 교사의 경험도 영향을 미칠 것이다.

(6) 학습자의 흥미를 유발하고 참여를 끌어내려는 수업

예비 교사의 교수·학습과정안에는 학생의 흥미를 유발하고 그들의 참여를 끌어내려는 기획이 있었는데, 수업에서 나타난 특징은 〈표 10-8〉과 같다.

〈표 10-8〉 학습자의 흥미를 유발하고 참여를 끌어내려는 교수 · 학습과정안

구분	조직의 중심	흥미 유발과 참여 유도 활동
일상생활 밀착형 소재, 탐구 주제, 호기심으로 흥미 유발	세상에서 제일 잘 지워지는 지우개 모양	학생과 밀접한 소재(지우개)에 대한 호기심(가장 잘 지워지는 모양은?)을 유발한 뒤, 그 원리를 물리적 실험과 수학적 원리를 동원해 호기심을 풀어 나가 해답을 얻게 교수 · 학습을 전개함
	한글 파괴 현상 건의문	중학생이 좋아하는 예능 프로그램에서 언어 사용 실태를 직접 조사하게 함. 학생이 문제를 계량하게 하고 문제해결의 주체로 나설 수 있는 계기(건의문 작성) 제공
	통학 거리별 지각 횟수	통학 거리별 지각 횟수라는 학교생활과 밀접한 관련이 있는 주제를 제시하여 흥미를 유발하고, 그에 대한 조사보고서를 쓰게 함
	지구온난화	자신과 가족이 관련된 전기, 가스, 수도세 두 달치를 가져와 실천 전후의 탄소점수제를 직접 비교, 토론하도록 기획함
역할 부여로 학습자의 참여 견인	사거리 교통사고	실생활에서 접할 수 있는 문제에 대해 학습자로 하여금 문제제기자(사고를 일으킨 운전자)와 문제해결자(경찰과 보험회사 직원)로 나서게 하여, 학습의 실제성을 높이고, 학습자에게 역할을 부여함
	마라톤 코스	자기 고장의 마라톤 코스 짜기와 같은 프로젝트를 배운 내용에 따라 수행할 수 있는 융복합 과제로 부여함. 학생 거주지 곳곳의 미세먼지 문제를 고민해야 하므로 학생의 실생활과 밀접한 문제를 활용하고 마라톤 대회 코스 기획자로 역할하도록 학습 동기를 부여함
스토리텔링으로 학습 내용연결과 몰입 유도	자동차 에어백	자동차 에어백 생산업체의 불량품 생산 확률 계산, 자동차 에어백의 작동 원리 및 교통사고 시 충격량 등 다소 어려울 수 있는 내용을 바트네 가족 이야기로 엮어 내어 학습자들이 학습을 따라가고 집중할 수 있는 기제를 만듦

학습자의 흥미를 유발하고 참여를 끌어내려는 수업은 크게 세 가지로 구분되었다. 첫째, 학생의 일상생활과 밀착된 소재, 탐구 주제, 호기심, 관심사를 동원해 학생의 흥미와 관심을 불러일으키는 전략, 둘째, 문제해결자나 프로젝트 기획자의 역할을 학생들이 수행하면서 학습에 참여하도록 유도하는 전략, 셋째, 자칫 주의집중이 흐트러질 수 있는 학습 내용을 하나의 이야기 속에서 엮어 내어 학생들의 관심을 지속시키려는 전략이다.

첫 번째 전략을 사용한 경우로, [세상에서 제일 잘 지워지는 지우개 모양]은 학생들에게 친숙한 지우개가 어떤 모양일 때 가장 잘 지워질지 호기심을 이용해 압력과 운동에너지가 작동하는 방식을 학습하게 하였다. 가장 잘 지워지는 지우개 모양에 대한 호기심은 수업 초반에 불러일으키지만, 수업 말미의 결론에 이르러야 해소될 수 있기 때문에 끝까지 주의를 집중시키는 관심 유발 요소로 작동한다. 그 과정에서 학생들은 힘과 운동에너지에 대해 배우게 되고, 압력을 받는 여러 가지 모양의 지우개를 가지고 운동에너지에 대한 다양한 실험을 거친 끝에 호기심을 해소하게 된다. 이는 단순하지만 학습자의 호기심을 촉발하여 수업의 끝까지 유지한 설계였다. 그리고 [한글 파괴 현상 건의문]에서는 중학생들이 좋아하는 예능 프로그램에서 잘못 쓰이는 외래어 표기나 신조어 남용 문제를, [통학 거리별 지각 횟수]는 지각과 같은 학생들의 학교생활과 밀접한 문제를 소재로 삼았고, [지구온난화]는 학생 가정의 전기, 가스, 수도세 고지서를 활용하여, 학생들의 실생활과 직결되는 소재나 문제들을 동원하여 흥미를 유발하였다.

두 번째 유형으로는 전술한 바와 같이, [사거리 교통사고]에서 학생들은 교통사고 해결 당사자(사고를 일으킨 두 운전자, 경찰, 보험회사 직원)로 역할을 나누어 합의금 등의 문제를 해결해야 하고, [마라톤 코스]에서 학생들은 마라톤 코스 설계자가 되어 스포츠 이벤트를 기획하는 역할에 따라 주어진 과제를 수행해야 한다. 이러한 특정 역할 부여와 과제 수행은 학생이 수업에서 수동적인 참여자이기보다 당사자로 학습에 참여할 수 있게 해 준다. 또한 이러한 맥락과 역할 부여는 활동이나 과제가 보다 실제적인(authentic) 것이 되도록 해 준다. 이러한 역할 부여의 기획은 학생의 참여를 유도하는 기제가 될 수 있다.

세 번째 유형은 학습과 학습의 연결 과정에서 이야기를 가미해 학생들이 흥미를 느낄 수 있도록 유도한 기획이다. [자동차 에어백]에서 학생들은 자동차 에어백 생산업체의 불량품 계산, 자동차 에어백의 작동 원리 학습, 교통사고 시 사람이 받는 충격량 등 쉽지 않은 내용을 공부해야 한다. 그런데 전체 교수 · 학습 전개를 바트네 가족의 이야기로 엮어 내어, 자칫 흐트러지기 쉬운 학생들의 주의집중과 관심을 사려 하였다. 바트의 엄마가 산 차량에서 에어백이 불량일 확률을 추정하고, 아빠의 차량에는 에어백이 장착되어 있지 않다는 설정을 통해 바트가 에어백 작동의 원리를 들어 아빠를 설득하여 에어백을 설치하게 하였다. 이 과정에서 바트의 입장에서 아빠를 설득하기 위한 논리를 구성하기 위해 학생들은 에어백 작동 원리와 사고 시 충격량에 대해 이해해야만 한다. 바트네 사연이 학습할 교과 간 내용과 엮여서 학습자들이 집중하고, 몰입할 수 있는 기제를 만들어 놓았다([부록 19]).

학생들의 흥미를 수업 끝까지 유지할 수 있도록 결론을 마지막에 배치하고, 학생의 삶과 연결되는 소재를 활용하며, 가상의 시나리오를 제시하여 역할에 따라 무엇인가를 수행할 수 있도록 하고, 스토리텔링을 활용하는 방식으로 학생의 흥미를 유발하고 참여를 이끌어 내려 하였다.

(7) 상상력을 동원한 자기표현의 장을 마련하는 수업

예비 교사들은 학생의 아이디어나 견해를 드러내거나 배운 내용을 종합적으로 표현하는 활동을 많이 기획하였다. 찬반 논제에 대해 자신의 의견을 구어로 표현하게 하거나([가습기 살균제], [핵폭탄]), 대안적 아이디어를 포스터로 제작하고 발표하거나([미세 플라스틱의 역습]), 배운 내용을 종합하여 글쓰기를 하는([등속 운동], [통학 거리별 지각 횟수]) 활동을 기획하였다. 또한 학생의 상상력이 동원되는 표현활동도 기획되었다. [지구온난화(시나리오)]에서 학생들은 지구온난화의 심각성과 미래 지구온난화에 대해 통제 가능한 임계점이 언제인지 학습한 뒤, 마치 SF영화감독처럼 상상력을 발휘하여 시나리오를 작성한다. 이 시나리오는 우선 인류가 직면할 미래는 예측불가능하다는 점에서 풍부한 상상력을 요할 뿐만 아니라 장르의 성격상 허구를 허락한다는 점에서 학생의 자기표현을 적극적으로 요구한다.

[앙부일구]에서는 조선 시대에 장영실이 제작한 해시계인 앙부일구가 가지는 과학적, 수학적 원리를 학습한 뒤, 어떤 제도를 도입한 이와의 인터뷰를 예시로 학습하고 나서 장영실과의 인터뷰 대본을 가상으로 작성하게 하였다. 학생들은 앙부일구 제작자인 장영실이 되어 답변도 작성하고 대담자가 되어 장영실에게 어떤 것을 질문할지도 결정해야 한다. 장영실이 역사 속 인물이기 때문에 인터뷰는 가상일 수밖에 없다. 그럼에도 학생들은 배운 앙부일구의 원리를 장영실이 되어 답하는 내용으로 재구성할 수 있고, 제작의 의도나 제작 시 중점사항 등 기타 관련된 역사적 기록을 참조하여 구성할 수 있으며, 상상력을 동원하여 그럴듯한 허구를 가미할 수도 있다. 이 인터뷰는 그런 여지를 허용하는 장르로, 학생들은 사실과 허구를 재조직하며 표현을 하게 된다.

융복합 수업에서 상상력을 발휘하여 자기표현을 하는 활동이 적절한 맥락에서 기획된다면, 과학이나 수학이 다루는 자연현상이나 논리, 국어가 다루는 언어와 문식성(literacy) 및 문학의 원리에 대한 지식습득과 함께 참신하고 기발한 창조적 활동으로 이끌 수 있다. 이때 국어에서 다루는 다양한 글의 장르가 융복합 결과를 표현하는 데 활용될 수 있다.

4) 수업 혁신 관점에서 본 예비 교사의 융복합 수업 설계의 특징

예비 교사들이 설계한 융복합 수업에서 수업 혁신 요소 7가지를 발견할 수 있었고, 더 세부적인 특징을 도출할 수 있었다. 먼저 전체와 본질을 짚는 수업의 측면에서 융복합 수업은 학습 내용을 사회 문제와 관련시키거나 지식의 역사적 배경과 관련시키는 것으로 구현할 수 있으며, 이러한 수업 혁신을 꾀한다면 교사는 교과 지식을 거시적 관점에서 바라보거나 지식의 태생에 관심을 갖게 할 수 있을 것이다. 익숙한 것을 뒤집어 보게 하는 융복합 수업은 문제 의식을 갖고 친숙한 사물이나 현상을 바라보게 하는 것인데, 학생들의 문제 의식은 규범에서 나올 수도 있고 각 교과가 자극하는 비판적 사고를 강조할 때 도출될 수 있으므로 이를 활용하여 수업 혁신을 실행해 볼 수 있을 것이다. 지식을 삶과 연계시키는 융복합 수업은 각 교과 지식을 학생의 개인, 사회, 세계적/생태계적 맥락에서 바라보고 활용할 수 있도록 하는 것으로, 여러 맥락에서 교과 지식을 활용하는 방안을 모색해야 한다. 다양한 지식을 연결하는 융복합 수업은 공통 개념이나 주제를 중심으로 교과 지식을 병렬적으로 연결하는 방식, 중심 교과에 다른 교과 학습이 기여하도록 하는 방식, 병렬적으로 지식을 연결한 후 배운 내용을 종합적으로 융복합하여 과제 활동하는 방식이 있었다. 종합하는 단계에서 국어과가 의미 있는 조망을 할 기제가 될 수 있다. 이질적인 요소를 결합하는 융복합 수업은 어려운 시도로 보이며, 교사의 경험과 창의성이 발휘되어야 구현 가능할 것이다. 학습자의 흥미를 유발하고 참여를 끌어내는 융복합 수업은 다양한 전략으로 구현될 수 있는데, 학생의 흥미와 호기심을 일으키고, 학생에게 역할을 부여하여 배움에 참여하게 하고, 스토리텔링으로 관심을 집중시키는 전략이 활용되었다. 마지막으로 상상력을 동원한 자기표현의 장을 마련한 융복합 수업에서는 시, 포스터, 보고서, 인터뷰 시나리오, 영화 시나리오 등 국어의 여러 장르가 활용되었다.

예비 교사들의 융복합 수업에서 수업 혁신 요소 분석은 융복합 수업이 다양한 지식의 연결 외에도 수업 혁신의 주요 유형으로서 구현할 수 있는 것이 무엇인지 보여주었다. 융복합 수업이 단지 교과 간의 교육 내용을 연결만 하는 것이 아니라, 학습자 입장에서 여러 교과 지식을 연결하고 자신의 삶과 맞닿게 하여 창의·융합형 인재로 성장하는 데 도움이 될 수 있음을 시사한다.

국어, 수학, 과학(물리, 화학 전공) 세 교과의 융복합만 다루었기 때문에 융복합의 형태나 방식이 한정적일 수 있다. 국어와 수학은 도구 교과의 성격을 갖기 때문에 과학이 중심이 될 때 국어와 수학이 기여하는 방식으로 통합될 수 있었고, 특히 국어는 교과 지식을 병렬적으로 다룬 후 종합할 때, 그리고 여러 장르로 학습 결과를 표현하는 데 역할을 할 수 있었다. 각 교과의 특성은 학문분과의 독특한 사고방식을 반영하고 있기 때문에 협력을 어렵게 할 수도 있지만(Hamel, 2000), 이러한 차이를 명확히 함으로써 융복합 교수·학습 활동의 복잡성을 드러내면서 동시에 결합이 가능한 지점을 찾아내고, 그 속에서 학생이 어떤 배움을 경험할지에 대해 논할 수 있게 될 것이다.

2. 융복합 수업에서 나타나는 교과의 특성[3]

교과수업은 해당 교과의 학문적 특성과 사고방식 등이 자연스럽게 나타나고 교과의 특성이 학생들의 전인적 발달에 녹아들도록 계획된다. 하지만 교과 간 경계를 허문 융복합 수업에서 각 교과는 어떤 특성을 보일까? 융복합 수업에서 각 교과가 어떤 방식으로 수업이 설계되는지를 탐색한다면, 융복합되는 교과에 따라 고려해야 하는 사항을 더 자세히 알 수 있을 것이다. 이 절에서는 2017년부터 2021년까지 예비 교사들이 수학과 융복합을 시도한 국어, 과학, 윤리 교과의 융복합 수업 설계 사례 51개를 중심으로 이를 분석해 본다. 분석의 틀은 4장에서 소개된 융복합 수업의 성격과 일부를 같이 한다.

예비 교사들이 설계한 융복합 수업의 목적은 네 가지로 구분될 수 있다. 첫째는 특정한 교과의 지식을 학습하기 위해 타 교과의 교육 내용을 활용하는 지식 이해이다. 둘째는 자연이나 사회 현상, 사물, 인간 등에 내재된 특성, 원리, 구조를 이해하는 것을 목적으로 하는 현상 이해이다. 셋째는 주제 연결로, 지식이나 기능이 공통인 교과 간에 그 공통된 내용을 연결하여 사고의 흐름을 유사하게 이어 가도록 하는 것을 목적으로 하는 것이다. 넷째는 실제적인 문제 상황에서 그 문제를 융복합의 방법으로 해결하려는 것이 목적인 문제 해결이다.

융복합 수업을 위한 동기 유발 맥락을 무엇으로 설정하는가에 따라서도 융복합 수업의 요소를 생각해 볼 수 있다. 학생들이 융복합 수업에 참여하도록 하기 위하여 교과 내용에 기반한 맥락을 활용할 수도 있고, 학생 개인 주변의 실생활 맥락을 활용할 수도 있고, 사회적으로 이슈가 되는 맥락을 활용할 수도 있다. 동기 유발 맥락은 융복합 수업의 목적과 동일 차원은 아니다. 융복합 수업의 목적인 지식 이해가 학문적 맥락에 해당할 것으로 예상되지만 예비 교사들이 실제로 설계한 수업에서는 지식

3) 이 절은 김선희(2022)의 논문을 재구성함

이해가 목적이라 하더라도 학생들에게 도입하는 맥락은 개인적, 사회적인 것도 있었다.

여러 교과가 융복합되는 수업에서 각 교과는 교과 정체성을 드러낼 수도 있고 그렇지 않을 수도 있다. 교과 정체성이 뚜렷이 나타나서 여러 교과가 구분이 되는 경우 다학문, 교과 간의 구분이 나타나지 않는 경우를 간학문으로 표현한다. 이런 관점에서 융복합 수업의 절차를 살펴보면 각 교과 수업을 쭉 이어 나가는 방식의 다학문으로만 진행되는 경우도 있고, 교과 간 구분 없이 간학문으로 융합이 이루어지는 경우도 있다. 그리고 다학문적으로 접근한 후 간학문으로 이루어지는 경우(다 → 간학문)도 있다. 포가티의 융복합 수업 유형은 교과 간에 무엇이 융복합되는지로 구분되었으나 예비 교사들이 융복합한 수업을 분석하면 거미줄형임에도 불구하고 다학문, 다 → 간학문, 간학문의 절차가 모두 활용될 수도 있다[4]. 이런 점에서 융복합 수업 설계에서는 융복합 수업의 절차를 융복합 수업의 한 요소로 고려하는 것이 적절하다.

융복합 수업을 실시하면 학생 주도의 탐구나 문제 해결이 일어나는 것을 쉽게 가정하지만, 융복합 수업이라 할지라도 교사 설명으로 진행되어 융복합의 특성과 의의를 살리지 못할 수도 있다. 이런 이유로 학생 주도성을 융복합 수업의 요소로 선정하였다. 교사의 설명과 발문 위주로 수업이 진행되어 교사에게 전적인 주도권이 있는 경우, 학생들이 자료 수집이나 실험 등에 참여하는 경우, 학생의 토의와 토론이 융복합에 주된 역할을 하는 경우, 학생이 융복합 수업에서 산출물을 만들도록 한 경우, 학생 주도로 탐구 자체가 이루어지는 수업으로 구분하여 볼 수 있으며, 학생 탐구는 학생 실험과 토의/토론이 중복되어 수업 전반에서 나타나는 것으로 교사 주도와 대비되는 요소라 할 수 있다.

융복합 수업 설계의 차원과 그 요소를 정리하면 〈표 10-9〉와 같다.

4) 분석 결과에 제시하지 않았으나 분석 대상에서 거미줄형은 27개이고, 그중 다학문은 9개, 간학문은 2개, 다학문 → 간학문은 16개였다.

〈표 10-9〉 융복합 수업의 차원과 요소

차원	요소	설명
수업 목적	지식 이해	특정 성취기준의 지식을 학습하는 것을 목적으로 하는 수업
	현상 이해	자연 현상, 사회 현상, 사물 등에 내재된 원리나 구조를 이해하는 것을 목적으로 하는 수업
	주제 연결	지식이나 기능이 공통인 교과 간에 공통된 내용을 연결하여 이해하는 것을 목적으로 하는 수업
	문제 해결	실제적인 문제의 해결이 목적인 수업
동기유발 맥락	학문적	교과 내용에 기반한 맥락을 활용
	개인적	개인 주변이나 실생활 맥락을 활용
	사회적	사회적으로 이슈가 되는 맥락을 활용
융복합 절차	다학문	분절된 교과 내용을 각각 학습
	다학문 → 간학문	교과 내용을 분절하여 학습한 후 이를 종합
	간학문	주제에 따라 여러 교과 내용을 학생 스스로 활용
학생 주도성	교사 주도	교사의 내용 설명으로 수업을 주도
	학생 실험	자료 수집이나 실험 위주로 학생 참여
	학생 토의 · 토론	학생의 토의와 토론이 핵심적인 역할을 하는 수업
	학생 산출물	학습 산출물을 학생이 만들도록 제안
	학생 탐구	수업 전반에서 학생 주도의 탐구 활동

〈표 10-10〉에 따르면 예비 교사들이 설계한 융복합 수업의 목적은 주제 연결이 1개뿐이고 지식 이해, 현상 이해, 문제 해결의 목적이 모두 동일하게 17개 33.3%씩 나타났다. 예비 교사들이 설계하는 융복합 수업의 목적으로 지식 이해, 현상 이해, 문제 해결이 모두 용이한 것으로 보인다. 주제 연결이 소수로 나타난 것은 이 연구에서 예비 교사들이 성취기준 중심으로 융복합을 시도하였기 때문에, 타 교과 내용에 대한 이해가 부족한 경우 주제를 공동으로 선정하기 어려웠던 것으로 예측된다.

〈표 10-10〉 수업 목적에 따른 융복합 수업 분류

사례 수 (%)

목적	국어+수학	과학+수학	윤리+수학	국어+과학+수학	국어+윤리+수학	과학+윤리+수학	국+과+윤+수
지식 이해	6 (54.5)	3 (17.6)	1 (50.0)	7 (41.2)			
현상 이해	2 (18.2)	6 (35.3)		8 (47.1)			1 (100.0)
주제 연결		1 (5.9)					
문제 해결	3 (27.3)	7 (41.2)	1 (50.0)	2 (11.8)	2 (100.0)	2 (100.0)	
합계	11 (100.0)	17 (100.0)	2 (100.0)	17 (100.0)	2 (100.0)	2 (100.0)	1 (100.0)

융복합 수업의 취지가 드러나기 위해서는 학생들에게 동기 유발이 되어야 하고, 이를 위한 맥락을 어떻게 활용해야 할지 고려해야 한다. 수업 동기 유발 맥락에 대하여 융복합 수업을 분류하면 〈표 10-11〉과 같다. 동기 유발 맥락은 개인적 15개(29.4%), 사회적 24개(47.1%), 학문적 13개(25.5%)로, 사회적 맥락이 가장 많았다. 여러 교과 예비 교사들이 학생들의 공통된 관심사를 동기 유발로 정하려 했기 때문에, 사회적 맥락의 주제를 많이 선정한 것을 볼 수 있다. 융복합되는 교과와 관련 없이 사회적 맥락이 활용된 것은 사회적 이슈가 되는 것으로부터 출발하여 학생의 삶과 연계된 학습을 적용하는 데 융복합이 적합하기 때문으로 보인다.

〈표 10-11〉 동기유발 맥락에 따른 융복합 수업 분류 사례 수 (%)

동기유발 맥락	국어+수학	과학+수학	윤리+수학	국어+과학+수학	국어+윤리+수학	과학+윤리+수학	국+과+윤+수
개인적	5 (45.5)	7 (41.2)		3 (17.6)			
사회적	4 (36.4)	7 (41.2)	1 (50.0)	7 (41.2)	2 (100.0)	2 (100.0)	1 (100.0)
학문적	2 (18.2)	3 (17.6)	1 (50.0)	7 (41.2)			
합계	11 (100.0)	17 (100.0)	2 (100.0)	17 (100.0)	2 (100.0)	2 (100.0)	1 (100.0)

선행연구에서 융복합 수업에 대한 이론과 분석의 예시는 대체로 어느 정도의 융복합이 이루어지는가에 대해 관심을 두었다. 여러 교과의 예비 교사가 설계한 융복합 수업이 진행되는 동안 융복합이 이루어지는 정도가 어떠한지를 분석한 결과는 〈표 10-12〉와 같다. 예비 교사들이 설계한 융복합 수업은 다학문 → 간학문으로 전개되는 경우가 26개(51.0%)로 가장 많았고, 다학문의 수업이 16개(31.4%), 간학문이 10개(19.6%)로 나타났다. 다학문의 융복한 절차는 일관성 있는 주제를 갖지만 교과 수업이 다소 분절되어 진행된 형태라 그리 바람직하지 않으며, 이를 극복하는 측면에서 다학문 → 간학문은 다학문 유형보다 진일보한 형태라 할 수 있다. 예비 교사들을 지도하는 교수들이 다학문의 유형을 다학문 → 간학문으로 진행하도록 조언한 결과로 다 → 간학문 형태가 많이 나타났을 수 있다. 그리고 교과의 지식이나 기능이 연계되도록 한 간학문 유형은 국어+수학, 과학+수학, 국어+과학+수학에서만 나타났는데, 2017년부터 지속적으로 융복합 수업을 시도해 온 교과[5] 간에 간학문 절차가 시도된 것을 볼 수 있다. 간학문 수업 사례는 2017년 1건, 2018년 6건, 2021년 3건 있었고, 수업의 목적에서 현상 이해, 문제 해결, 지식 이해를 갖고 동기 유발 맥락도 개인적, 사회적, 학문적으로 모두 다양했다.

5) 윤리는 2019년부터 융복합 프로그램에 참여함

〈표 10-12〉 융복합 정도에 따른 융복합 수업 분류 사례 수 (%)

융복합 정도	국어+수학	과학+수학	윤리+수학	국어+과학+수학	국어+윤리+수학	과학+윤리+수학	국+과+윤+수
다학문	1 (9.1)	8 (47.1)	2 (100.0)	4 (23.5)		1 (50.0)	
다 → 간학문	6 (54.5)	5 (29.4)		11 (64.7)	2 (100.0)	1 (50.0)	1 (100.0)
간학문	4 (36.4)	4 (23.5)		2 (11.8)			
합계	11 (100.0)	17 (100.0)	2 (100.0)	17 (100.0)	2 (100.0)	2 (100.0)	1 (100.0)

융복합 수업에서 학생이 어떤 방식으로 참여하는가는 학생 주도성 차원에서 살펴볼 수 있다. 지식의 구성이 학생에게서 일어나도록 어떤 활동과 사고가 이루어져야 하는지를 고려할 때, 융복합 수업의 취지대로 수업이 가능하려면 교사가 교과 간의 연계를 직접 보여 주는 것보다 학생이 연결성을 발견하고 활용할 수 있어야 한다. 예비 교사들이 설계한 융복합 수업을 학생 주도성 차원에서 분류하면 〈표 10-13〉과 같다. 예비 교사가 융복합 수업을 설계하고 시연한 사례는 교사 주도 수업이 18개(35.3%)로 상당히 많았다. 지식 간의 경계를 허물고 한 울타리 안에서 여러 지식을 활용하기 위해서는 학생 주도성이 필요한데, 교사가 교과 간 융합 아이디어를 학생에게 알려 주는 교사 주도의 설명식 교수가 융복합 수업에서도 많이 나타난 것이다.이런 점으로 인해 예비 교사들은 지도교수나 현장 교사로부터 학생 참여를 유도하라는 피드백을 많이 받았다. 학생이 실험을 하는 사례는 7개(13.7%), 토의/토론에 참여하는 수업은 4개(7.8%), 학생이 직접 산출물을 제작하는 수업은 20개(39.2%), 학생 주도의 탐구는 5개(9.8%)로 나타났다. 프로젝트 방식으로 산출물을 만드는 수업이 학생이 주도적으로 참여하는 융복합 수업에서 가장 많은 사례로 나타났다.

〈표 10-13〉 학생 주도성에 따른 융복합 수업 분류

사례 수 (%)

학생 주도성	국어+수학	과학+수학	윤리+수학	국어+과학+수학	국어+윤리+수학	과학+윤리+수학	국+과+윤+수
교사 주도	1 (9.1)	11 (64.7)	2 (100.0)	2 (11.8)	1 (50.0)	1 (50.0)	
학생 실험	2 (18.2)	3 (17.6)		(2) (11.8)			
학생 토의/토론	1 (9.1)			2 (11.8)		1 (50.0)	
학생 산출물	4 (36.4)	1 (5.9)		11 (2)[6] (64.7)	1 (50.0)		1 (100.0)
학생 탐구	3 (27.3)	2 (11.8)					
합계	11 (100.0)	17 (100.0)	2 (100.0)	17 (100.0)	2 (100.0)	2 (100.0)	1 (100.0)

1) 수학과 융복합되는 교과의 특징

이 절에서는 수학과 융복합되는 교과에 따라 융복합 수업의 양상이 어떻게 나타나는지 알아본다. 수학과 많은 사례가 있었던 국어, 과학, 그리고 세 교과 이상의 조합의 경우로 나누어 살펴본다[7].

(1) 국어과의 특징

국어와 수학이 융복합되는 수업의 목적은 '지식 이해'가 54.5%로 많은 편이었는데, 내용 교과인 수학과 기능 교과인 국어가 융복합될 때 수학 지식 이해를 도모하도록

6) 학생이 실험하는 수업이 2개 있었는데 그 수업에서는 학생들의 산출물도 만들게 하여 ( )로 개수를 표시하였다.

7) 윤리는 2019년과 2021년에만 참여하였고 수학과 팀을 이룬 사례 수도 적어 윤리와의 융복합은 별도로 분석하지 않는다.

반성과 종합을 하는 데 국어가 활용되는 것으로 보인다. 수학의 통계적 지식을 활용하여 보고서와 같은 글쓰기 또는 토의/토론을 학습하는 수업이 주로 나타났다. 국어와 수학이 융복합되는 수업에서 '현상 이해'를 목적으로 하는 경우는 [언어폭력 사용 실태], [좌표평면과 삶의 성찰]의 2가지 사례가 있었는데, 일상생활에서 발견되는 현상을 언어폭력이라는 국어의 문제 의식으로 접근하여 대푯값 등을 활용하여 수학적으로 분석하거나 문학작품의 현상을 수학적으로 분석한 것이다. 문학 작품을 수학적으로 분석한 사례를 보면, [보리 방구 조수택]이라는 작품에서 주인공의 태도를 성찰한 후 시간과 태도에 따라 주인공의 변화를 인격의 성장이라는 내용으로 제시한 것으로 인간에 대한 이해를 포함한 주제를 선정한 것을 볼 수 있다.

국어와 수학이 융복합되면서 '문제 해결'을 목적으로 삼은 경우는 세 수업에서 나타났는데, [한글 파괴 현상], [모집단과 표본을 활용한 건의문], [고객이 원하는 은행 상품 추천]의 경우였다. 한글 파괴 현상은 현상에 대한 이해에 머무르지 않고 주장하는 내용에 맞게 타당한 근거를 들어 글을 쓰는 것으로, 이때 타당한 근거로 수학의 통계가 활용되었다. 모집단과 표본을 활용한 건의문은 학생들이 표본 조사한 내용을 건의하는 글에 적용한 수업이다. 고객이 원하는 은행 상품 추천은 〈경제 수학〉과 〈화법과 작문〉 과목의 융복합으로, 은행 고객을 청자로 보고 추천할 은행 상품을 제작하는 과제를 수행하게 한 사례였다. 문제 해결의 경우, 수학과 국어가 대등하게 자리매김하면서 문제를 해결하는 데 두 교과 내용을 활용하는 경향이 있었다.

국어와 수학이 융복합되는 경우는 개인적 맥락이 45.5%로 가장 많았다. 국어와 수학의 융복합 수업은 통계를 활용하여 보고서 쓰기나 토의토론의 수업 유형이 많았는데 이를 도모하기 위해 학생들의 관심사로부터 출발하는 동기 유발을 추구한 것으로 보인다. 즉, 학생들이 어떤 자료에 관심이 있는지로부터 통계적 절차를 수행하게 하여 개인적 맥락을 활용한 것이다. 또한 사회적 맥락도 36.4% 있었는데, 지식 이해, 현상 이해, 문제 해결의 목적에서 모두 등장했다. 국어와 수학의 융복합 수업은 다학문 → 간학문이 54.5%로 많았고, 간학문도 36.4%로 많은 편이다. 국어와 수학은 인문학과 자연과학을 대표하는 이질적인 교과 성격을 갖지만 융복합 수업에서 교과 정체성이 드러나지 않으면서 융복합 활동이 이루어지기에 용이한 것으로 나타났다.

이는 학생 주도성 측면에서도 드러나는데, 교사 주도의 수업은 9.1%로 낮고 학생 산출물과 탐구의 비율이 높아 수학적 탐구와 국어의 글짓기가 학생 활동으로 많이 활용되어 국어와 수학의 융복합이 학생 주도적인 수업을 조장하는 것으로 보인다.

(2) 과학과의 특징

과학과 수학이 융복합될 때, 수업의 목적은 '문제 해결'이 41.2%로 가장 많이 나타나 국어과와 융합할 때와 다른 양상을 보였다. 문제 해결의 사례로는 [세상에서 제일 잘 지워지는 지우개 모양], [헬륨 풍선으로 핸드폰 들어 올리기], [플라스틱 컵을 왜 규제했을까?], [미세 플라스틱의 역습], [사거리 교통사고], [미세먼지의 심각성과 해결방안], [마라톤 코스] 수업이 있었다. [세상에서 제일 잘 지워지는 지우개 모양]의 경우 지우개를 효과적으로 사용하기 위해 지우개와 종이면의 접촉 면적, 지우개에 가한 힘을 고려해야 한다면서 물리에서 뉴턴의 제3법칙을, 수학에서 접촉면을 줄이기 위해 다각형에서 원으로 극한을 적용하는 내용을 활용하여 지우개 사용에 대한 문제 해결을 제시하였다. 국어과의 융복합에서 수학 내용은 주로 통계가 많았지만, 과학과의 융복합에서는 극한, 입체도형의 겉넓이와 부피, 합성함수, 일차함수, 미적분, 모집단과 표본, 유리함수 등 다양한 주제가 활용되었다. 그리고 문제는 생활이나 사회적 이슈에 대한 내용, 학생들 수준의 과학적 호기심 등을 다루는 경향이 있었다.

과학과의 융복합에서는 '현상 이해'의 목적도 35.3%나 되었는데 대체로 과학 소재의 현상을 수학적으로 이해하는 내용이었다. [지구온난화 및 탄소점수제와 전력감축량 사이의 상관관계], [자동차 에어백], [누리호의 이동], [공기총의 발사 원리]에서 상관관계, 신뢰구간, 원과 직선의 위치관계, 명제와 조건, 미적분, 반비례 등의 개념을 활용하여 과학에 대한 학습이 이루어지는 수업이 설계되었다. 인간이 만든 가공품에 대한 현상에 대해 수학과 과학적 지식을 활용하여 이해하는 경향이 있었다.

'지식 이해'를 목적으로 하는 수업은 [칼로리와 비만], [밀도의 특성으로 알아보는 정비례와 반비례], [로그의 특징과 pH]가 있었는데, 비만도를 학생들의 키와 몸무게 자료로 조사하고, 밀도를 소재로 정비례와 반비례 개념을 탐색하고, pH를 이용하여 로그의 특징을 자세히 탐구하는 수업이 진행되어 수학 지식 이해에 과학 소재를 활용하는 양상이 나타났다. 즉, 지식 이해는 수학을 이해하는 데 과학이, 현상 이해에서는 과학의 발명품에 대한 현상을 이해하는 데 수학이 활용되는 것으로 나타났다.

수학과 과학이 융복합되면서 주제 연결은 한 수업에서만 나타났는데, 부력으로 물체의 부피를 확인하는 방식으로 [부력과 부피]라는 주제를 연결한 것이 나타났다. 이러한 주제는 교과 지식 간의 관계를 보여 주어야 하기 때문에 타 교과에 대한 지식을 깊이 이해하거나 교사들 간에 서로 공유해야 가능한 수업이라 볼 수 있으며, 예비 교사들이 유사 계열의 전공을 갖고 있어서 설계가 가능했던 것으로 보인다.

과학과 수학의 융복합 수업은 개인적, 사회적 맥락의 동기 유발이 모두 41.2%로 많았다. 개인적 맥락과 사회적 맥락은 현상 이해나 문제 해결을 위한 배경으로 도입되었다. 과학과 수학의 융복합 수업은 다학문으로 결합된 경우가 47.1%로 많은 편이고, 간학문은 23.5%로, 과학과 수학은 동일 계열의 내용 교과로서 가장 유사하지만 융복합 수업을 실시할 때 두 교과는 각각의 교과 내용을 별개로 지도하는 방식을 취하는 경우가 많았다. 또한 과학과 수학의 융복합 수업은 64.7%가 교사 주도의 수업이 진행되어 국어과와 융복합과 전혀 다른 양상이었다. 과학+수학과 같이 내용 교과가 융복합되었을 때 내용이 분절되고 교사 주도의 수업으로만 진행되지 않도록 유의해야 할 점이 나타난 것이다.

(3) 수학, 국어, 과학이 융복합될 때 나타나는 교과 특징

세 교과 이상이 융복합되는 경우는 국어+과학+수학, 국어+윤리+수학, 과학+윤리+수학, 국어+윤리+과학+수학의 경우이다. 국어+과학+수학의 융복합은 사례가 17개나 있지만 그 외의 경우는 사례가 적어서 이 연구에서 일반적인 경향을 알아보기는 어렵다.

국어+과학+수학의 세 교과가 융복합되는 경우 융복합 수업의 목적은 현상 이해가 47.8%, 지식 이해가 41.2%로 많이 나타났다. '현상 이해'는 과학으로 설명되는 현상을 이해하기 위해 수학의 지식과 국어의 토의, 토론 등의 방식이 활용되는 유형이 대부분을 이루었는데, 그 사례로는 [산성비], [지구 온난화], [핵폭탄], [일본 방사능 오염수 방류]와 같은 사회적 이슈가 되는 현상이나 [석빙고], [놀이기구], [앙부일구]와 같은 인공물의 특징과 원리를 수학적으로 탐색하는 수업이 있었다. 하지만 [정육각형 구조의 안정성]과 같이 정육각형이라는 수학적 대상이 어느 곳에 활용될 수 있는지를 이해하는 것을 목적으로 갖는 경우도 있었다. '지식 이해'는 주로 과학 내용을 이해하기 위해 수학 지식을 활용하고 말하기나 쓰기로 정리하는 방식으로 융복합이 나타났고, 그 사례로 [밀도], [용해도], [정사면체 분자의 결합각], [등속 운동]과 같이 과학 지식을 수학적으로 탐구하는 것이 있었다. [논증], [정적분]의 수업에서는 수학적 방법을 활용하여 과학 지식을 탐색하도록 하였다. 현상 이해에서 국어는 수학이나 과학의 탐구 내용을 말이나 글로 표현하는 것으로 활용되었다. '문제 해결'을 목적으로 하는 수업도 2가지 있었는데, 국어의 건의문 작성 절차에 따라 [가습기 살균제]의 원리와 문제점을 과학에서 설명하고 가습기 살균제 피해 사례에 대하여 수학에서 표본조사 결과를 검증한 후 건의문을 작성하는 수업, [색약자/색맹자를 위한 지하철 노선도] 제작 및 부착을 위해 국어과에서 문제를 의식하게 하고 그것을 수학의 확률로 심각성을 다루며, 수학에서 '위치관계', 과학에서 '빛의 경로, 감각기의 구조와 기능'을 익힌 후 색약자를 위한 창의적인 디자인의 노선도를 작성하는 것이었다. 국어+과학+수학이 융복합되는 경우 과학을 중심으로 수업 방향이 설정되고 이를 수학과 국어과 지식이나 기능으로 도와주는 형태가 나타났다.

국어+과학+수학의 맥락은 사회적, 학문적 맥락이 모두 41.2%로 가장 많이 나타났다. 다소 이질적인 세 교과가 한데 묶여서 융복합 수업의 취지를 살리는 동기 유발을 하기 위해서는 교과 내용의 학문적 맥락으로 접근하는 것이 효율적임을 볼 수 있다. 또한 다학문 → 간학문의 비율이 64.7%로 국어와만 융복합될 때보다 높았는데, 수학과 과학이 함께할 때 다학문 절차가 많은 경향이 드러났기 때문으로 보인다. 학생 주도성 측면에서는 학생 산출물이 64.7%나 되어 국어과의 특성에 영향을 받은 것으로 보인다.

(4) 수학과 국어, 과학이 융복합될 때 나타나는 수업의 특징

융복합 수업의 목적은 수학과 융복합되는 교과에 따라 다른 양상이 나타났고, 이에 따라 교과의 역할이 다르게 부여되었다. 융복합 수업의 목적 중 어느 것이 바람직한지보다는 융복합 수업을 시도할 때 학생에게 무엇을 가르치고자 하는지를 우선적으로 생각해야 한다는 점에서 융복합 수업을 앞으로 시도하는 예비 교사와 현직 교사들이 참고해야 하는 점이다.

먼저 수학의 역할을 보면, 지식 이해에서 지식은 수학일 수도 있고 다른 교과의 지식일 수도 있는데, 수학 지식을 이해하는 경우 과학을 소재로 활용할 수 있었다. 현상 이해는 여러 현상이나 사물의 원리나 구조를 이해하기 위한 목적인데, 이때 수학은 현상을 분석하는 수단으로 사용될 수 있었다. 문제 해결을 목적으로 한 수업에서 수학은 문제를 분석하는 수단, 문제 해결에 필요한 지식, 문제 해결의 타당성의 근거 제시로 활용될 수 있었다.

다른 교과의 역할을 보면, 지식 이해의 경우, 국어는 수학 지식 이해를 도모하기 위해 활용되었고, 과학은 수학화할 현상으로서 역할을 하였다. 국어+과학+수학의 경우는 과학 지식 이해를 위해 수학 지식을 활용하고 국어의 말하기나 쓰기로 정리하는 방식으로 융복합 수업이 설계되었다. 현상 이해의 경우, 국어는 일상생활이나 문학작품의 현상을 제공하여 수학적으로 분석이 가능하게 하였고, 과학은 과학적 현상을 수학적으로 분석하도록 하였으며, 국어+과학+수학의 경우는 과학적 현상을 수학의 지식과 국어의 토의, 토론 등의 방식으로 이해하는 수업이 설계되었다. 주제 연결의 경우는 교과 계열이 유사한 수학과 과학의 융복합인 한 사례만 나타났다. 문제 해결의 경우, 수학과 국어는 대등하게 문제를 해결하는 데 활용되었고, 수학+과학은 다양한 수학 지식이 활용될 수 있게 하였다. 국어+과학+수학이 융복합되는 경우도 수학, 국어, 과학이 유사한 정도로 수업에 기여하는 경향이 있었다. 융복합 수업의 목적은 융복합 수업에서 우선적으로 고려되어야 하는 사항이다.

산출물이 나오는 수업의 경우는 모두 국어 교과가 융복합되어 있는 것을 볼 수 있다. 즉, 국어 교과와 융복합이 이루어질 때 보고서, 포스터, 인터뷰 문항 등 다양한 텍스트 자료가 만들어지도록 융복합이 이루어짐을 알 수 있다. 융복합 수업에서 문제 해결을 목적으로 삼더라도 문제 해결을 교사가 안내하고 답에 이르게 하는 경우도 있을 수 있으므로, 융복합 수업을 한다고 모두 학생의 융복합 역량이 향상되는 것을 기대해서는 안 된다. 융복합 수업의 취지를 살린다면 학생이 주도적으로 참여하는 실험, 토의토론, 산출물, 탐구 등이 필요하다.

융복합되는 교과의 특성에 맞추어 수업을 설계할 필요가 있다. 국어의 경우 수학의 지식을 활용하여 글쓰기나 토론과 같은 표현의 의사소통 활동이 계획될 수 있고, 학생 주도의 산출물로 보고서나 건의문 등을 작성하게 할 수 있다. 수학 내용을 국어의 형식으로 결합하는 방식으로 융복합 수업 설계가 간학문적으로 이루어질 수 있는 사례가 많음을 참고하여 국어와의 융복합을 도모할 수 있을 것이다. 한편, 예비 교사의 사례에서는 수학을 학습하기 위한 과정에서 의사소통을 활용한 사례는 잘 나타나지 않았는데 수학 교수 · 학습 과정에서 언어 소양을 활용하는 것은 이미 활용되고 있으므로 이를 적극적으로 융복합 수업에 도입하는 것도 고려해야 할 것이다. 과학의 경우 과학적 소재를 활용하여 수학 지식을 탐색하는 수학적 모델링을 꾀할 수 있고, 과학적 현상을 수학으로 분석하는 융복합을 취할 수 있다. 하지만 과학과 같은 내용 교과와 수학이 융복합되는 경우 지식의 분량이나 수준으로 인해 학문의 분절적 모습이 나타나는 다학문적 결합과 교사 주도의 수업이 진행되지 않도록 유의해야 한다.

융복합 수업에 참여하는 교과의 수가 많은 경우 학문적 맥락에서 문제 해결의 목적으로 설계하는 것이 적절할 수 있다. 본 연구에서 수학과 융복합되는 교과의 수가 1개인 경우는 수업의 목적이 다양하게 나타났으나 2개 이상인 경우는 문제 해결과 현상 이해가 수업의 목적으로 많이 활용되었다. 교과가 기여할 수 있는 문제 상황이나 현상을 중심으로 수업을 설계하는 것이 용이할 수 있음을 나타내는 것이라 할 수 있다.

학습 과제

- 최근의 교육과정과 교육 정책에서 수업 혁신의 요소로 작동하는 것에는 무엇이 있는지 조사해 봅시다.
- 융복합 수업이 수업 혁신의 증폭제로서 갖는 특징은 무엇인지 이야기해 봅시다.
- 자신의 전공 교과가 융복합 수업에서 어떤 역할을 담당할지 이야기해 봅시다.
- 융복합 수업에서 통합되는 교과에 따라 수업의 양상이 어떻게 달라질 수 있는지 토의해 봅시다.

참고문헌

강남화, 이나리, 노민정, 유진은(2018). 융합인재교육(STEAM) 프로그램이 학생에 미친 효과에 대한 메타분석. **한국과학교육학회지, 38**(6), 875-883.

강옥기, 허난, 조현공, 박경은, 이환철(2010). **수학교육학 정론**. 경문사.

강현식(2019). 학교 현장의 융복합 수업 사례에 대한 강원대학교 특강 자료.

고호경, 최수영, 유미현, 오우상, 김정현, 이경령(2013). **중학교 수학과 타 교과 융합형 교육내용, 방법, 평가체제 개선 모델 개발**. 한국교육개발원 연구보고 별책부록 II. RR 2013-32-2.

공민수(2022). 인공지능융합수업 프로그램이 초등학생의 미술자아개념에 미치는 영향. **2022 한국인공지능교육학회 동계학술대회**, 127-127.

곽명재(2021). 고등학교 한문과 연계 · 융합 수업 실천 사례 -민주시민교육에서 '민주주의와 참여'를 대상으로-. **漢字 漢文教育, 50**, 193-221.

곽병선(1983). 통합 교육과정의 구성 방법. **통합교육과정의 이론과 실제**. 서울: 교육과학사.

곽영순, 이재봉, 이양락(2017). 2015 개정 교육과정의 '통합과학' 도입에 따른 중등 과학과 현직교사 역량 제고 방안. **한국과학교육학회지, 37**(2), 263-271.

곽혜정, 류희수(2016). 융합인재교육(STEAM) 연구 동향 분석. **과학교육연구지, 40**(1), 72-89.

교육부(2015). **2015 개정 교육과정 총론 및 각론 확정 · 발표**. 교육부 보도자료(9. 23).

교육부(2021). **2022 개정 교육과정 총론 주요사항(시안)**. 교육부 보도자료(11.24).

교육부(2022). **초 · 중등학교 교육과정 총론**. 교육부 고시 제 제2022-33호 [별책 1].

교육부(2022a). **국어과 교육과정(별책5)**.

교육부(2022b). **도덕과 교육과정(별책6)**.

교육부(2022c). **사회과 교육과정(별책7)**.

교육부(2022d). **수학과 교육과정(별책8)**.

교육부(2022e). **과학과 교육과정(별책9)**.

교육부(2022f). **실과(기술 · 가정)/정보과 교육과정(별책10)**.

권숙진, 정효정, 조항철(2013). 웹 기반 마이크로티칭 시스템 개발. **한국콘텐츠학회논문지, 13**(9), 467-475.

권점례, 이광우, 신호재, 김종윤, 김정효(2017). **2015 개정 교육과정에 따른 초 · 중학교 교과 간 연계·융합 교육 적용 방안 연구**. 한국교육과정평가원 ORM 2017-89.

김갑성(2011). 학생 관점에서 바라본 사범대학 교육과정의 실제 분석. **한국교육문제연구, 29**(2), 1-22.

김경자, 곽상훈, 백남진, 송호현, 온정덕, 이승미, 한혜정, 허병훈, 홍은숙, 박남정, 이상수, 박희경, 천현진, 김대현, 홍원표, 황규호(2015). **2015 개정 교육과정 총론 시안[최종안] 개발 연구**. 교육부 · 국가교육과정개정연구위원회.

김덕호, 홍승호(2015). 초등 영재학생을 대상으로 한 지층과 화석 관련 STEAM 프로그램이 학업성취도, 창의적 문제해결력 및 과학적 태도에 미치는 효과. **교육과학연구, 46**(4), 1-25.

김명순(2008). 국어과 교육내용의 위계 설정과 관련된 문제 -언어 사용 영역의 경우. **새국어교육, 78**, 35-54.

김선희(2020). 융복합 수업 설계 및 시연에서 수학의 특성과 역할에 대한 예비 교사들의 인식 변화, **열린교육연구, 28**(2), 21-45.

김선희(2022). 수학 예비 교사가 국어, 과학, 윤리 예비 교사와 함께 설계한 융복합 수업의 특징 탐색. **학교수학, 24**(4), 551-574.

김성원, 정영란, 우애자, 이현주(2012). 융합인재교육(STEAM)을 위한 이론적 모형의 제안. **한국과학교육학회지, 32**(2), 388-401.

김어진, 민재식, 손미현, 신연옥, 한효정(2019). **STEAM 교육으로 채우는 즐거운 수업: 선생님을 위한 실행서(중학교)**, 한국과학창의재단.

김영란, 김희경, 윤희숙, 김선희(2021). 수업 혁신의 관점에서 본 예비 교사의 융복합 수업 설계의 특징. **열린교육연구, 29**(2), 265-292.

김영란, 방상호(2023). 국어 교과의 특징에 대한 중등 예비 교사의 인식 분석 -융복합 수업 설계를 경험한 전공 및 비전공생을 중심으로, **한국어문교육, 42**, 47-79.

김유진, 신영준(2023). 교과 융합 인공지능 교육 시 초등학생이 느끼는 어려움 분석. **인공지능연구 논문지, 4**(3), 1-15.

김은희(2023). 보고서 쓰기를 중심으로 한 교과 간 교육과정 통합 실행 연구: 화법과 작문, 생명과학 II, 확률과 통계를 중심으로. 강원대학교 석사학위논문.

김재복(2000). **통합 교육과정**. 서울: 교육과학사.

김주환(2011). 사회적 요구 조사를 통해 본 국어 교과의 정체성. 고려대학교 박사학위논문.

김진수(2011). STEAM 교육을 위한 큐빅 모형. **한국기술교육학회지, 11**(2), 124-139.

김태은, 우연경, 이재진(2016). **창의융합형 인재양성을 위한 수업 혁신지원방안**. 한국교육과정평가원(연구보고 RRI 2016-1).

김희경, 김영란, 김선희, 윤희숙(2018). 융복합 교수역량 신장을 위한 중등 예비 교사 교육 프로그램의 가능성과 한계; 국어, 수학, 과학의 융복합을 중심으로. **학습자중심교과교육연구, 18**(24), 929-955.

노민정, 유진은(2016). 융합인재교육(STEAM) 프로그램의 과학과 정의적 영역에 대한 메타분석. **교육평가연구, 29**(3), 597-617.

맹희주, 손연아(2011). 과학 수업에서 통합적 적용 경험에 따른 초등학교 교사들의 통합과학 교육에 대한 인식 및 교과교육학 지식(PCK)의 차이 분석. **초등과학교육, 30**(4), 601-614.

맹희주, 손연아(2019). 초·중등 과학교사들의 통합과학교육에 대한 인식과 교사 전문성에 관한 10년 주기(2008-2018) 비교 연구. **한국과학교육학회지, 39**(6), 717-728.

목광수, 손정우, 배성문, 홍석영, 김용진(2014). **코티칭 교수법으로 진행하는 융·복합적 사고와의 만남**. 북스힐.

박기범(2020). 2015 교육과정 초등 국어과 교육과정 성취기준 분석 -신 교육목표분류학을 적용하여. **교육종합연구, 18**(4), 191-215.

박모라, 문종은, 주미경(2015). 수학 중심 융복합 수업에 대한 효과 분석: 학생 소집단 활동 참여구조를 기반으로. **학교수학, 17**(2), 355-376.

박성진, 유병길(2013). 과학 기반 STEAM 에 의한 '빛'단원 학습이 과학 학습 동기, 흥미 및 과학 탐구 능력에 미치는 효과. **초등과학교육, 32**(3), 225-238.

박영석, 구하라, 문종은, 안성호, 유병규, 이경윤, 이삼형, 이선경, 주미경, 차윤경, 함승환, 황세영(2013). STEAM 교사 연구회 개발 자료 분석. **교육과정연구, 31**(1), 159-186.

박인우, 장재홍, 김가영, 조애영(2019). **서울형혁신교육지구 협력강사와 함께하는 코티칭 수업 운영 방안 연구**. 서울교육정책연구소 위탁연구 2019-24.

박주호, 이종호(2013). 융복합 교육 실증연구의 체계적 메타 문헌분석. **아시아교육연구, 14**(1), 97-135.

박현주, 김영민, 노석구, 이주연, 정진수, 최유현, 한혜숙, 백윤수(2012). STEAM 교육의 구성 요소와 수업 설계를 위한 준거 틀의 개발. **학습자중심교과교육연구, 12**(4), 533-557.

배덕현, 김방희, 김진수(2014). 스마트교육 기반의 교량모형만들기 STEAM 프로그램이 흥미도와 융합인재소양에 미치는 효과. **한국기술교육학회지, 14**(1), 156-176.

배진호, 윤봉희, 김진수(2013). 융합인재교육(STEAM)을 적용한 초등과학수업이 과학 학습 동기와 학업 성취도에 미치는 영향. **초등과학교육, 32**(4), 557-566.

서경혜(2004). 좋은 수업에 대한 관점과 개념: 교사와 학생 면담 연구. **교육과정연구, 22**(4), 165-187.

서영진(2010). 담화 유형별 위계 설정 -2007 개정 초·중등 국어과 교육과정 듣기·말하기 영역을 중심으로. **새국어교육, 85**, 141-166.

성열관, 김진수, 양도길, 엄태현, 김선영, 김성수(2017). **교육과정 통합, 어떻게 할 것인가?**. 서울: 살림터.

신문승(2018). 융합인재교육(STEAM) 프로그램의 효과에 관한 메타분석. **학습자중심교과교육연구, 18**(11), 345-363.

신재한(2013). 초 · 중등교원 대상 STEAM 융합 교육 인식 조사. **학습과학연구, 7**(2), 29-53.

심수진, 박재현, 최수빈, 안성호(2016). '융복합 교육'기반 수업 설계 사례 연구: 예비 교사를 중심으로. **교과교육학연구, 20**, 306-321.

안지훈, 박형빈(2023). 인공지능교육 교과 융합을 위한 특수교육 교육과정 분석 및 교육 프로그램 개발. **인공지능윤리연구, 2**(2), 72-113.

양다예, 한선관(2021). 인공지능을 활용한 예술융합 교육이 초등학생 창의성에 미치는 효과. **인공지능연구 논문지, 2**(3), 37-46.

오작교 연구회(2021). **수학 수업 이야기 집**. 단비.

유병규(2014). 혁신 중학교에서의 융복합 교육 운영에 관한 질적 사례 연구. 한양대학교 박사학위논문.

유병규, 구하라, 김선진, 김시정, 문종은, 박영석, 차윤경(2014). 네 교사의 복합 교육교육 실행 경험의 이해. **학습자중심교과교육연구, 14**, 339-371.

유세진(2010). 중학생의 국어 교과에 대한 이미지 조사-수학 교과와의 비교를 통해. **교과교육연구, 3**(1), 111-148.

윤양수, 원종희, 장군(2015). **수업의 정치: 사고와 감수성을 바꾸는**. 서울: 살림터.

이석진, 김남숙, 이윤진, 이승진(2017). 융합인재교육(STEAM)의 창의성과 문제해결력 효과에 관한 메타분석 -연구방법 및 연구자를 중심으로. **한국과학교육학회지, 37**(1), 87-101.

이선경, 구하라, 김선아, 김시정, 문종은, 박영석, 신혜원, 안성호, 유병규, 이삼형, 이승희, 이은연, 주미경, 차윤경, 함승환, 황세영(2013). 융복합교육 프로그램 구성을 위한 기초 연구: 현장 사례 분석을 통한 구성틀 적용 가능성 탐색. **학습자중심교과교육연구, 13**(3), 483-513.

이선경, 황세영(2012). 과학교육에서 융복합 교육에 대한 교사의 인식과 경험 탐색-과학교사 포커스 그룹 논의를 중심으로. **한국과학교육학회지, 32**(5), 974-990.

이수기, 윤은경(2016). STEAM(융합인재교육) 활동이 유아의 과학과정기술과 문제해결력에 미치는 영향. **한국콘텐츠학회논문지, 16**(5), 746-759.

이수진(2019). 쓰기 교육과정의 내용 체계 구성 방안. **작문연구, 41**, 225-254.

이시예, 이형철(2013). 융합 인재 교육(STEAM)을 적용한 과학수업이 초등학생의 창의성과 과학 관련 태도에 미치는 영향. **초등과학교육, 32**(1), 60-70.

이은미(2011). 2011 국어과 교육과정에 대한 비판적 검토 -작문 영역의 발전적 위계화 방안을 중심으로. **새국어교육, 89**, 299-327.

이재호, 이승훈, 이동형(2021). 초등 AI 융합 교육 프로그램의 교육 효과성 분석. **정보교육학회논문지, 25**(3), 471-481.

이혁규, 김남균, 김향정, 김병수, 김민조(2020). 수업 혁신에 대한 교사의 인식 분석. **열린교육연구, 28**(1), 219-248.

이형빈(2015). **교육과정-수업-평가 어떻게 혁신할 것인가**. 서울: 맘에드림.

정미경(2015). 가정학에서의 융합 교육 실현 방안. **한국실과교육학회지, 28**(1), 121-141.

정영근, 한혜정, 김종윤, 박은아, 변희현, 이인호, 김사훈, 안성훈(2016). **2015 개정 교육과정에 따른 성취기준 코딩 체계 구축을 통한 교과 간 연계·융합 학습 강화 방안 연구**. 한국교육과정평가원 연구보고 CRC 2016-5.

주미경, 문종은, 송륜진(2012). 수학교과와 융복합교육: 담론과 과제. **학교수학, 14**(1), 165-190

주미경, 장민정, 문종은, 박미영, 정수용(2016). ABCD 기반 융복합교사교육 맥락에서 예비수학교사 신념체계의 변화: 수업 실연에 대한 동료 평가자료 분석. **학습자중심교과교육연구, 16**(11), 1083-1114.

차윤경, 김선아, 김시정, 문종은, 송륜진, 박영석, 박주호, 안성호, 이삼형, 이선경, 이은연, 주미경, 함승환, 황세영(2014). **융복합교육의 이론과 실제**. 서울: 학지사.

차윤경, 박미영, 김선아, 김정덕, 류수열, 박주호, 안성호, 전유아, 정재원, 주미경, 함승환(2016a). ABCD 기반 융복합교사교육 모형 개발 연구: 창의 · 인성교육 전문성을 중심으로. **학습자중심교과교육연구, 16**(6), 847-876.

차윤경, 안성호, 주미경, 함승환(2016b). 융복합 교육의 확장적 재개념화 가능성 탐색. **다문화교육연구, 9**(1), 153-183.

최영인, 우연경, 김성경(2017). 초등학생의 국어 교과와 수학 교과에 대한 유용가치 인식 양상: 학생 면담 자료를 중심으로. **국어교육연구, 41**, 199-238.

최유현, 노진아, 임윤진, 이동원, 이은상, 노준호(2013). 초 · 중 · 고등학생용 융합인재소양 측정도구 개발. **한국기술교육학회지, 13**(2), 177-198.

최효승, 손영미(2017). 인공지능과 예술창작 활동의 융복합 사례분석 및 특성 연구. **한국과학예술융합학회, 28**, 289-299.

한국교육심리학회(2000). **교육심리학 용어사전**. 서울: 학지사.

함승환, 구하라, 김선아, 김시정, 문종은, 박영석, 박주호, 안성호, 유병규, 이삼형, 이선경, 주미경, 차윤경, 황세영(2013). "융복합 교육"의 개념화: 융(복)합적 교육 관련 담론과 현장 교사 포커스 그룹 면담을 중심으로. **교육과정평가연구, 16**(1), 107-136.

황혜정, 나귀수, 최승현, 박경미, 임재훈, 서동엽(2019). **수학교육학신론1**. 경기: 문음사.

황혜진(2016). 스크래치를 활용한 방과후 융합인재교육(STEAM) 수학수업 교육과정 개발 및 적용. 신라대학교 석사학위논문.

Cha, Y. K., & Ham, S. H. (2012). Constructivist teaching and intra-school collaboration among teachers in South Korea: An uncertainty management perspective. *Asia Pacific Education Review, 13*(4), 635-647.

Drake, S. M. (1993). *Planning integrated curriculum*. Alexandria, VA: Association for supervision and curriculum development.

Drake, S. M. (2012). *Creating standards-based integrated curriculum: The common core state standards edition*. Corwin Press.

Fogarty, R. (1991). Ten ways to integrate curriculum. *Educational leadership*, 49(2), 61-65.

Fogarty, R. J., & Pete, B. M. (2009). *How to integrate the curricula*. 박한숙 역(2015). **통합교육과정의 이해와 개발**. 서울: 교육과학사.

Hamel, F. L. (2000). Disciplinary landscapes, interdisciplinary collaboration: A case study. In S. Wineburg & P. Grossman(2000). *Interdisciplinary curriculum: Challenges to implementation* (pp. 74-92). New York, NY: Teachers College Press.

Jacobs, H. H. (1989). *Interdisciplinary curriculum: Design and implementation*. Association for Supervision and Curriculum Development, 1250 N. Pitt Street, Alexandria, VA 22314.

Laforce, M., Noble, E., King, H., Century, J., Blackwell, C., Holt, S., Ibrahim, A., & Loo, S. (2016). The eight essential elements of inclusive STEM high school. *International Journal of STEM Education, 3*(21), 1-11.

Lenoir, Y., & Hasni, A. (2016). Interdisciplinarity in Primary and Secondary School: Issues and Perspectives. *Creative Education, 7*(16), 24-33.

Martinovic, D. (2019). A mathematician, a physicist and an engineer: The meaning of "M" in STEM. In M. Daniel(Ed.), *Interdisciplinary perspectives on math cognition*(pp.303-313). Switzerland: Springer.

National Research Council (2014). *Convergence: facilitating transdisciplinary integration of life sciences, physical sciences, engineering, and beyond*. National Academies Press.

OECD (2005). *The definition and selection of key competencies: Executive summary*. OECD Paris.

OECD (2019). *OECD future of education and skills: OECD Learning Compass 2030-A series of concept notes*. OECD.

Petrie, H. G. (1992). Interdisciplinary Education: Are We Faced With Insurmountable Opportunities?

Review of research in education, 18(1), 299-333.

SCANS (1991). *What Work Requires of Schools: A SCANS Report for America 2000*. Secretary's Commission on Achieving Necessary Skills, U.S. Department of Labor.

Zemelman, S., Daniels, H., & Hyde, A. (1998). *Best practice: New standards for teaching and learning in America's schools*(2nd ed.). Portsmouth: Heinemann.

참고 사이트

[네이버 지식백과] 라돈 침대 파문(시사상식사전, 박문각)

[네이버 지식백과] 우리 건강에 미치는 영향(미세먼지, 도대체 뭘까?, 2016. 4., 환경부)

질병관리청 국가정보 포털

Air Korea 배움터 - 대기오염물질

https://www.asiae.co.kr/article/2023031512401903963

https://youtube.com/watch?v=bIS1gEUSvJU&feature=share

http://naver.me/xnnnJoda

https://www.siminilbo.co.kr/news/articleView.html?idxno=578223

https://youtube.com/watch?v=bIS1gEUSvJU&feature=share

http://naver.me/xnnnJoda

http://www.mdtoday.co.kr/mdtoday/index.html?no=335826

http://www.viva100.com/main/view.php?key=20180718010006878

찾아보기

저자 소개

▪ 김선희(Kim, Sun Hee)

이화여자대학교 사범대학 수학교육과(학사)
이화여자대학교 교육대학원 수학교육 전공(석사)
이화여자대학교 대학원 수학교육학과(박사)
현 강원대학교 수학교육과 교수

▪ 김영란(Kim, Youngran)

고려대학교 사범대학 국어교육과(학사)
옥스퍼드대학교 교육연구방법론 전공(석사)
고려대학교 대학원 국어교육학과(박사)
현 강원대학교 국어교육과 교수

▪ 김희경(Kim, Heekyong)

서울대학교 사범대학 물리교육과(학사)
서울대학교 대학원 과학교육과 물리 전공(석사)
서울대학교 대학원 과학교육과 물리 전공(박사)
현 강원대학교 과학교육학부 물리 전공 교수

▪ 윤희숙(Yoon, Hee Sook)

서울대학교 사범대학 화학교육과(학사)
서울대학교 대학원 과학교육과 화학 전공(석사)
서울대학교 대학원 과학교육과 화학 전공(박사)
현 강원대학교 과학교육학부 화학 전공 교수

융복합 수업을 시작하는 교육자를 위한 지침서

융복합 수업의 설계와 실행

Planning and Implementing Interdisciplinary Instruction for Teachers

2024년 9월 10일 1판 1쇄 인쇄
2024년 9월 20일 1판 1쇄 발행

지은이 • 김선희 · 김영란 · 김희경 · 윤희숙
펴낸이 • 김진환
펴낸곳 • (주) 학지사
04031 서울특별시 마포구 양화로 15길 20 마인드월드빌딩
대표전화 • 02)330-5114 팩스 • 02)324-2345
등록번호 • 제313-2006-000265호

홈페이지 • http://www.hakjisa.co.kr
인스타그램 • https://www.instagram.com/hakjisabook

ISBN 978-89-997-3228-7 93370

정가 19,000원